浙江省普通高校“十三五”新形态教材

基础医学实验创新系列教材

病原生物与免疫学实验

主　编　潘丽红　徐水凌

副主编　刘东旭　黄升海　蒋锦琴　周洪昌　银国利

编　委　（按姓氏笔画排序）

万京桦（武汉科技大学医学院）
王　莎（湖州师范学院医学院）
王家学（杭州医学院）
冯　昊（嘉兴学院医学院）
刘东旭（湖北大学生命科学学院）
宋广忠（杭州医学院）
陈　慧（武汉科技大学医学院）
陈庆新（温州医科大学）
范兴丽（杭州医学院）
周洪昌（湖州师范学院医学院）
胡　琪（武汉科技大学医学院）
姚　湧（安徽医科大学）
姚韵靓（湖州师范学院医学院）
徐水凌（嘉兴学院医学院）
陶方方（浙江中医药大学）
黄升海（安徽医科大学）
银国利（杭州医学院）
蒋朋飞（温州医科大学）
蒋锦琴（杭州医学院）
蔡大敏（杭州医学院）
潘丽红（杭州医学院）
冀　磊（杭州医学院）

科学出版社

北　京

内 容 简 介

本实验教材包括医学微生物学实验、人体寄生虫学实验和医学免疫学实验，实验项目分为：常用实验仪器设备与动物实验技术介绍；基础性实验；综合性实验；创新性实验四部分。实验内容丰富而又实用；对学科间有交叉重复的内容进行了适当的整合优选，避免教学资源的浪费；三门学科的实验均独自成篇，方便实验教学需要。全书还以二维码的方式展示了线上数字化资源200余个，充分拓展教学内容，打造立体阅读体验，创新实验教材模式。

本书适用于医学院校临床医学、护理学、药学、医学检验等专业的实验教学，也可供青年教师考研和从事科研工作时参考。

图书在版编目（CIP）数据

病原生物与免疫学实验 / 潘丽红，徐水凌主编. —北京：科学出版社，2018.7

浙江省普通高校“十三五”新形态教材·基础医学实验创新系列教材

ISBN 978-7-03-055647-9

Ⅰ. ①病… Ⅱ. ①潘… ②徐… Ⅲ. ①病原微生物–实验–医学院校–教材②医药学–免疫学–实验–医学院校–教材 Ⅳ. ①R37-33 ②R392-33

中国版本图书馆CIP数据核字(2017)第290593号

责任编辑：王 超 胡治国 / 责任校对：郭瑞芝

责任印制：吴兆东 / 封面设计：陈 敬

科学出版社 出版

北京东黄城根北街16号

邮政编码：100717

http://www.sciencep.com

天津市新科印刷有限公司印刷

科学出版社发行 各地新华书店经销

*

2018年7月第 一 版 开本：787×1092 1/16

2025年7月第七次印刷 印张：12 1/2

字数：393 000

定价：49.80元

（如有印装质量问题，我社负责调换）

基础医学实验创新系列教材
编写指导委员会

序

医学实验教学在整个医学教育中具有重要地位，是教育过程中实现创新人才培养目标的重要环节，也是保证和提高医学人才培养质量的必要手段。随着计算机、网络和信息技术的飞速发展，改革基础医学实验教学的内容、手段和方法已经势在必行。

在纸质教材中融入数字化教学资源，可突破传统教材在时间和空间上的限制，丰富教学内容的同时促使学生多元化、多渠道地接受教学信息，在学习中发现问题、解决问题。因此，我们根据国内医学类高校实验教学改革的经验，融合互联网信息技术和资源，提出了创新基础医学实验教材的想法。本套基础医学创新实验系列教材包括《医学机能实验学》、《医学形态实验学》、《生物化学与分子生物学实验》和《病原生物与免疫学实验》4 本教材，于 2017 年 9 月被立项为浙江省普通高校“十三五”新形态教材项目。

现代高等医学教育强调培养学生的探索精神、科学思维、实践能力和创新能力。本套实验教材的编写遵循“由浅入深、循序渐进”的原则，注重实验教学内容的必要性、实用性、综合性和创新性；减少验证性实验，改进经典性实验，加强综合性实验，增加创新性实验；着重培养学生的实践能力、知识应用能力和创新性思维。教材内容编排充分考虑多学科、多层次教学的需求，内容设置兼顾临床医学及相关专业人才的培养目标需求，亦可供研究生和医学研究人员参考使用。

根据新形态教材建设要求，本套教材配备了丰富的数字化资源。资源内容主要包括实验原理拓展、实验仪器演示、基本操作技术示范、形态图片、案例分析、相关知识学习等，资源形式有图片、动画、视频、文档等。通过在纸质教材上插入二维码的方式展示数字化资源，可充分拓展教学内容，打造立体阅读体验，创新实验教材模式。

本系列教材由十余所高等医学院校一线教师共同编写而成，在编写和出版过程中得到了各参编院校和科学出版社的大力支持，在此一并致以衷心感谢！新形态教材是一种全新的尝试，编者水平有限，教材中难免存在不足之处，恳请广大师生和读者提供宝贵意见和建议。

基础医学实验创新系列教材　编写指导委员会

2018 年 5 月

前　言

基础医学实验是医学教学中一个重要的组成内容，在培养具有创新意识、科研思维和高水平实践能力的医学人才方面，具有重要的作用。按照建设国家级实验教学示范中心的要求，为使实验教学独立成为不依赖于理论教学的体系，将教学改革和科研的成果融入实验教学中，有利于培养有实践能力和创新精神的实用型医学卫生人才，我校基础医学部组织编写普通高等医学院校基础医学实验创新系列教材，《病原生物与免疫学实验》即为其中的一部整合性实验教材。

《病原生物与免疫学实验》主要包括医学微生物学、人体寄生虫学和医学免疫学的实验，是一门实践性与应用性很强的学科，在医学科学技术发展中占有重要的位置。旨在培养学生掌握病原生物与免疫学研究的基本原理和技能，同时培养学生的科学素养及创新意识。

本实验教材共分为四篇：第 1 篇为总论，包括绪论、常用实验仪器设备、动物实验技术，分三章加以论述；第 2 篇为基础性实验，包括医学微生物学实验、人体寄生虫学实验、医学免疫学实验，重点培养学生掌握病原生物与免疫学的基本操作技能及技术；第 3 篇为综合性实验，是将这三门课程的单独实验变为系列实验，把相关实验内容进行有机地串联，使学生认识如何将病原生物与免疫学的基本操作和分析技术应用于医学实践工作中；第 4 篇为创新性实验，在学习了前两部分的基础上，以给出课题范围或者自己命题方式，由学生分组进行自主设计实验方案、独立完成实验操作，教师加以点评，旨在激发学生的创造潜能，提高学生分析问题和解决问题的能力，培养学生创新意识和创新能力。

本实验教材将采用二维码嵌入丰富的数字化资源，主要内容有实验原理介绍（图片、动画等）、实验流程图、知识拓展（案例分析、文献学习、相关视频等）。学生通过扫一扫二维码可以获得数字化实验教学资源，真正做到随时随地的碎片化学习，提高了学生学习的便利性，激发了学生的学习激情。

本实验教材是在全体编者共同努力下完成的。在编写和出版过程中得到了各参编院校领导、同仁及科学出版社的大力支持，在此一并表示感谢。由于我们的学术水平和经验有限，真诚希望使用本教材的老师和同学提出宝贵的意见及建议。

编　者

2018 年 5 月

前　言

基础医学实验是医学教学中一个重要的组成内容，在培养具有创新意识、科研思维和高水平实践能力的医学人才方面，具有重要的作用。按照建设国家级实验教学示范中心的要求，为使实验教学建立成为不依附于理论教学的体系，将教学改革和科研的成果融入实验教学中，有利于培养有实践能力和创新精神的实用型医学卫生人才，我校基础医学与[illegible]等医学院校基础医学实验创新系列教材，《病原生物与免疫学实验》即为其中的一本整合性实验教材。

病原生物与免疫学实验[illegible]，是临床医学和医学相关专业学生的[illegible]，是一门实践性与应用性[illegible]的学科，在医学科学技术发展中占有重要的位置，旨在培养学生掌握病原生物与免疫学研究的基本原理和技能，同时培养学生的科学素养及创新意识。

本实验教材共分为四篇：第一篇为总论，[illegible]，常用实验仪器设备、动物实验技术，分三章加以阐述；第二篇[illegible]，包括医学微生物学实验、人体寄生虫学实验、医学免疫学实验，[illegible]重点培养学生[illegible]病原生物与免疫学的基本操作技能及技术；第三篇[illegible]，是将这三门课程的理论和实验知识[illegible]，[illegible]使学生认识[illegible]病原生物与免疫学的[illegible]技术[illegible]；第四篇[illegible]，在学习了前几部分的基础上，以提出课题[illegible]方式，由学生分组进行自主设计实验方案，独立完成实验操作[illegible]，旨在[illegible]学生的创造潜能，提高学生分析问题和解决问题的能力[illegible]创新意识和科研能力。

本实验教材将采用二维码[illegible]，主要内容有实验原理介绍（图片、动画等）、实验流程图、[illegible]（案例分析、文献学习、相关视频等），学生通过扫一扫二维码可以[illegible]，[illegible]随时随地的碎片化学习，提高了学生学习的[illegible]，拓宽了学生的学习视野。

本实验教材是在全体编者共同努力下完成的，在编写与出版过程中得到了各参编院校领导、同仁及科学出版社的大力支持，在此一并表示感谢。由于我们的学术水平和经验有限，[illegible]，敬请使用本教材的[illegible]提出宝贵的意见及建议。

编　者

2018年5月

目　录

第1篇　总　论

第2篇　基础性实验

第 3 篇　综合性实验

第 4 篇　创新性实验

第1篇 总 论

第1章 绪 论

第1节 病原生物与免疫学实验的目的和要求

一、病原生物与免疫学实验的目的

（1）加深和巩固学生对病原生物与免疫学理论知识的理解。

（2）通过实验训练，掌握病原生物与免疫学的基本实践操作技能。

（3）培养学生观察问题、思考问题、分析问题、提出问题和解决问题的能力。

（4）养成实事求是、严谨认真的科学态度和敢于创新的开拓精神。

二、病原生物与免疫学实验课要求

（1）实验前仔细阅读实验指导，对实验内容进行充分预习，了解实验的目的、原理和方法，做到心中有数，思路清楚。

（2）遵守实验室规则和各项操作规程，养成“无菌”观念，掌握无菌操作技术。

（3）认真听取指导老师实验前的讲解和示教。

（4）积极动手，细心操作，既重视独立操作，又注重小组分工合作。

（5）及时、认真观察实验结果，实事求是地记录在实验报告中，如实验结果与理论不符，应探讨其原因。

（6）认真完成实验报告，并针对老师批改意见及时订正。

第2节 病原生物与免疫学实验室规则

病原生物与免疫学实验室是病原生物高度集中的场所，其实验研究对象以病原微生物、人体寄生虫及各种抗原、抗体为主，标本常具有一定传染性。为防止感染自身和扩散传播，要求学生进入实验室必须严格遵守以下规则。

（1）进入实验室前将与实验无关物品存放于存包柜中，不得将实验无关物品带入实验室。未经许可，不得将实验室内物品（特别是菌种）带出室外。

（2）进入实验室要穿隔离衣（离开时反折），必要时要戴帽子、手套和口罩，按座位上学号就座，实验前做好各项准备工作。

（3）实验课中不准随意出进，保持实验室安静，实验室内禁止饮食、吸烟等。

（4）实验中坚持无菌操作，不仅要防止临床标本及纯培养物被污染，更要防止临床标本或纯培养物中的病原微生物感染实验者或污染环境。

（5）用过的吸管、滴管、试管、玻片等带菌器材，应放到指定的地点或含消毒液的容器内，经专人消毒灭菌之后再进行清洗，切勿乱丢或冲入水池中。需送培养箱培养的物品，应标记清楚后按要求放置。

（6）若发生割破手指，菌液进入口、眼，或遇带菌材料破损，污染环境、物品等事故时，应立即报告老师，及时进行妥善处理。

（7）不可擅自搬动示教器材和室内设施。爱护公物，节约使用实验材料。如有损坏，应立即向指导教师报告，主动在破损物品登记本上登记，某些物品需按规定酌情赔偿。

（8）注意防火，火源不要接近易燃物品（如棉塞、乙醇、二甲苯等），切忌以酒精灯倾斜引火，用毕立即熄灭。

（9）实验完毕后应将桌面整理清洁，试剂、仪器放回原处，每次实验后，安排值日学生进行桌面、地面卫生清洁工作，凳椅排列整齐；检查门、窗、水、电、火。

（10）离开实验室前脱下工作服，反折放在指定的地方；用消毒液泡手或用肥皂洗手后方可离开实验室。

第 3 节　实验室生物安全

生物安全（biosafety）一般是指由现代生物技术开发和应用所能造成的对生态环境和人体健康产生的潜在威胁，以及对其所采取的一系列有效预防和控制措施。

实验室生物安全（laboratory biosafety）是指在从事病原微生物实验活动的实验室中为避免病原微生物对工作人员、相关人员、公众的危害及对环境的污染，保证实验研究的科学性或保护被试验因子免受污染，而采取包括建立规范的管理体系，配备必要的物理、生物防护设施和设备，建立规范的微生物操作技术和方法等综合措施。

一、病原微生物的分类

根据病原微生物的传染性、感染后对个体或者群体的危害程度，我国将病原微生物分为以下四类。

第一类病原微生物，是指能够引起人类或者动物非常严重疾病的微生物，以及我国尚未发现或者已经宣布消灭的微生物。

第二类病原微生物，是指能够引起人类或者动物严重疾病，比较容易直接或者间接在人与人、动物与人、动物与动物间传播的微生物。

第三类病原微生物，是指能够引起人类或者动物疾病，但一般情况下对人、动物或者环境不构成严重危害，传播风险有限，实验室感染后很少引起严重疾病，并且具备有效治疗及预防措施的微生物。

第四类病原微生物，是指在通常情况下不会引起人类或者动物疾病的微生物。

第一类、第二类病原微生物统称为高致病性病原微生物。

二、生物安全实验室的分级

我国根据所操作的生物因子的危害程度和采取的防护措施，将生物安全级别（biosafety level，BSL）分为四级（表 1-1），以Ⅰ级防护水平最低，Ⅳ级防护水平最高。以 BSL-1、BSL-2、BSL-3、BSL-4 表示实验室的相应生物安全防护水平。病原微生物学教学实验通常要求在 BSL-1 和 BSL-2 实验室开展。

表 1-1 生物安全实验室的分级

级别	适用范围
Ⅰ	对人体、动植物或环境危害较低，不具有对健康成人、动植物致病的致病因子
Ⅱ	对人体、动植物或环境具有中等危害或具有潜在危险的致病因子，对健康成人、动物和环境不会造成严重危害。具有有效的预防和治疗措施
Ⅲ	对人体、动植物或环境具有高度危险性，主要通过气溶胶使人传染上严重甚至是致命的疾病，或对动植物和环境具有高度危害的致病因子。通常有预防治疗措施
Ⅳ	对人体、动植物或环境具有高度危险性，通过气溶胶途径传播或传播途径不明，或未知的、危险的致病因子。没有预防治疗措施

三、实验室感染的控制

实验室感染的控制工作包括定期检查实验室的生物安全防护、病原微生物菌（毒）种和样本的保存与使用、安全操作、实验室排放的废水和废气，以及其他废物处置等规章制度的实施情况。

实验室发生高致病性病原微生物泄漏时，实验室工作人员应当立即采取控制措施，防止高致病性病原微生物扩散，并同时向负责实验室感染控制工作的机构或者人员报告。具体措施包括：①封闭被病原微生物污染的实验室或者可能造成病原微生物扩散的场所；②开展流行病学调查；③对患者进行隔离治疗，对相关人员进行医学检查；④对密切接触者进行医学观察；⑤进行现场消毒；⑥对染疫或者疑似染疫的动物采取隔离、扑杀等措施；⑦其他需要采取的预防、控制措施。

（王家学　潘丽红）

第2章

常用实验仪器设备

第1节 显 微 镜

显微镜（microscope）是一种光学放大仪器，其作用是将观察的标本放大，以便观察和分析。在病原生物与免疫学实验中用于观察细菌、病毒、真菌、寄生虫、免疫细胞、抗原和抗体等，根据实验要求的不同，选择功能不同的显微镜进行观察，如普通光学显微镜、暗视野显微镜、相差显微镜、荧光显微镜、电子显微镜等，最常用的是普通光学显微镜。

一、显微镜的种类

（一）光学显微镜（light microscope）

普通光学显微镜采用自然光或灯光为光源，其波长约为0.4μm。显微镜的分辨率为波长的1/2，即0.2μm，而肉眼可见的最小形象为0.2mm。故用油（浸）镜放大1000倍，能将0.2μm的微粒放大成肉眼可见的0.2mm。普通光学显微镜可用于细菌、放线菌和真菌等的观察。

（二）暗视野显微镜（dark field microscope）

暗视野显微镜常用于观察不染色微生物形态和运动。在普通显微镜安装暗视野聚光器后，光线不能从中间直接透入，视野呈暗色，当标本接收从聚光器边缘斜射光后可发生散射。因此，可在暗视野背景下观察到光亮的微生物如细菌或螺旋体等。

（三）相差显微镜（phase contrast microscope）

相差显微镜利用相差板的光栅作用，改变直射光的光位相和振幅，将光相的差异转换为光强度差。在相差显微镜下，当光线透过不染色标本时，由于标本不同部位的密度不一致而引起光相的差异，可观察到微生物形态、内部结构和运动方式等。

（四）荧光显微镜（fluorescence microscope）

荧光显微镜与普通光学显微镜基本相同，主要区别在于光源、滤光片和聚光器。目前大多数使用的是落射光装置，常用高压汞灯作为光源，可发出紫外光或蓝紫光。滤光片有激发滤光片和吸收滤光片两种。用蓝光的荧光显微镜除可用一般明视野聚光器外，也可用暗视野聚光器，以加强荧光与背景的对比。本法适用于荧光色素染色或与荧光抗体结合的细菌的检测或鉴定。

（五）电子显微镜（electron microscope）

电子显微镜用电子流作为光源，波长与可见光相比差几万倍，大大提高了分辨力，并用磁性电圈作为光学放大系统，放大倍数可达数万倍或几十万倍，常用于病毒颗粒和细菌超微结构的观察。常用的电镜有透射电镜和扫描电镜两种。透射电镜的分辨率为 0.1～0.2nm，放大倍数为几万至几十万倍，需要制备厚度为 50～100nm 的超薄切片。扫描电镜能显示物体表面的立体构象，且图像富有立体感。

（六）数码显微互动系统（digital microscopic interaction system）

数码显微互动系统包括显微镜系统、计算机软件系统、图像处理系统及语音问答系统四部分。数码显微互动系统是将数码显微镜和计算机网络集成，构成一个可以双向互动的多媒体教学系统。组成特点：显微数码系统内置式、多画面实时显示、可选择式多向语音问答系统及交谈式显微镜 LED 指针系统；教师端采用的系统由带有 320 万以上像素 CCD 摄像机的显微镜和一台高性能的 PC 机构成，每个学生端采用的系统由约 200 万像素的 CMOS 摄像机和一台普通 PC 机组成。这些 PC 机通过一个 100M 以太网互联，达到相互通信和传输图像数据的目的，工作原理见图 2-1。

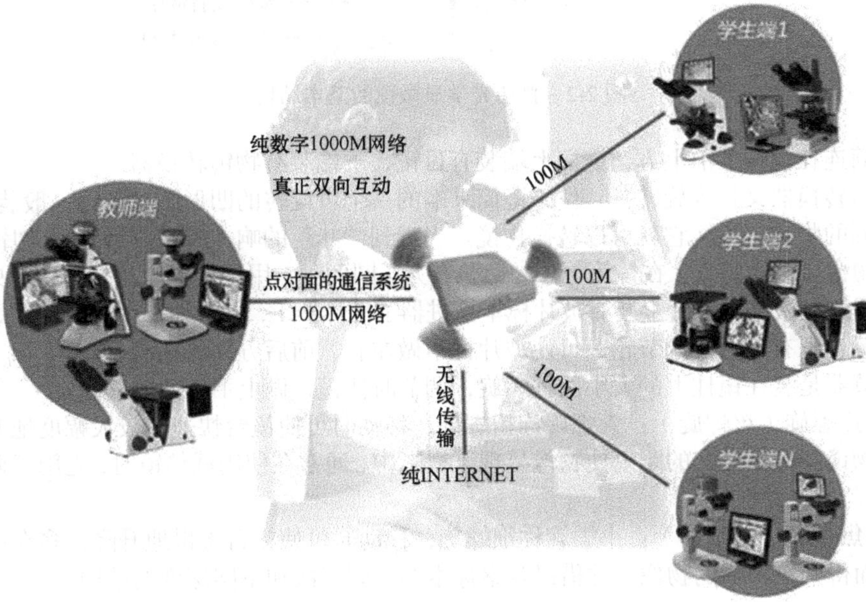

图 2-1 数码显微互动系统工作原理

数码显微镜互动系统具有图像更清晰、操作更简便、功能更强大的特点。其教师端和学生端均有本地操作、远程操作的功能。教师可实时观察到课堂上每个学生的显微镜画面，及时发现实验中存在的问题并指导学生改正。学生也可以随时通过单通道的提问系统请求老师示教，并利用显微镜 LED 指针与老师交流讨论，并可与小组同学进行讨论而不影响小组外成员，使得师生间可实现图像、语音的网络互动，交流更加直观、有效。

二、普通光学显微镜的构造

普通光学显微镜按照镜筒分为单筒、双筒、多头显微镜，按光源可分为反光镜光源与自带光源显微镜等几种，其基本结构相似（图 2-2），包括机械装置和光学系统两大部分。

（一）机械装置

（1）镜座是显微镜的底座，用以支持整个镜体。
（2）镜柱是镜座上面直立的部分，用以连接镜座和镜臂。
（3）镜臂一端连于镜柱，一端连于镜筒，是取放显微镜时手握部位。

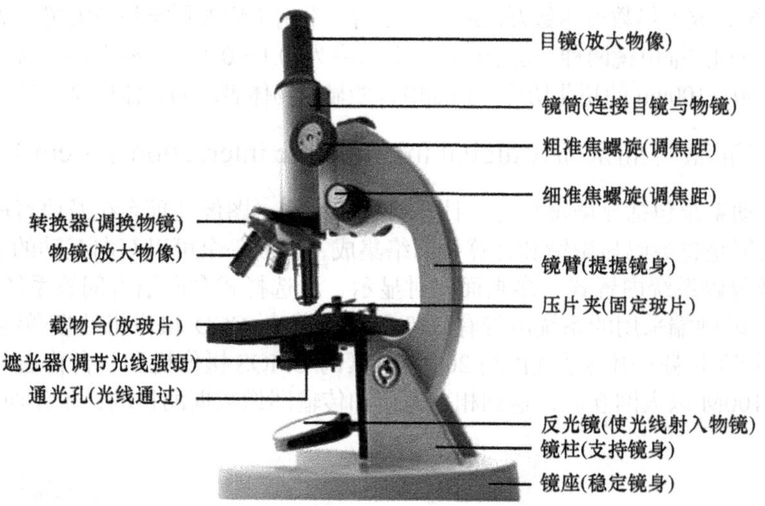

图 2-2 普通光学显微镜的基本结构

（4）镜筒连在镜臂的前上方，镜筒上端装有目镜，下端装有物镜转换器。

（5）物镜转换器又称为旋转盘，位于镜筒下端的一个可旋转的凹形圆盘上，一般装有 2～4 个放大倍数不同的物镜。旋转它就可以转换物镜。当听到“咔”的响声时，方可观察玻片标本。

（6）载物台又称为镜台，在镜筒下方，形状有方、圆两种，用以放置玻片标本，中央有一通光孔，我们所用的显微镜其镜台上装有玻片标本推进器（推片器），推进器左侧有弹簧夹，用以夹持玻片标本，镜台下有推进器调节轮，可使玻片标本做左右、前后方向的移动。

（7）调节器是装在镜柱上的大小两种螺旋，调节时使镜台做上下方向的移动。

1）粗准焦螺旋（粗螺旋）：大螺旋称粗螺旋，移动时可使镜台快速和较大幅度地升降，所以能迅速调节物镜和标本之间的距离使物像呈现于视野中，通常在使用低倍镜时，先用粗调节器迅速找到物像。

2）细准焦螺旋（细螺旋）：小螺旋称细螺旋，移动时可使镜台缓慢地升降，多在运用高倍镜时使用，从而得到更清晰的物像，并借以观察标本的不同层次和不同深度的结构。

（二）光学系统

（1）目镜：装在镜筒的上端，通常备有 2～3 个，上面刻有“5×”、“10×”或“15×”符号以表示其放大倍数，一般装的是“10×”的目镜。

（2）物镜：装在镜筒下端的旋转器上，一般有 3～4 个物镜，其中最短的刻有“10×”符号的为低倍镜，较长的刻有“40×”符号的为高倍镜，最长的刻有“100×”符号的为油镜，此外，在高倍镜和油镜上还常加有一圈不同颜色的线，以示区别。显微镜的放大倍数是物镜的放大倍数与目镜的放大倍数的乘积，如物镜为“10×”，目镜为“10×”，其放大倍数就为 10×10=100。

（3）聚光器：位于载物台通光孔的下方，由聚光镜和光圈组成，其作用是把光线集中到所要观察的标本上。①聚光镜：由一片或数片透镜组成，起汇聚光线的作用，加强对标本的照明，并使光线射入物镜内，镜柱旁有一调节螺旋，转动它可升降聚光器，以调节视野中光亮度的强弱。②光圈：也称为虹彩光圈或孔径光阑，在聚光镜下方，由十几张金属薄片组成，其外侧伸出一柄，推动它可调节其开孔的大小，以调节光量。在光圈下面，还有一个圆形的滤光片架，可根据镜检需要放置滤光片，可调节光源的色调。

（4）反光镜：位于聚光镜的下方，可向各方向转动，能将来自不同方向的光线反射到聚光器中。反光镜有两面，一面为平面镜；另一面为凹面镜。凹面镜聚光作用强，适于光线较弱的时候使用，平面镜聚光作用弱，适于光线较强时使用（不带光源的显微镜才有反光镜）。

（5）遮光器：简单的显微镜无聚光器，而装有遮光器。遮光器呈圆盘状，上面有大小不等的圆孔（光圈）。光圈对准通光孔，可以调节光线的强弱。

三、普通光学显微镜的使用方法

二维码 2-1　使用流程

（一）光学显微镜工作原理

光学显微镜是通过由物镜和目镜组成的透镜组使物体放大成像（图 2-3），显微镜的放大倍数是物镜的放大倍数与目镜的放大倍数的乘积。

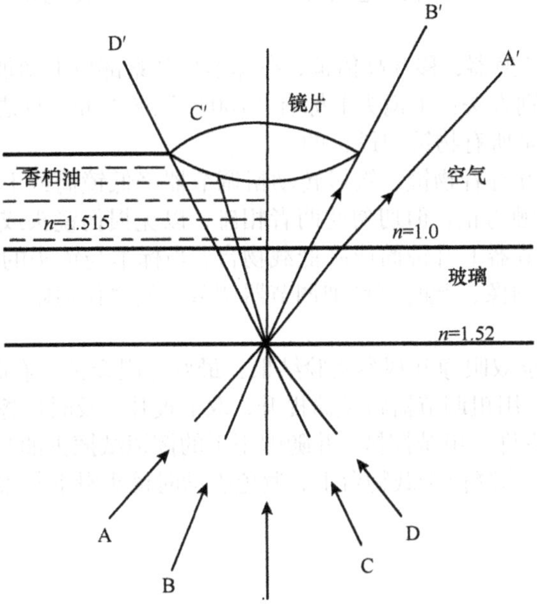

图 2-3　油镜的工作原理

（二）油镜工作原理

细菌个体微小，肉眼无法直接观察，必须借助于油镜，将其放大 1000 倍左右才能看到。当光线穿过标本玻片后直接经空气层进入油镜头，由于介质密度不同而发生光线折射现象，因此进入物镜的光线减少，结果视野暗淡，物像不清，若在标本玻片上滴加折光率和玻片（n=1.52）相近的镜油（如香柏油 n=1.515），就可避免光线因折射而分散，加强视野的亮度，获得清晰的物像（见图 2-3）。

（三）低倍镜和高倍镜的使用方法

（1）放置显微镜：右手紧握镜臂，左手托住镜座，保持镜身直立，水平放置在离实验桌边缘 6～7cm 的桌面上，端正坐姿，使镜臂对着左肩。不可单手提取镜臂，以免零件脱落或碰撞到其他地方。显微镜放置妥当后，应检查各部分是否完好。

（2）调光：转动粗调节器，使镜筒上升或载物台下降，转动转换器，使低倍镜对准载物台的通光孔，切忌手持物镜转动。在目镜上观察，开启电源开关，打开聚光器和光阑，调节光亮度和光色度，无电光源显微镜，调节反光镜直至视野内的光线均匀适宜。

（3）装片：取标本片置于载物台上，盖玻片朝上，用压片夹固定，调节推进器，将所要观察的部位调到通光孔的正中。

（4）调焦：转动粗调节器，使镜筒缓慢地下降或载物台缓慢地上升至物镜距标本片约 5mm 处，注意在操作中，防止镜头触碰标本片。通过目镜观察，缓慢转动粗调节器，使镜筒缓慢地上升或载物台下降，直至基本看清标本物像，再轻轻转动细调节器，以得到清晰的物像。要观察标本的不同位置，可调节推进器循序进行。在低倍镜下看清目标后，可用高倍镜进一步观察。将低倍镜下看到的物像调节到中心，转动转换器，将高倍镜转至工作位置，通过目镜观察，此时一般能见到模糊物像。轻微旋动细调节器，即可获得清晰物像。

（四）油镜的使用方法

（1）准备：保持载物台水平，勿将镜臂弯曲，以免菌液、镜油等流出，影响观察并造成污染。使用油镜前，必须先经低倍镜、高倍镜观察，然后将需要放大的部分移到视野中央。

（2）调光：将聚光器升到最高，光圈开到最大。同时将反光镜调节到凹面并使光对准聚光器。

（3）滴油：转动物镜转换器，移开高倍镜，在标本片观察部位上滴加一滴香柏油，将油镜转换至镜筒下方。油镜头的识别方法：①镜头上标有“100×”或“Oil”标志；②镜头下缘有一圈白色线或黑色线；③油镜头常是所有物镜中最长的。

（4）调焦：用眼从侧方看着物镜，缓慢转动粗调节器降低镜筒或上升载物台，使物镜头浸于油滴内，并几乎与玻片接触为止，但切勿使两者相碰，以免损伤镜头或压碎玻片；然后从目镜观察，反方向轻轻转动粗调节器上升镜筒或降低载物台，当标本与镜头的距离处于油镜头的工作距离区间时，目镜中能看到物像，此时再换细调节器调节，使物像清晰。未能看到物像时，再重复上述操作。

（5）观察绘图：按要求双眼睁开观察实验结果，最好左眼窥镜，右眼配合绘图或记录。

（6）复原：观察完毕，用粗调节器将镜筒提升，取下玻片；及时用擦镜纸拭净镜头上的油，如油已干，可在擦镜纸上滴少许二甲苯擦拭，并随即用干的擦镜纸擦去油与二甲苯混合物，以防镜片脱落；将物镜转成“八”字形降位于载物台上，避免震动时镜头滑下与聚光镜碰撞。将显微镜归至原位，填写使用登记。

（五）注意事项

（1）显微镜属精密仪器，使用时要精心爱护，不得随意拆卸和碰撞。

（2）显微镜固定位置存放，加保护罩防尘防潮；取送显微镜时，应右手持镜臂，左手托镜座，平端于胸前，轻取轻放避免强烈的震动，以免失去原有的精度，台面应水平清洁。

（3）防止与强酸、强碱、乙醚、氯仿、乙醇等化学药品接触。

（4）物镜内的透镜多以胶黏合在金属套筒上，金属和玻璃的热膨胀系数不同，过冷或过热及使用过多的有机溶剂，均可使镜片脱胶。因此，勿使显微镜受热，避免阳光直晒，细调节器是显微镜精细而脆弱的部分，不要向一个方向连续转动数圈，应轻而微量地来回转动。

（5）目镜、物镜、反光镜等光学部分，必须保持清洁，油镜使用后及时用拭镜纸擦去镜油，如油已干，可在拭镜纸上滴少许二甲苯擦拭，并随即用干的拭镜纸擦去油与二甲苯混合物，以防镜片脱落。切忌使用粗糙的纸片或布片擦拭，擦镜时应顺其直径方向擦，不要转圈擦。

（6）观察液体样品时，应加盖玻片，防止样品浸入物镜内，使其受到污染腐蚀。

（7）实验结束后，将物镜转开呈“八”字形，使其不正对聚光器，以免物镜与聚光器互相碰撞，将聚光器下降，罩上镜套或盖布，对号归位。

第2节　培　养　箱

培养箱（incubator）按其功能的不同有很多种类，病原生物与免疫学实验室常配备电热恒温培养箱和二氧化碳培养箱，有些实验室可能会配备厌氧培养箱。

一、电热恒温培养箱

电热恒温培养箱（electric thermostat incubator）（图 2-4）是病原微生物学实验室的基础设备，主要用于病原生物的人工培养及一些恒温实验。

图 2-4 电热恒温培养箱

（一）构造与工作原理

电热恒温培养箱主要由外壳、内胆及两者间的隔热材料和自动温控装置组成。电热恒温培养箱采用的是用电热丝直接加热，再通过温度调节器的自动调节，使箱内温度恒定。

（二）使用方法

（1）打开电源。

（2）设定好使用所需温度。

（3）打开外内门，把所需培养的物品放入培养箱内，关好门，如内门开门时间过长，箱内温度有波动，属于正常现象。

（4）在物品培养期间，除非取放箱内物品外，最好不要打开玻璃内门，尤其不要长时间打开内门，以免影响温度。

（5）根据需要选择培养时间，培养结束后，把电源关掉，若不马上取出物品，请不要打开箱门。

二维码 2-2
使用流程

（三）注意事项

（1）培养箱外壳必须有效接地，以保证使用安全。

（2）箱内的培养物不宜放置过挤，以便于热空气对流，无论放入或取出物品应随手关门，以免温度波动。

（3）应在箱内放一个盛水的容器，以保持一定的湿度。

（4）培养箱应放置在通风条件较好的室内，在其周围不可放置易燃易爆物品。

（5）应经常保持温箱内外清洁。

二、二氧化碳培养箱

二氧化碳（CO_2）培养箱（carbon dioxide incubator）（图 2-5）主要用于组织细胞培养及奈瑟菌、布鲁菌等细菌的初次分离培养。

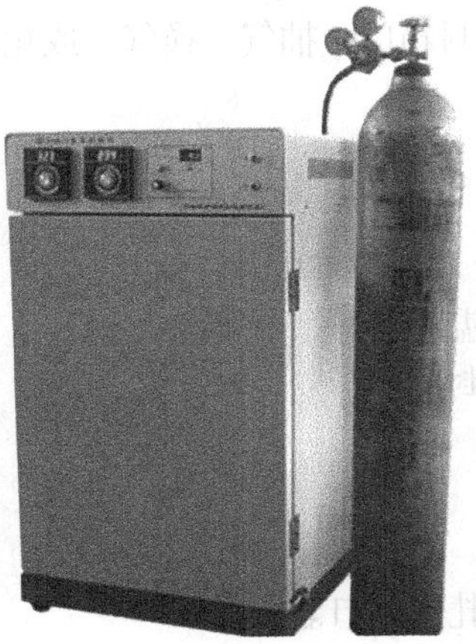

图 2-5 二氧化碳培养箱

（一）构造与工作原理

二氧化碳（CO_2）培养箱由箱体、内胆（工作室）、温度控制装置、CO_2 浓度控制装置、气体循环装置等组成。一般温度调节范围为室温至 50℃，湿度在 95%以上，CO_2 控制范围为 0～20%。它与普通恒温培养箱的区别主要在于 CO_2 的控制。当空气进入箱内后，通过能产生潮湿的含水托盘，使箱内湿度维持在适当水平。通过 CO_2 调节装置调节 CO_2 的张力，或者将空气和 CO_2 按比例混合来调节 CO_2 的张力，调节装置可以减少 CO_2 的消耗并且在打开培养箱门后能很好地控制和恢复 CO_2 的含量，使气体由培养箱灌到样品小室内，在培养箱内空气循环流动，既能保持 CO_2 水平，又能使空气均匀分布。由于 CO_2

培养箱内湿度较高，必须经常处理以避免霉菌生长，否则将带来顽固性污染，严重影响实验的进行。

（二）使用方法

（1）打开箱门，在培养箱底部加入适量洁净蒸馏水。

（2）打开总电源，电源指示灯亮，显示屏显示。

（3）确认设定值，在培养箱面板设定实验要求的气体数值和温度，如 37℃、5% CO_2，稳定后即可放入样品培养。

（4）当 CO_2 培养箱无样品培养时，将 CO_2 培养箱开关关闭，控制阀的开关关闭，拔掉电源插头。

二维码 2-3
使用流程

（三）注意事项

（1）培养箱应由专人负责管理，操作盘上的任何开关和调节按钮一旦固定后，不要随意改动，以免影响箱内温度、CO_2 浓度和湿度的波动，同时也降低机器的灵敏度。

（2）所加入的水必须是蒸馏水或无离子水，防止矿物质储积在水箱内产生腐蚀作用。每年必须换一次水，经常检查箱内水是否足够。

（3）所使用的 CO_2 必须是纯净的，否则会降低 CO_2 传感器的灵敏度和污染 CO_2 过滤装置。

（4）如长期不使用 CO_2 时，应将 CO_2 开关关闭，防止 CO_2 调节器失灵。

（5）平时拿放培养物时应只开小门，尽量避免箱门被频繁打开，以免 CO_2 浓度、温度和相对湿度发生很大波动。

三、厌氧培养箱

图 2-6　厌氧培养箱

厌氧培养箱（anaerobic incubator）（图 2-6）是一种可在无氧环境下进行细菌培养及操作的专用装置，可培养最难生长的厌氧微生物，又能避免以往厌氧微生物在大气中操作时接触氧而死亡的危险性。

（一）构造与原理

厌氧培养箱装有真空表、真空泵气阀、温度控制器、电源指示灯、培养箱、操作手套、电热接种棒等。此外还有干燥剂、厌氧环境指示剂、二氧化碳（CO_2）环境指示剂等。

厌氧培养箱主要利用物理方法（密封箱门、抽气、换气）或化学方法除氧形成厌氧状态，有利于厌氧菌的培养。

（二）使用方法

（1）操作室形成厌氧环境

1）接通电源，打开照明灯，打开控温仪，并调节所需温度及安全温度。

2）操作室内放入钯粒（封闭）和干燥剂，并放入亚甲蓝指示剂（封闭）。

3）关紧取样室内外门，并抽真空校验。

（2）操作室内首次氮气置换

1）先用橡皮管插入操作室内进气口，另一头插入塑料袋。

2）接通氮气进气路，打开氮气控制阀，使塑料袋充足氮气，然后扎紧袋口。

3）把乳胶手套套在观察板法兰圈上并扎紧。

二维码 2-4
使用流程

4）把塑料袋内氮气渐渐地放于操作室内，至全部放出。

（3）操作室再次氮气置换重复一次充氮过程，并注意随时用脚踏开关开闭排气。

（4）操作室再进行混合气体置换，混合气体配比：N_2：H_2：CO_2=85%：10%：5%。

1）调换气路打开混合气直通阀门进气，充气时要随时脚踏开关开闭排气。

2）混合气充满塑料袋后，关掉混合气直通阀，使混合气经过流量计输入操作并调整流量计，流量为每分钟 10ml 左右。

3）把塑料袋内混合气渐渐排于操作室内。

4）通过三次换气后，操作室内气体含氧量已处于极微量状态。

（5）操作室内打开钯粒除氧剂，接通除氧催化器电源进行催化除氧，1h 后打开亚甲蓝指示剂观察其变色情况，不变色为操作室内达到厌氧环境。

（6）开紫外线灭菌灯，室内进行灭菌处理。

（7）细菌标本置入与培养

1）检查取样室内门并关紧。

2）打开取样室外门，将标本放入取样室后即关上外门。

3）取样室充氮置换三次过程：先抽真空度大于 500mmHg 后停止，然后人工打开氮气阀门进气，使指针回复零位后进行下次操作。

4）进行细菌的培养操作。

（三）注意事项

（1）经常在操作室内打开亚甲蓝指示剂观察，在正常情况下使用。如不正常就必须重新换气。

（2）要长期连续输入微量的混合气体，使补进的氢气能和微量的氧结合通过催化吸收，保证室内厌氧状态，补入混合气流量选定为每分钟 10ml 左右。

（3）连续培养运行一天，更换一次除氧剂和干燥剂。

第3节 离 心 机

离心机（centrifuge）常用于混合溶液的快速分离与沉淀。离心机种类繁多，实验时根据要求不同，选择合适的离心机。

一、构造与原理

离心机主要由底座和容器室组成。底座内有电动机和转速调节器，后者可通过旋钮或手柄调节电阻值控制电动机转速；容器室内有转盘，它是固定在电动机上用于放置离心套管的装置，一般吊有 4～6 个金属环，离心时，可甩成水平（俗称水平离心机）（图 2-7）。

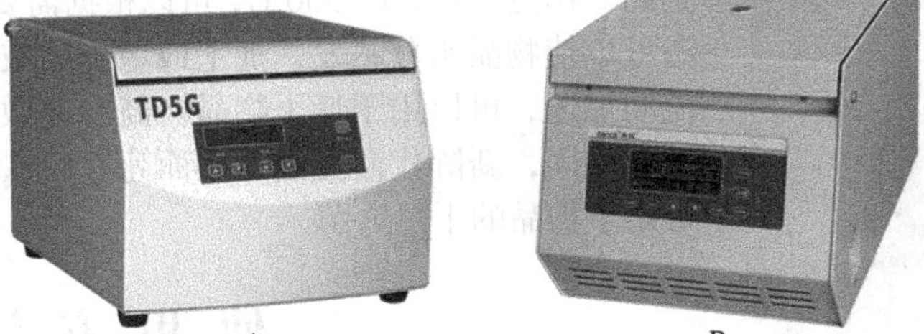

A　　B

图 2-7　离心机

A. 台式低速离心机；B. 台式高速冷冻离心机

离心分离技术是利用离心机转子高速旋转产生的强大的离心力，在离心力场的作用下，加速悬浮液中固体颗粒沉降或漂浮的速度，把样品中不同沉降系数和浮力密度的物质分开，从而将不同的物质分离。

二、操 作 方 法

二维码 2-5
使用流程

（1）将离心机放置于水平坚固的地板或平台上。

（2）打开电源开关，按要求装上所需的转头，将预先以托盘天平平衡好的样品放置于转头样品架上（离心筒需与样品同时平衡），关闭机盖。

（3）按功能选择键，设置各项要求：温度、速度、时间、加速度及减速度，带电脑控制的机器还需按储存键，以便记忆输入的各项信息。

（4）按启动键，离心机将执行上述参数进行运作，到预定时间自动关机。

（5）待离心机完全停止转动后打开机盖，取出离心样品，用柔软干净的布擦净转头和机腔内壁，待离心机腔内温度与室温平衡后方可盖上机盖。

三、注 意 事 项

（1）机器应始终处于水平位置，外接电源系统的电压要匹配，并要求有良好的接地线。

（2）电动离心机如有噪声或机身振动时，应立即切断电源，及时排除故障。

（3）离心管必须对称放入套管中，防止机身振动，若只有一支样品管，另外一支可用等质量的水代替。

（4）启动离心机时，应盖上离心机顶盖后，方可慢慢启动。

（5）分离结束后，先关闭离心机，在离心机停止转动后，方可打开离心机盖，取出样品，不可用外力强制其停止运动。

（6）离心期间，实验者不得离开。

第 4 节　电热恒温干燥箱

电热恒温干燥箱（electrothermal constant temperature drying box）又称为干燥箱或烤箱，主要用于耐高温和干燥的器材如玻璃器材、瓷器、金属器械（手术器械及针头例外）、非挥发性油类（液状石蜡、凡士林）等的灭菌。

一、构造与原理

电热恒温干燥箱（图 2-8）主要由箱体、电热器、温度控制系统和鼓风机四部分组成。其原理是利用电热丝隔层加热箱内空气，是物体干燥、灭菌的设备。它的工作范围在 50～300℃，可以根据需要选择合适的温度。高温可以使物品水分蒸发，加上鼓风机的鼓风作用能使箱内气体流动加速，可以用于烤干物品。高温使微生物的蛋白质和酶变性或凝固，新陈代谢受到障碍而死亡，从而达到灭菌的目的，可用于物品的干热灭菌。

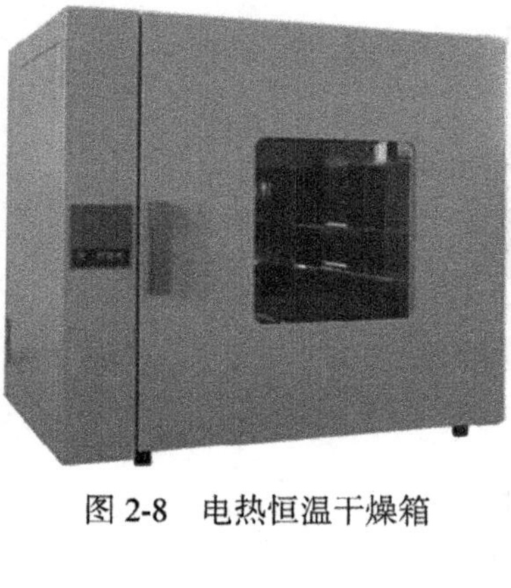

图 2-8　电热恒温干燥箱

二、使 用 方 法

（1）打开箱门，将需灭菌的物品经清洗、晾干、包装好后整齐摆放在箱内。

（2）关闭两层箱门并通电，待温度升到 160℃ 2h 或 171℃ 1h 即可达到灭菌目的。

（3）灭菌后待温度下降到 40℃以下，再开箱取物，防止玻璃器材因骤冷而破裂。

二维码 2-6
使用流程

三、注 意 事 项

（1）待灭菌的玻璃器材必须充分干燥，否则耗电过多、灭菌时间长，且玻璃器材有破裂的风险。

（2）灭菌温度不要超过 180℃，否则棉花及纸张将被烧焦。

（3）灭菌后必须等箱内温度下降到 40℃以下方可打开箱门，否则冷空气突然进入，玻璃器材极易破裂，且有引起包扎的纸和棉塞起火的危险，另外箱内的热空气溢出，易导致操作者皮肤灼伤。

（4）箱内物品放置不宜过紧，否则不能达到灭菌效果。

第 5 节　高压蒸汽灭菌器

高压蒸汽灭菌器（high pressure steam sterilizer）是灭菌效果最好、应用最广的灭菌器，凡能耐高温的普通培养基、敷料、手术器械、药品、注射用液体、玻璃器皿等，均可采用此灭菌。

一、构造与工作原理

高压蒸汽灭菌器是一个能密闭的、耐高压的双层金属锅，两层之间盛水。一般附有压力计、温度计、排气阀门、安全阀门等装置，有手提式（图 2-9A）、立式（图 2-9B）和卧式（图 2-9C）三种。其原理是在密闭的蒸锅内，其中的蒸汽不能外溢，压力不断上升，使水的沸点不断提高，从而锅内温度也随之增加。在 0.11MPa 的压力下，锅内温度达 121.3℃。在此蒸汽温度下，使微生物体内蛋白质凝固变性而达到灭菌目的。

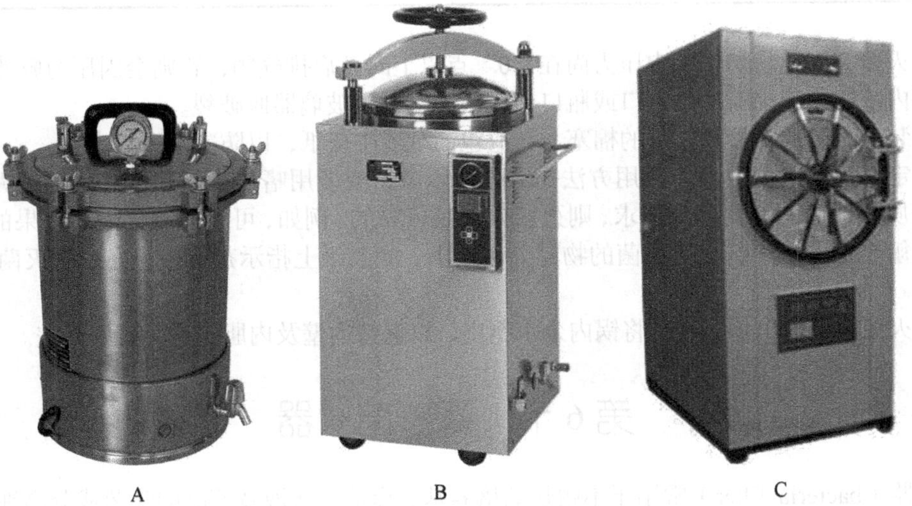

A　　B　　C

图 2-9　高压蒸汽灭菌器

A. 手提式高压蒸汽灭菌器；B. 立式高压蒸汽灭菌器；C. 卧式高压蒸汽灭菌器

二、使 用 方 法

（1）加水：使用前在锅内加入适量的水，加水不可过少，以防将灭菌锅烧干，引起炸裂事故。加水过多有可能引起灭菌物积水。

（2）装锅：将灭菌物品放在灭菌桶中，不要装得过满。盖好锅盖，按对称方法旋

二维码 2-7
使用流程

紧四周固定螺旋，打开排气阀门。

（3）加热排气：加热后待锅内沸腾并有大量蒸汽自排气阀门冒出时，维持2～3min以排除冷空气。如灭菌物品较大或不易透气，应适当延长排气时间，务必使空气充分排除，然后将排气阀关闭。

（4）保温保压：当压力升至0.11MPa时，温度达121.3℃，此时应控制热源。保持压力，维持15～20min后，切断热源。

（5）出锅：当压力表降至“0”点处，打开排气阀，旋开固定螺旋，开盖，取出灭菌物。

三、注意事项

（1）使用前必须加足量的水。

（2）必须将灭菌器内冷空气彻底排出，否则压力表上所指示的压力数值，并不全是蒸汽压，而出现实际温度低的情况，可造成灭菌不彻底的后果。冷空气排除量与灭菌器内压力和温度的关系见表2-1。

表2-1 高压蒸汽灭菌时压力、温度与空气排除量的关系

压力表读数（MPa）	灭菌器内温度（℃）				
	未排除空气	排除1/3空气	排除1/2空气	排除2/3空气	完全排除空气
0.034	72	90	94	100	109
0.069	90	100	105	109	115
0.103	100	109	112	115	121
0.137	109	115	118	121	126
0.172	115	121	124	126	130
0.207	121	126	128	130	135

（3）灭菌完毕，切勿在锅内压力尚在“0”点以上时开启排气阀，否则会因压力骤然降低，而造成容器内液体剧烈沸腾冲出管口或瓶口外溢，甚至导致玻璃器皿破裂。

（4）装培养基的试管或瓶子的棉塞上，应包油纸或牛皮纸，以防冷凝水入内。

（5）定期检查灭菌效果，常用方法是灭菌指示条，或者用嗜热脂肪芽胞杆菌测试灭菌效果。如上述物质灭菌后的变化达到要求，则灭菌效果是可靠的。例如，可将检测灭菌器效果的胶纸（其上有温度敏感指示剂）贴于待灭菌的物品外包装上，如胶纸上指示剂变色，亦说明灭菌效果是可靠的。

（6）灭菌完毕取出物品后，将锅内余水倒出，以保持内壁及内胆干燥，盖好锅盖。

第6节 滤菌器

滤菌器（bacteria filter）常用于不耐热的培养基、血清、溶液及药品的除菌或分离细菌外毒素及病毒。此法只能除去液体中的细菌，而不能除去病毒、L型细菌、支原体、衣原体等病原体。

一、构造与工作原理

滤菌器（bacteria filter）由孔径极小，能阻挡细菌通过的石棉、玻璃屑或滤膜等制成。下面介绍几种常用的滤菌器。

（1）玻璃滤菌器（图2-10A）：由玻璃制成。滤板采用细玻璃砂在一定高温下加压制成。

（2）赛氏（Seitz）滤菌器（图 2-10B）：由三部分组成。上部的金属圆筒，用以盛装将要滤过的液体；下部的金属托盘及漏斗，用以接收滤出的液体；上下两部分中间放石棉滤板。

（3）薄膜滤菌器（图 2-10C）：由塑料制成。滤菌器薄膜采用优质纤维滤纸，用一定工艺加压制成。

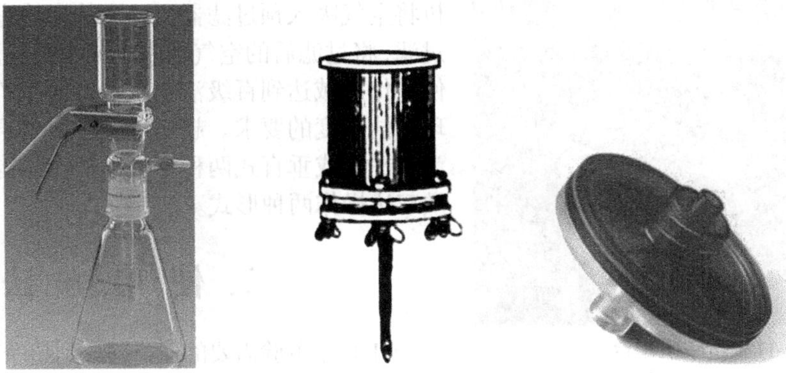

A　　B　　C

图 2-10　滤菌器

A. 玻璃滤菌器；B. 赛氏滤菌器；C. 薄膜滤菌器

其原理为用物理阻留的方法将液体或空气中的细菌除去，以达到无菌目的。

二、使 用 方 法

以薄膜滤菌器为例，讲解滤过除菌的方法。

（1）组装、灭菌：将滤膜装入清洗干净的薄膜滤菌器中，旋紧压平，包装灭菌（121.3℃灭菌 20min）后待用。

（2）连接：将装有大肠埃希菌的液体培养物的注射器、滤器、试管无菌操作连接。

（3）压滤：将注射器中的待滤溶液加压缓缓挤入，使液体通过滤膜过滤到无菌试管中。

二维码 2-8
使用流程

（4）无菌检查：吸取除菌滤液接种于肉汤培养基中，37℃，培养 24h，观察有无细菌生长，以判断滤过除菌的效果。

（5）清洗：弃去塑料滤器上的微孔滤膜，将薄膜滤菌器清洗干净，并换上一张新的微孔滤膜，组装包扎，再经灭菌后备用。

三、注 意 事 项

（1）滤器需灭菌后方可使用。

（2）过滤时用力要均匀，不要过大，不要回抽注射器，以免滤膜破损，影响除菌的效果。

第 7 节　超净工作台

超净工作台（super net worktable）是为实验室工作提供无菌操作环境的设施，以保护实验免受外部环境的影响，但并不保护工作人员和实验室环境。因此超净工作台只适用于做一般对人体没有直接伤害的常规细菌的操作实验。

一、构造与工作原理

图 2-11 超净工作台

超净工作台（图 2-11）主要由三部分组成：高效空气过滤器、风机和箱体。超净工作台原理是通过风机将空气吸入预过滤器，经由静压箱进入高效过滤器过滤，将过滤后的空气以垂直或水平气流的状态送出，使操作区域达到百级洁净度，保证生产或实验操作对环境洁净度的要求。超净工作台根据层流方向，可分为水平式或垂直式两种，根据操作结构分为单边操作及双边操作两种形式。

二、使 用 方 法

（1）将实验需要的器材摆放到超净工作台台面上。

（2）拉下玻璃挡板，开启紫外灯照射 30min 进行表面灭菌；紫外灯照射处理 20min 后，再启动风机，风机启动 10min 后可关闭紫外灯，开启照明灯。

（3）打开玻璃挡板至约 20cm 高，两只手在操作台内可以顺利操作，用 75%乙醇擦拭双手和台面。

（4）点燃酒精灯，操作过程严格遵循无菌操作规范。

（5）操作完成后将实验器材清理出无菌操作台，75%乙醇擦拭台面，关闭照明、风机和挡板。

（6）用紫外灯照射消毒 30min，关闭紫外灯，切断电源。

二维码 2-9
使用流程

三、注 意 事 项

（1）超净工作台内严禁长时间存放物品。

（2）紫外线对皮肤和视网膜有很强的刺激性，应避免紫外线直射，单层玻璃即可有效阻挡紫外线。

（3）操作过程应严格遵守无菌操作规范。

（4）避免频繁开关紫外灯管和照明灯管，延长灯管使用寿命。

（5）定期检查空气滤网等滤材，老化严重的应及时更换。

第 8 节 生物安全柜

生物安全柜（biosafety cabinet）（图 2-12）是防止操作者和环境暴露于实验过程中产生的生物气溶胶的负压过滤排风柜，是防止实验室获得性感染的主要设备。生物安全柜是用于各类生物安全实验室从事实验诊断和原代培养物、菌毒株及其他检测样本等具有感染性的生物材料的操作，具有保护操作者、实验环境及实验样品作用的安全防护设备。

图 2-12 生物安全柜

一、构造与工作原理

生物安全柜一般均有箱体和支架两部分组成。箱体部分包括前玻璃门、风机、门电机、进风预过滤罩、净化空气过滤器、外排空气预过滤器、照明源和紫外光源等设备。生物安全柜最主要、最关键的部件是高效空气粒子过滤器（HEPA），对直径为 0.3μm 粒子的捕获率达到 99.999%。

生物安全柜的工作原理是将柜内空气向外抽吸，使柜内保持负压状态，通过垂直气流来保护工作人员；外界空气经高效空气过滤器过滤后进入安全柜内，以避免样品被污染；柜内的空气也经过过滤器的过滤后再排到大气中，以保护环境。

生物安全柜可分为Ⅰ级、Ⅱ级和Ⅲ级三大类以满足不同的生物研究和防疫要求。

Ⅰ级生物安全柜：可保护工作人员和环境而不保护样品，由于不能对试验品或产品提供保护，目前已较少使用。

Ⅱ级生物安全柜：是目前应用最为广泛的柜型。Ⅱ级生物安全柜依照入口气流风速、排气方式和循环方式可分为 4 个级别：A1 型、A2 型、B1 型和 B2 型。所有的Ⅱ级生物安全柜都可提供工作人员、环境和产品的保护。

A1 型安全柜：前窗气流速度最小量或测量平均值应至少为 0.38m/s。70%气体循环使用，30%气体排到室内或室外。

A2 型安全柜：前窗气流速度最小量或测量平均值应至少为 0.5m/s。70%气体循环使用，30%气体外排。

Ⅱ级 B 型生物安全柜均为连接排气系统的安全柜。连接安全柜排气导管的风机连接紧急供应电源，目的为断电下仍可保持安全柜负压，以免危险气体泄漏入实验室。其前窗气流速度最小量或测量平均值应至少为 0.5m/s。

B1 型 70%气体经过滤后外排（要求排到室外），70%外界空气补充，30%气流经过滤后循环使用。

B2 型为 100%全排型安全柜，无内部循环气流，可同时提供生物性和化学性的安全控制，可以用于挥发性有毒化学品和放射性核素为辅助剂的微生物实验。

Ⅲ级生物安全柜：是为 4 级实验室生物安全等级而设计的，是目前世界上最高安全防护等级的安全柜，适用于高风险的生物试验。

实验室选择生物安全柜时应详细了解传染性微生物工作中的生物安全级别所包括的主要要素，根据给个人、环境、社会提供的保护情况选取不同级别的生物安全柜（表 2-2）。

表 2-2 实验室级别对应的生物安全柜选择

实验室级别	生物安全柜选用原则
Ⅰ	一般无须使用生物安全柜，或使用生物安全柜
Ⅱ	当可能产生微生物气溶胶或出现溅出的操作时，可使用Ⅰ级生物安全柜；当处理感染性材料时，应使用部分或全部排风的Ⅱ级生物安全柜；若涉及处理化学致癌剂、放射性物质和挥发性溶媒，则只能使用ⅡB 级（B2 型）生物安全柜
Ⅲ	应使用Ⅱ级或Ⅲ级生物安全柜；所有涉及感染材料的操作，应使用ⅡB 级（B2 型）或Ⅲ级生物安全柜
Ⅳ	应使用Ⅲ级生物安全柜。当人员穿着正压防护服时，可使用ⅡB 级生物安全柜

二、使用方法

（1）接通电源，开启生物安全柜的滑动窗，并移动到适当的位置，把所有的必要的实验器材放入生物安全柜。

（2）开启生物安全柜的风机，让其流动 10～15min。

（3）用薄纸检查操作口的气流方向是否向内。

（4）操作者的双臂以直线方向缓慢伸入生物安全柜，至少静止 1min，使柜内气流稳定后再进行操作。在生物安全柜内进行实验操作时，动作应轻柔、舒缓、规则。

二维码 2-10
使用流程

（5）实验过程中试验用的洁净的器材和物品通常放置在操作者面对柜体的左侧，被污染和怀疑污染的器材和物品放置在柜体的右侧，实验完毕后对移出生物安全柜的器材和物品进行必要的消毒处理。

（6）实验完毕后对生物安全柜内部进行消毒处理，让生物安全柜再运转 10～15min 后关闭生物安全柜的风机和滑动窗，然后关闭电源。

三、注 意 事 项

（1）生物安全柜中不需要紫外灯。如果使用紫外灯，应该每周进行清洁，以除去可能影响其杀菌效果的灰尘和污垢。

（2）在生物安全柜内所形成的几乎没有微生物的环境中，应避免使用明火。

（3）实验室中要张贴如何处理溢出物的实验室操作规则，每一位使用实验的成员都要阅读并理解这些规程。

（4）生物安全柜在安装时及每隔一定时间以后，应由有资质的专业人员按照生产商的说明对每一台生物安全柜的运行性能及完整性进行认证，以检查是否符合国家及国际的性能标准。

（5）在实验结束时，包括仪器设备在内的生物安全柜里的所有物品都应清除表面污染，并移出安全柜。

（6）在使用生物安全柜时应穿着个体防护服。

（7）生物安全柜在移动及更换过滤器之前，必须清除污染。

第 9 节　微量移液器

微量移液器（micropipette）（图 2-13）是一种在一定容量范围内可随意调节的精密取液装置（俗称移液枪），具有快速、准确、微量等特点，是生物、医学、化学等领域相关实验的必备工具。

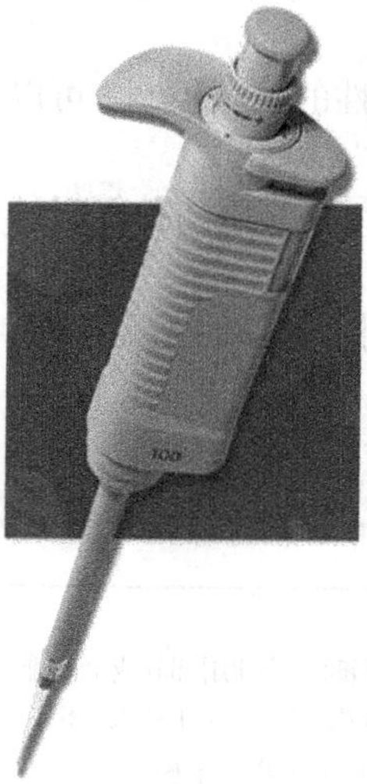

图 2-13　微量移液器

一、构造与工作原理

微量移液器由移液器及吸头组成，一般有 0.5～10μl、5～50μl、20～200μl、100～1000μl 等多种规格。其基本原理是依靠装置内活塞的上下移动，气活塞的移动距离是由调节轮控制螺杆结构实现的，推动按钮带动推动杆使活塞向下移动，排除活塞腔内的气体。松手后，活塞在复位弹簧的作用下恢复原位，从而完成一次吸液过程。

二维码 2-11
使用流程

二、使 用 方 法

（1）选择移液器：根据移液量选择合适的移液器，移液量应在移液器的容量范围内。

（2）设定体积：设定体积时由低值旋转至高值，须先超越所欲设定值至少 1/3 转后，再反转至设定值；由高值旋转至低值，则直接转至设定值即可。请勿将体积调整圈转到超过最低或最高的使用范围。

（3）选择吸头：选择合适的吸头套在移液器上，稍加扭转，使吸头套紧。

（4）吸液：移液器保持竖直状态，用拇指将按钮按下至第一阻力位，将吸头插入液面下 2～3mm。然后慢慢松开按钮回原点，慢慢吸入液体，将吸头提离液面。

（5）放液：将按钮按至第一阻力位排出液体，稍停片刻继续按按钮至第二阻力位吹出残余的液体。最后松开按钮。

（6）退吸头：按下卸吸头按钮，退下吸头。

三、注意事项

（1）吸取液体时一定要缓慢平稳地松开拇指，绝不允许突然松开，以防将溶液吸入过快而冲入取液器内腐蚀柱塞而造成漏气。

（2）未装吸嘴的微量移液器绝对不可用来吸取任何液体。

（3）一定要在允许量程范围内设定容量，千万不要将读数的调节超出其适用的刻度范围，否则会造成损坏。

（4）不要横放带有残余液体吸嘴的移液器。

（5）不要用大量程的移液器移取小体积样品。

第10节 电泳设备

电泳是分子生物学常用的技术之一，主要包括核酸电泳和蛋白电泳。

一、构造与工作原理

电泳（electrophoresis）是指带电颗粒在电场中向着与其本身所带电荷相反的电极移动的现象。利用 DNA 在泳动时的分子筛效应和电荷效应，可达到分离混合物的目的。DNA 在高于其等电点的溶液中带负电，向阳极移动，其迁移速率与其相对分子质量成反比。

琼脂糖凝胶电泳是用琼脂或琼脂糖作为支持介质的一种电泳方法。对于相对分子质量较大的样品，如大分子核酸、病毒等，一般可采用孔径较大的琼脂糖凝胶进行电泳分离。琼脂糖凝胶约可区分相差 100bp 的 DNA 片段，其分辨率虽比聚丙烯酰胺凝胶低，但它制备容易，分离范围广，尤其适于分离大片段 DNA。普通琼脂糖凝胶分离 DNA 的范围为 0.2～20kb，利用脉冲电泳，可分离高达 10～7bp 的 DNA 片段。电泳结果用溴化乙啶（EB）染色后可直接在紫外线下观察，并且可观察的 DNA 条带浓度为纳克级，而且整个过程一般 1h 即可完成，由于该方法操作简单快捷，在基因工程中较为常用（图 2-14）。

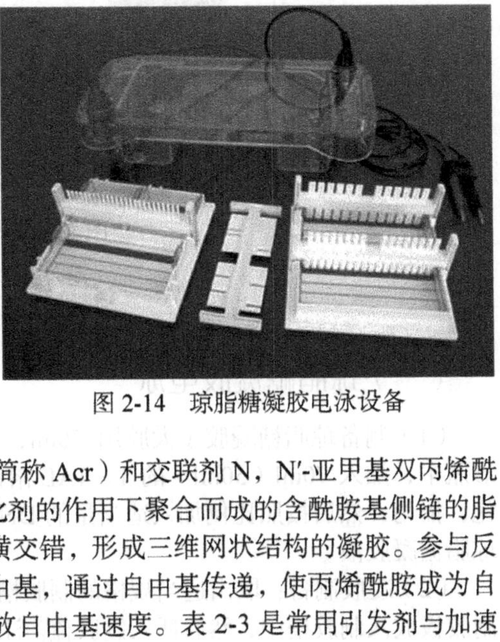

图 2-14 琼脂糖凝胶电泳设备

聚丙烯酰胺凝胶是由丙烯酰胺单体（Acrylamide，简称 Acr）和交联剂 N，N′-亚甲基双丙烯酰胺（N，N′-methylene bisacrylamide，简称 Bis）在催化剂的作用下聚合而成的含酰胺基侧链的脂肪族长链，相邻的两个链通过甲叉桥交联起来，链纵横交错，形成三维网状结构的凝胶。参与反应的催化剂有两种成分。一是引发剂，它提供原始自由基，通过自由基传递，使丙烯酰胺成为自由基，发动聚合反应；二是加速剂，它加快引发剂释放自由基速度。表 2-3 是常用引发剂与加速剂的搭配。

表 2-3 聚合反应催化剂的搭配

引发剂	加速剂	引发反应
$(NH_4)_2S_2O_3$	TEMED	化学聚合
$(NH_4)_2S_2O_3$	DMAPN	化学聚合
维生素 B_2	TEMED	光聚合

注：TEMED，N，N，N1，N1-四甲基乙二胺；DMAPN，3-二甲基氨丙腈

过硫酸铵和维生素 B_2 分别引发两种不同类型的反应。以此凝胶为支持物的电泳称为聚丙烯酰胺凝胶电泳（PAGE），具有机械性能好、化学性能稳定、灵敏度高、分辨率高的优点。PAGE 应用十分广泛，可用于蛋白质、酶等生物分子的分离、定性、定量和少量制备，还可测定相对分子质量和等电点等。PAGE 根据其有无浓缩效应，分为连续系统和不连续系统两大类。前者电泳体系中缓冲液 pH 及凝胶浓度相同，带电颗粒在电场中的泳动主要靠电荷和分子筛效应；后者电泳体系中缓冲液离子成分、pH、凝胶浓度及电位梯度是不连续的，带电颗粒在电场中的泳动不仅主要靠电荷和分子筛效应，还有浓缩效应（图 2-15）。

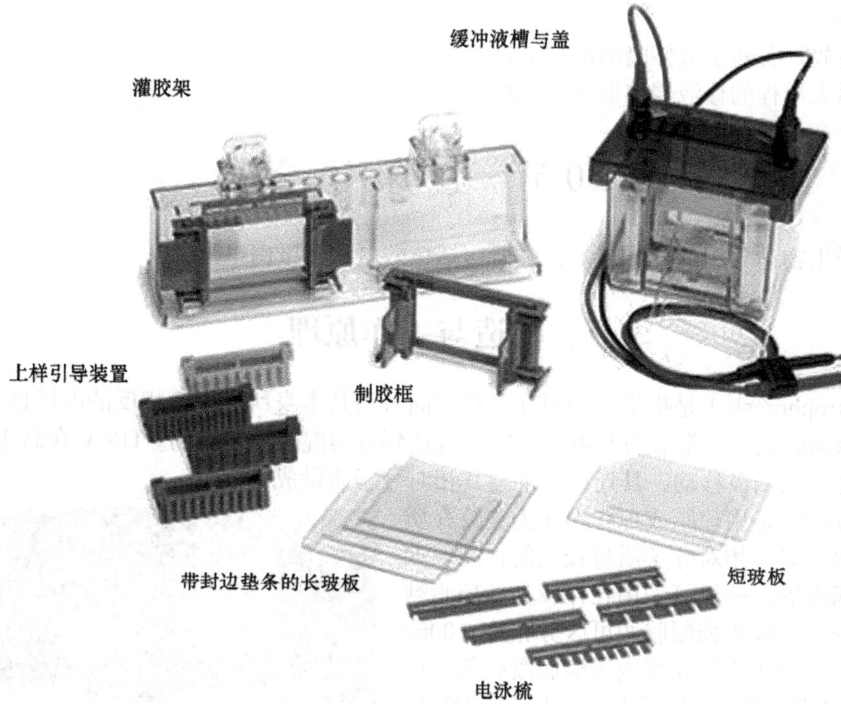

图 2-15　聚丙烯酰胺凝胶电泳设备

二、使 用 方 法

（一）琼脂糖凝胶电泳

（1）制备琼脂糖凝胶（大胶用 70ml，小胶用 50ml）：称取适当量琼脂糖置于锥形瓶中，加入 70ml（50ml）的 1×TAE 溶液。微波炉加热煮沸 3 次至琼脂糖全部融化，摇匀，然后按照比例加入适当量的 DNA 成像染料（如 EB 或 Gel-red 等），即成琼脂糖凝胶液。

二维码 2-12
使用流程

（2）凝胶制备：取出适当规格的制胶槽、制胶板和制胶梳，冲洗干净，晾干，将制胶板放入制胶槽中，然后插入制胶梳。注意边缘密封良好，形成模子。将凝胶冷却至 65℃左右，混匀后小心地倒入制胶板中，使胶液缓慢展开，直到整个制胶板表面形成均匀胶层。室温下静置直至凝胶完全凝固，垂直轻拔梳子，连同制胶板一起取下凝胶，将其放入电泳槽中。添加 1×TAE 电泳缓冲液至没过胶板 1～2mm 为止。

（3）加样：在点样板或 parafilm 上混合 DNA 样品和上样缓冲液。用 10μl 微量移液器分别将样品加入胶板的样品小槽内，每加完一个样品，应更换一个加样头，以防污染，加样时勿碰坏样品孔周围的凝胶面（注：加样前要先记下加样的顺序）。

（4）电泳：加样后的凝胶板立即通电进行电泳，电压 60～100V，样品由负极（黑色）向正极（红色）方向移动。电压升高，琼脂糖凝胶的有效分离范围降低。当溴酚蓝移动到距离胶板下沿约

1cm 处时，停止电泳。

（5）凝胶成像：电泳完毕后取出凝胶，在紫外灯下观察，DNA 存在则显示出荧光条带，采用凝胶成像系统拍照保存。

（二）聚丙烯酰胺凝胶电泳

1. 凝胶制备

（1）固定玻璃板：先用专用固定装置固定两块玻璃板，注意两块玻璃板的两侧及底部密封严密，以防封闭不严而使聚丙烯酰胺液漏出。

（2）检测密封性：向装好的玻璃电泳板中加入蒸馏水，将其倾斜成 45°～60°角检验其密封性。

（3）凝胶配制：按表 2-4 配制所需（%）浓度凝胶的毫升数，包括浓缩胶和分离胶。先配制分离胶，待加入 TEMED 后立即混匀，然后缓缓注入两玻璃板间的胶床中，胶床上部预留 2～3cm 的空间，再注满蒸馏水将分离胶压平整，静置数分钟待胶凝固。分离胶凝固后倒出蒸馏水并用吸水纸吸干，配制浓缩胶，待加入 TEMED 后立即混匀，然后将其缓缓倒入两玻璃间的胶床中，直到液体接近溢出时为止。

表 2-4　凝胶浓度配制表

组分	10%分离胶（ml）	5%浓缩胶（ml）
H_2O	4.0	2.7
30%丙烯酰胺	3.3	0.67
1.5 mol/L Tris（pH8.8）	2.5	—
1 mol/L Tris（pH6.8）	—	0.5
10% SDS	0.1	0.04
10% APS	0.1	0.04
TEMED（最后加）	5μl	3μl
总体积	10	4

（4）浓缩胶加入后应立即插入适当规格的梳子，密切注意防止梳齿下产生气泡。

（5）室温聚合 1h 后，将玻璃板插入电泳槽中并检查契合度，倒入适量缓冲液。小心取出梳子，加样，然后进行电泳分离。

2. 电泳　在电泳槽中注满电极缓冲液。缓冲液应事先在冰箱中预冷，上槽电极缓冲液必须浸没玻管和电极。连接直流稳压电源，缓冲系统为碱性时上槽为负极，下槽为正极。缓冲系统为酸性时则相反。Davis 标准状态的凝胶电泳，负极在上，正极在下，调节电流，开始时用电流 1～2mA，电泳 3～5min 后，再逐渐升高到每管 4mA。不电泳时间与所用缓冲液和样品有关，一般根据指示剂的迁移来决定，如果指示剂已迁移到凝胶柱的下口附近，或已迁移管长的 3/4 距离时，就可停止电泳，关闭电源。

3. 剥胶　电泳完毕后必须立刻取出凝胶进行固定与染色，一般用 20～30ml 的注射器配上 10cm 长的针头，左手拿玻管，右手握灌满水的注射器，将针头插入凝胶与管壁之间，左手慢慢旋转玻管，右手一边压水，一边使针头呈螺旋式推进。靠水流压力和润滑力将玻璃管内壁与凝胶分开，一般情况下，针头抽出，胶就自动滑出。如果不出，就从另一端再注水或用洗耳球在一端稍加压力。如果胶浓度较高，取出困难，可用 10%甘油水溶液代替水注入。一般剥胶的方向是从浓缩胶端开始。剥胶时应注意不要损伤胶柱表面。

4. 固定与染色　用于蛋白质区带染色的试剂常用的有氨基黑 10B、考马斯亮蓝、1-苯胺基-8-萘磺酸等。考马斯亮蓝 R_{250}（Coomassie brilliant blue R_{250}）[即三苯基甲烷（triphenylmethane）$C_{46}H_{44}O_7H_3S_2Na$，MW=824，λ_{max}=560～590nm]染色的灵敏度比氨基黑高 5 倍，尤其适用于 SDS 电

泳微量蛋白质染色，但蛋白质浓度超出一定范围时，对高浓度蛋白的染色不合乎 Beer 定律，用作定量分析时要注意这点。

5. 脱色与观察　凝胶染色后，先用水洗掉表面染料，然后放在脱色液中浸洗，常用的脱色液有 7%乙酸、甲醇-水-乙酸溶液等。经常更换新溶液，直到染料洗出，背景几乎无色为止。用氨基黑染色者，脱色时间较长，而考马斯亮蓝染料易于脱色。采用透射照相方法，用相机把条带真实地拍摄下来。

三、注 意 事 项

（一）琼脂糖凝胶电泳

（1）对于琼脂糖凝胶电泳，浓度通常在 0.5%～2%，低浓度的用来进行大片段核酸的电泳，高浓度的用来进行小片段分析。低浓度胶易碎，小心操作和使用质量好的琼脂糖是解决办法。

（2）注意高浓度的胶可能使分子大小相近的 DNA 带不易分辨，造成条带缺失现象。

（3）电泳时电压不应该超过 20V/cm，电泳温度应该低于 30℃，对于巨大的 DNA 电泳，温度应该低于 15℃。注意如果电泳时电压和温度过高，可能导致出现条带模糊和不规则的 DNA 带迁移的现象。如果电压太大可能会导致小片段跑出胶而出现缺带现象。

（4）正确的 DNA 上样量是条带清晰的保证。注意太多的 DNA 上样量可能导致 DNA 带型模糊，而太小的 DNA 上样量则导致条带信号弱甚至缺失。

（5）Marker 的选择。

（6）实验室常用的核酸染色剂。溴化乙啶（EB）染色效果好，操作方便，但是稳定性差，具有毒性。而其他系列如 SYBR Green、Gel-red，虽然毒性小，但价格昂贵。市售 GeneGreen 是性价比高的低毒替代染料，其灵敏度比传统 EB 染料高 10 倍以上。注意观察凝胶时应根据染料不同使用合适的光源和激发波长，如果激发波长不对，条带则不易观察，出现条带模糊的现象。

（二）聚丙烯酰胺凝胶电泳

（1）凝胶制备时 TEMED 和 AP 要后加，加入后缓慢匀速混匀，避免有气泡产生；然后马上注入电泳槽内并插入梳子，这时也要匀速，但不能太慢，因为太慢底部胶会比上面胶凝得快。

（2）加样时要注意，每孔上样量不能过大，以免样品溢出，造成各泳道相互污染。

（3）为了避免边缘效应，在未加样的泳道加入等量的样品缓冲液。

第 11 节　分光光度计

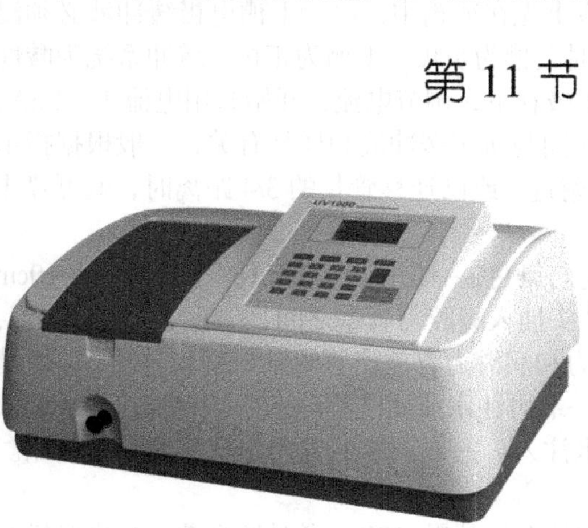

图 2-16　分光光度计

分光光度计（图 2-16），又称光谱仪（spectrometer），是将成分复杂的光，分解为光谱线的科学仪器。分光光度计是现代分子生物实验室常规仪器，常用于核酸、蛋白定量，以及细菌生长浓度的定量。因为需求的不同，分光光度计有着不同的种类，如可见分光光度计、紫外可见分光光度计、红外分光光度计、荧光分光光度计和原子吸收分光光度计等。

一、构造与工作原理

分光光度计主要由光源、单色器、样品室、检测器、信号处理器和显示与存储系统组成。分光光度计基本原理是指采用一个可以产生多个波长的光源，通过系列分光装置，从而产生特定波长的光源，光源透过测试的样品后，部分光源被吸收，计算样品的吸光值，从而转化成样品的浓度。样品的吸光值与样品的浓度成正比。

二、使用方法

（1）接通电源，打开仪器开关，掀开样品室暗箱盖，预热10min。

（2）将灵敏度开关调至“1”档（若零点调节器调不到“0”时，需选用较高档）。

（3）根据所需波长转动波长选择钮。

（4）将空白液及测定液分别倒入比色杯3/4处，用擦镜纸擦清外壁，放入样品室内，使空白管对准光路。

二维码 2-13
使用流程

（5）在暗箱盖开启状态下调节零点调节器，使读数盘指针指向 t=0 处。

（6）盖上暗箱盖，调节“100”调节器，使空白管的 t=100，指针稳定后逐步拉出样品滑竿，分别读出测定管的光密度值，并记录。

（7）比色完毕，关上电源，取出比色皿洗净，样品室用软布或软纸擦净。

三、注意事项

（1）存放的比色皿要注意清洁，清洁时有的部件不允许用手直接擦拭，要注意使用专用的清洁工具。取拿比色皿时，手指只能捏住比色皿的毛玻璃面，而不能碰比色皿的光学表面。

（2）需要大幅度改变波长时，在调整 T 值为0和100%之后，应稍等片刻（因钨丝灯在急剧改变亮度后，需要一段热平衡时间），待指针稳定后再调整 T 值为0和100%。

（3）在仪器底部有两只干燥剂筒，应经常检查。发现干燥剂失效时，应立即更换或烘干后再用。比色皿暗箱内的硅胶也应定期取出烘干后再放回原处。

（4）为防止光电管疲劳，不测定时必须将试样室盖打开，使光路切断，以延长光电管的使用寿命。

第12节　酶标仪

酶标仪（microplate reader）（图2-17）是对酶联免疫检测（EIA）实验结果进行读取和分析的专业仪器。酶标仪广泛地应用于临床检验、生物学研究、农业科学、食品和环境科学中。

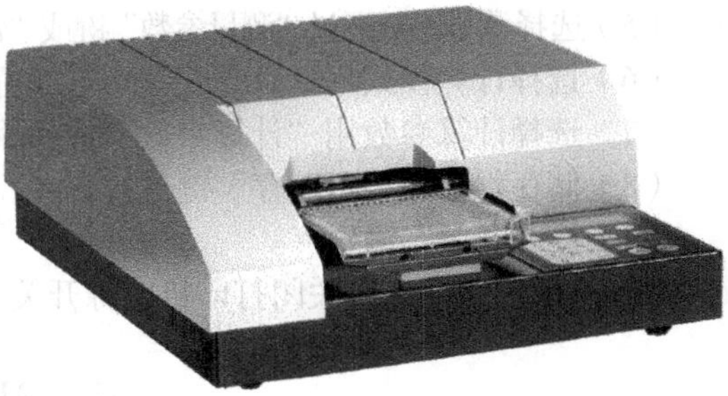

图2-17　酶标仪

一、构造与工作原理

光源灯发出的光线经过滤光片或单色器后，成为一束单色光束。该单色光束经过塑料微孔板中的待测标本，被标本吸收掉一部分后，到达光电检测器。光电检测器将投射到其上面的光信号的强弱变成电信号的大小。此电信号经前置放大、对数放大、模数转换等模拟信号处理后，送入微处理器进行数据处理和计算。最后由显示器和打印机将测试结果显示、打印出来。

图2-18是酶标仪的光路系统。光源灯发出的光，经过聚光镜、光阑后，到达反射镜，经反射镜作90°反射后，垂直通过比色液，然后再经滤光片到达光电管。

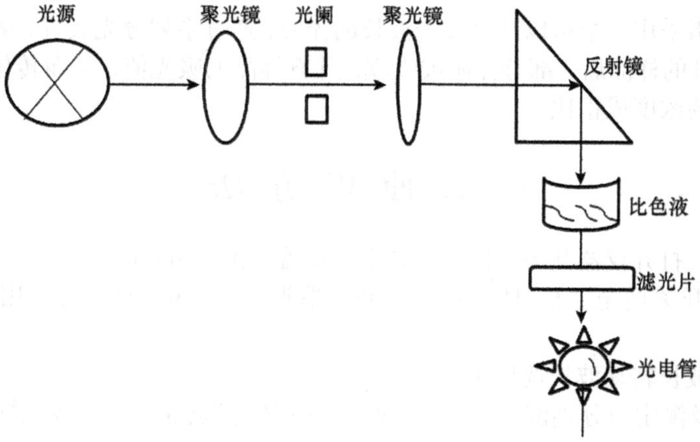

图 2-18 酶标仪光路系统

由酶标仪的工作原理光路图可以看出，它和普通光电比色计的不同之处在于：①盛装比色液的容器不是使用比色皿，而是使用了塑料微孔板，塑料微孔板常用透明的聚乙烯材料制作，之所以采用塑料微孔板来做固相载体，是因为它对抗原或抗体有较强的吸附性；②酶标仪的光束是垂直通过待测液的；③酶标仪通常不使用 A 而是使用光密度 OD 表示吸光度。

酶标仪有单通道和多通道两种类型，单通道又分为自动型和手动型两种。自动型的仪器设有 X 和 Y 两个方向的驱动机构，在机械装置的驱动下，微孔板上的小孔一个个依次进入光束下面测试。手动型靠手移动微孔板来进行测量。在单通道酶标仪的基础上，又发展了多通道、全自动型酶标仪。多通道酶标仪一般都是自动型的，它设有多个光束和多个光电检测器。在机械驱动装置的作用下，样品被 8 个一排检测。多通道酶标仪的检测速度快，但其结构比较复杂，价格也较贵，多用于大中型医院。

二、使用方法

（1）将酶标仪后部的电源开关打开，仪器将显示自检。等候 1min 预热。

（2）将打印机开关打开，打印机自检，放置打印纸。

（3）检测选择程序模式时，先按转换键，确定程序模式后，再按输入键，进入自检并完成。

二维码 2-14 使用流程

（4）选择测量模式通过测量模式键来选择，可通过“↑↓”键查看测量模式目录，确定测量模式按输入键确认。

（5）选择测量参数通过“测量参数”键或“输入”键来选择，也可通过“↑↓”键和数字键输入新参数。

（6）选择计算模式用计算模式键设定，可用“↑↓”键查看计算模式。

（7）选择计算参数用“计算参数”或“输入”键设定计算参数。

（8）储存程序用“可贮存”键进行。

（9）按“开始”键。

（10）检测完毕后，关闭打印机电源开关及酶标仪电源开关。

三、注意事项

（1）使用加液器加液，加液头不能混用。

（2）洗板要洗干净。如果条件允许，使用洗板机洗板，避免交叉污染。

（3）严格按照试剂盒的说明书操作，反应时间准确。

（4）在测量过程中，请勿碰酶标板，以防酶标板传送时挤伤操作人员的手。

（5）请勿将样品或试剂洒到仪器表面或内部，操作完成后请洗手。

（6）如果使用的样品或试剂具有污染性、毒性和生物学危害，请严格按照试剂盒的操作说明，以防对操作人员造成损害。

（7）如果仪器接触过污染性或传染性物品，请进行清洗和消毒。

（8）不要在测量过程中关闭电源。

（9）对于因试剂盒问题造成的测量结果的偏差，应根据实际情况及时修改参数，以达到最佳效果。

（10）使用后盖好防尘罩。

第 13 节 PCR 仪

聚合酶链反应（polymerase chain reaction，简称 PCR）是 20 世纪 80 年代中期发展起来的体外核酸扩增技术，利用 PCR 仪（图 2-19）能够实施基因的扩增。它具有特异、敏感、产率高、快速、简便、重复性好、易自动化等突出优点；能在一个试管内将所要研究的目的基因或某一 DNA 片段于数小时内扩增至十万乃至百万倍，使肉眼能直接观察和判断；可从一根毛发、一滴血甚至一个细胞中扩增出足量的 DNA 以供分析研究和检测鉴定。

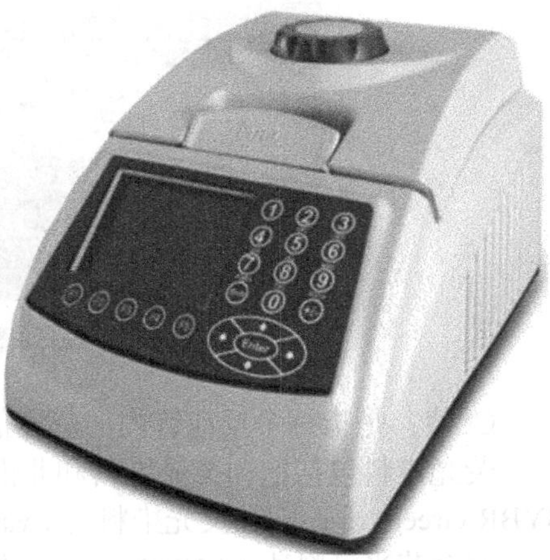

图 2-19 常规 PCR 仪

一、构造与工作原理

基因扩增的技术设备由三部分构成：①模板 DNA 制备所需设备，主要为高速微量离心机或高速冷冻离心机；②PCR 基因扩增仪；③DNA 扩增结果判读和测定设备，主要有水平低压电泳仪、PCR 核酸电泳槽及紫外透射仪和 DNA 微量荧光计等。

基本原理类似于 DNA 的天然复制过程，其特异性依赖于与靶序列两端互补的寡核苷酸引物。PCR 由变性—退火—延伸 3 个基本反应步骤构成：模板 DNA 的变性：模板 DNA 经加热至 95℃左右一定时间后，使模板 DNA 双链或经 PCR 扩增形成的双链 DNA 解离，使之成为单链，以便它与引物结合，为下轮反应做准备；模板 DNA 与引物的退火（复性）：模板 DNA 经加热变性成单链后，温度降至 55℃左右，引物与模板 DNA 单链的互补序列配对结合；引物的延伸：DNA 模板—引物结合物在 TaqDNA 聚合酶的作用下，以 dNTP 为反应原料，靶序列为模板，按碱基配对与半保留复制原理，合成一条新的与模板 DNA 链互补的半保留复制链重复循环变性—退火—延伸三个过程，就可获得更多的“半保留复制链”，而且这种新链又可成为下次循环的模板。

荧光定量 PCR 最早称为 TaqMan PCR（图 2-20），后来也叫 Real-Time PCR，是美国 PE（Perkin Elmer）公司 1995 年研制出来的一种新的核酸定量技术。该技术是在常规 PCR 基础上加入荧光标记探针或相应的荧光染料来实现其定量功能的。其原理：随着 PCR 反应的进行，PCR 反应产物不断累积，荧光信号强度也等比例增加。每经过一个循环，收集一个荧光强度信号，这样我们就可以通过荧光强度变化监测产物量的变化，从而得到一条荧光扩增曲线图。

一般而言，荧光扩增曲线可以分成 3 个阶段：荧光背景信号阶段、荧光信号指数扩增阶段和平台期。在荧光背景信号阶段，扩增的荧光信号被荧光背景信号所掩盖，无法判断产物量的变化。而在平台期，扩增产物已不再呈指数级的增加，PCR 的终产物量与起始模板量之间没有线性关系，根据最终的 PCR 产物量也不能计算出起始 DNA 拷贝数。只有在荧光信号指数扩增阶段，PCR 产物量的对数值才会与起始模板量之间存在线性关系，我们可以选择在这个阶段进行定量分析。为了定量和比较的方便，在实时荧光定量 PCR 技术中引入了两个非常重要的概念：荧光阈值和 Ct 值。

荧光域值（fluorescence threshold）：是在荧光扩增曲线上人为设定的一个值，它可以设定在荧光信号指数扩增阶段任意位置上，但一般荧光域值的缺省设置是 PCR 反应前 3～15 个循环荧光信号标准偏差的 10 倍。

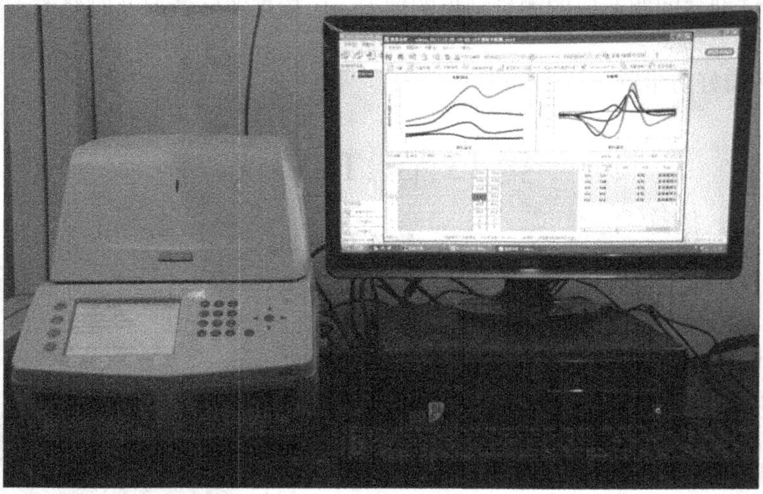

图 2-20　荧光定量 PCR 仪

Ct 值：是指每个反应管内的荧光信号到达设定阈值时所经历的循环数。

荧光染料包括饱和荧光染料和非饱和荧光染料，非饱和荧光染料的典型代表就是现在最常用的 SYBR Green Ⅰ；饱和荧光染料有 EvaGreen、LC Green 等。

嵌合荧光染料法（SYBR Green Ⅰ）：SYBR Green Ⅰ是荧光定量 PCR 最常用的 DNA 结合染料，与双链 DNA 非特异性结合。在游离状态下，SYBR Green Ⅰ发出微弱的荧光，但一旦与双链 DNA 结合，其荧光增加 1000 倍。所以，一个反应发出的全部荧光信号与出现的双链 DNA 量呈正相关，且会随着扩增产物的增加而增加。

二、使 用 方 法

一般 PCR 仪，以 PTC-100PCR 仪为例。

1. 开机自检　显示“SELF TEST”，约 10s 结束，此时若仪器不正常，则会出现故障信息，自检正常后，仪器进入初始菜单界面。“Power”键在机身背面右下角处。

二维码 2-15
使用流程

2. 运行程序　通过左右“Select”键将焦点调至“Run”菜单，按“Proceed”键，然后再在文件夹中选择所需程序，再按“Proceed”键，则所选程序开始运行。

3. 菜单简介　共有六种菜单，他们分别执行不同的功能。

（1）“Run”功能：运行程序。

（2）“Enter”功能：编写程序。①“Temp”指设定温度和时间；②“Ramp”指调整变温速率；③“Go to”指设定循环的步骤；④“Opinion”指附属功能，包括“Extend”循环时时间变化、“Increment”循环时温度变化、“Beep”循环时声音提示；⑤“End”指结束程序。

（3）“List”功能：列出程序，查看程序。

（4）“Edit”功能：修改程序。

（5）“Files”菜单功能：包括“Copy”（复制程序）、“Move”（移动程序）、“Rename”（修改程序名）、“Delete”（删除程序）、“Folder”（建立文件夹）、“Secure”（加密文件夹）。

（6）“Setup”功能设定：包括“Lid”（热盖温度设定）和“Version”（查看软件版本）。

三、注意事项

（1）每天保证PCR仪至少休息1h，以延长其使用寿命。
（2）使用前要预约登记。
（3）放入PCR板时，确认PCR板底部干燥，切忌PCR板底部有水时放入PCR仪。
（4）盖子不要拧太紧，尤其是在加热的时候，以免损坏盖子。
（5）PCR程序运行完之后，请盖上盖子。

第14节 流式细胞仪

流式细胞仪（flow cytometry）（图2-21）是目前用于医学、生物学、免疫学等科研领域常用的大型设备之一，对细胞抗原的检测具有非常重要的作用。

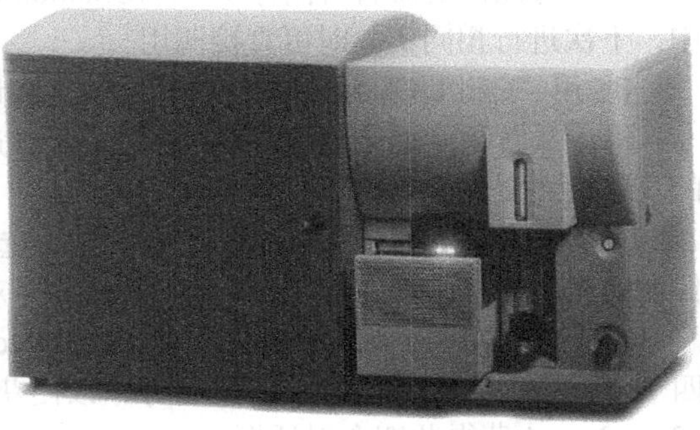

图2-21 流式细胞仪

一、构造与工作原理

流式细胞仪主要由如下几个部分组成。

（1）流动室及液流驱动系统流动室是流式细胞仪的核心部件，由石英玻璃制成。

（2）激光光源及光束形成系统流式细胞仪可配备一根或多根激光管，常用的激光管是氩离子气体激光管，它的发射光波长为488nm，此外可配备氦氖离子气体激光管（波长633nm）和（或）紫外激光管。

（3）光学系统流式细胞仪的光学系统由若干组透镜、小孔、滤光片组成，大致可分为流动室前和流动室后两组。

（4）信号检测与存储、显示、分析系统。

（5）细胞分选系统。

流式细胞仪主要是测量群体中单个细胞经适当染色后其成分所发出的散射光和荧光，经染色的细胞在悬液中以单行流过高强度光源的焦点，当每个细胞经过焦点时，发出一束散射光和（或）荧光。它们经过过滤及光镜系统收集到光电检测器（光电倍增管或一个固态装置），光检测器把散射光定量转化成电信号，经数字转换器进行数字化后而成整数，然后进行电子存储，以后数据可以调出显示和进行分析。

二、使用方法（以美国贝克曼仪器为例）

1. 开机程序

（1）检查稳压器电源，打开电源，稳定5min。

（2）打开储液箱，倒掉废液，并在废液桶中加入400ml漂白水原液。打开压力阀，取出鞘液桶，将鞘液桶加至4/5满（一般可用三蒸水，做分选必须用PBS或FACS Flow），合上压力阀。确实盖紧桶盖，检查所有管路是否妥善安置。

（3）将FACS Calibur开关打开，此时仪器功能控制钮的显示应是“STANDBY”，预热5～10min。排出过滤器内的气泡。

二维码2-16
使用流程

（4）如果需要打印，打开打印机电源。

（5）打开电脑，等待屏幕显示出标准的苹果标志。

（6）执行仪器“PRIME”功能一次，以排除 Flow cell 中的气泡。

（7）分析样品时，先用 FACA Flow 或 PBS 进行“HIGH RUN”约 2min。做过分选后，每次开机后需冲洗管道：向分选装置上装上两个 50ml 离心管，不接通浓缩系统，按下右下角白色按钮开始冲洗。待自动停止后接通浓缩装置，同上法冲洗一次。

2. 预设获取模式文件（acquisition template files）

（1）从苹果标志中选择“CELL Quest”可见一个新视窗，可利用此视窗编辑一个获取模式文件。

（2）选取屏幕左列绘图工具中的“Dot plot”，绘出一个或多个“Dot Plots”（点图）。从“Dot Plot”对话框中选取“Acquisition”作为图形资料来源，并确定适当的 x 轴和 y 轴参数。

（3）选取屏幕左列绘图工具中的“Histogram”，同上法可绘出“Histogram”（直方图）。

（4）将此视窗命名后储存于“FACStation G3\BD Applications \CELLQuest Folder \EXP”文件夹中，下次进行相同实验时可直接调用。

3. 用“CELL Quest”进行仪器的设定和调整

（1）从苹果画面中选取“CELL Quest”，进入“CELL Quest”后在“File”指令栏中打开合适的获取模式文件。

（2）从屏幕上方“Acquire”指令栏中，选取“Connect to Cytometer”（快捷键+B）进行电脑和仪器的联机。将出现的“Acquisiton Control”对话框移至合适位置。

（3）从“Cytometer”指令栏中，开启“Detectors/Amps”、“Threshold”、“Compensation”、“Status”四个对话框，并将它们移至屏幕右方，以便获取数据时随时调整获取条件。也可以用快捷键+1，+2，+3，+4 获得此四个对话框。

（4）在“Detectors/Amps”对话框中，先为每个参数选择适当的倍增模式（amplifier mode）：线性模式 Lin 或对数模式 Log。一般进行细胞表面抗原分析如分析外周血的淋巴细胞亚群时，FSC 和 SSC 多以线性模式 Lin 测量，且“DDM Param”选择 FL2，而 FL1、FL2 与 FL3 则以对数模式 Log 测量；分析细胞 DNA 含量时，FSC、SSC、FL1、FL2、FL3 皆以 Lin 进行测量，且“DDM Param”选择 FL2；分析血小板表型时，FSC、SSC、FL1、FL2、FL3 等均以 Log 进行测量。

（5）放上待检测的样品，将流式细胞仪设定于“RUN”，流速可在“HIGH”或“LOW”上。

（6）选取“Acquire”，开始获取细胞。在以下的仪器调整过程中随时选取“Pause”、“Restart”以观察调整效果。

（7）在“Detectors/Amps”对话框中，调整 FSC 和 SSC 探测器中的信号倍增度：“PMT voltages”（粗调）与“Amp Gains”（细调），使样品信号出现在 FSC-SSC 点图内，且三群细胞合理分布。

（8）在“Threshold”对话框中选择适当的参数设定“Threshold”，并调整“Threshold”的高低，以减少噪声信号（细胞碎片）。一般做细胞表型时用 FSC-H 而做 DNA 时用 FL2-H。

（9）从屏幕左列绘图工具中选取“Region”（区域），并在靶细胞周围设定区域线，即通常所说的门。圈定合适的细胞群可使仪器调整更为容易。

（10）在“Detectors/Amps”对话框中，调整荧光检测器（FL1、FL2、FL3、FL4 等）的倍增程度。根据所用的荧光阴性对照样品调整细胞群，使之分布在正确的区域内。

（11）在“Compensation”对话框中，根据所用的调补偿用标准荧光样品调整双色（或多色）荧光染色所需的荧光补偿。

（12）在“Status”对话框中可见“Laser Power”（正常值：“Run/Ready”为 14.7mW，“Standby”为 5mW）、“Laser current”（正常值大约为 6Amps）。

（13）调整好的仪器设定可在“Instrument Settings”对话框中储存，下次进行相同实验时可调出使用，届时只需微调即可。

4. 通过预设的获取模式文件进行样品分析

（1）从苹果标志中选择“CELLQUEST”，新视窗出现后从“File”指令栏中选择“Open”，打开预设的获取模式文件。

（2）从屏幕上方“Acquire”指令栏中，选取“Connect to Cytometer”进行电脑和仪器的联机。将出现的“Acquisiton Control”对话框移至合适位置。

（3）从“Cytometer”指令栏中选取“Instrument Settings”，在其对话框中选择“Open”以调出以前存储的相同实验的仪器设定，按“Set”确定。

（4）在“Acquire”指令栏中，选择“Acquisition&Storage”决定储存的细胞数、参数、信号道数。其中“Resolution”在做细胞表面标志时选择“256”，做 DNA 时选择“1024”。“Parameter Saved”…则根据不同的检测对象选择不同的参数。在“Acquire”指令栏中，选择“Parameter Description”，以决定文件存储位置（folder）、文件名称（file）、样品代号及各种参数的标记（panel），即安排 tube1、2、3…的检测参数。

（5）在“Cytometer”指令栏中，选择“Counters”，将此对话框移至合适位置，以便于随时观察 events 计数。

（6）将样品试管放至检测区，在“Acquire Control”对话框中选取“Acquire”以启动样品分析测定。

（7）微调仪器设定，待细胞群分布合适后选择“Acquire Control”对话框开始正式获取信号，存储数据。

（8）当一定数目的细胞被测定后，获取会自动停止，并会自动存储数据。重复步骤（6），继续分析下一个样品，直到所有的样品数据分析完毕。当所有样品分析完毕后，即换上三蒸水，并将流式细胞仪置于“STANDBY”状态，以保护激光管。

5. 关机程序

（1）从“File”中选择“Quit”，退出软件，选择“Don’t Save”至苹果屏幕。

（2）用 4ml 1∶10 稀释的漂白水作样品，将样品置于旁位（vacuum is on），以外管吸去约 2ml，在将样品架置于中位（vacuum is off），再“HIGH RUN”　5min（内管吸去 2ml）。

（3）改用三蒸水 4ml 作样品，同上处理。

（4）按“Prime”三次。

（5）此时仪器自动转为“STANDBY”状态，换 2ml 三蒸水。必须在仪器处于“STANDBY”状态 10min 后再依次关掉计算机、打印机、主机、稳压电源，以延长激光管寿命，并确保应用软件的正常运行。

（6）填写使用登记表。

三、注 意 事 项

1. 确保标本上机检测前的浓度，细胞浓度过低直接影响检测结果。

2. 使用蛋白封闭剂，封闭非特异结合位点，尤其在间接免疫荧光标记时必不可少。常用的蛋白封闭剂为 0.5%牛血清白蛋白和 1%胎牛血清。

3. 荧光抗体染色后充分洗涤，注意混匀和离心速度，减少重叠细胞和细胞碎片。

4. 设置对照样品，采用与抗体来源同型匹配的无关对照和荧光抗体的本底对照。

5. 判定结果时，应注意减去本底荧光，为使免疫荧光的定量分析更精确，应用计算机程序软件，以拟合曲线的方法从实验组的曲线峰值中减去对照组的曲线峰值，可以得到更准确的免疫荧光定量结果。

6. 注意染色后避光，保证细胞免疫荧光的稳定。

第 15 节　全自动微生物鉴定仪

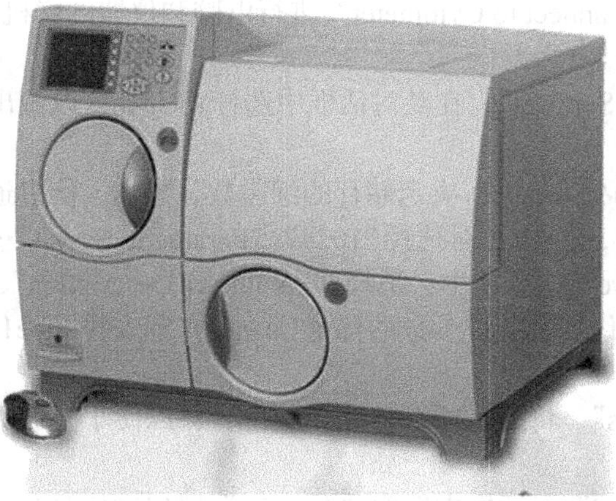

图 2-22　全自动微生物鉴定仪

微生物的检测鉴定技术已逐步由手工检测走向仪器化和电脑化，并力求简便、快速、准确。由生物梅里埃公司出品的全自动微生物鉴定分析系统 VITEK（图 2-22）是目前世界上最先进、自动化程度最高的细菌鉴定仪器之一。下面以 VITEK 鉴定仪为例阐述仪器的原理、使用方法等。

一、构造与工作原理

1. **检测卡**　目前 VITEK 系统的检测卡有 14 种，微生物常用的有 7 种，即革兰阳性菌鉴定卡（GPI）、革兰阴性菌卡（GNI+）、非发酵菌卡（NFC）、酵母菌卡（YBC）、厌氧菌卡（ANI）、芽胞杆菌卡（BAC）、奈瑟菌嗜血杆菌卡（NHI）以及药敏检测卡等。每张检测卡对应接种 1 份标本，检测卡为一次性消耗品。

2. **充填机**　将待测菌的菌悬液注入试卡内。

3. **读数器/恒温箱**　可在培养过程中定时读出细菌在试卡内培养基中的生长变化值。

4. **电脑主机/显示器/键盘/打印机**　用于储存和分析资料、系统的操作及结果分析鉴定，用于实验结果的自动显示报告和打印。

5. **电源稳压器和 UPS**　在外围断电的情况下提供电脑主机约 10min 持续电源。

VITEK 对细菌的鉴定是以每种细菌的微量生化反应为基础，不同种类的 VITEK 试卡（检测卡）含有多种的生化反应孔。将手工分离的待检菌的纯菌落制成符合一定浊度要求的菌悬液，经充填机将菌悬液注入试卡内，封口后放入读数器/恒温培养箱，根据试卡各生化反应孔中的生长变化情况，由读数器按光学扫描原理，定时测定各生化介质中指示剂的显色（或浊度反应，然后把读出信息输入电脑储存并进行分析，再和预定的阈值进行比较，判定反应，再通过数值编码技术与数据库中反应文件进行比较，最后鉴定报告将在显示器上自动显示）并在打印机上自动打印。

二、使 用 方 法

1. **开机**

二维码 2-17
使用流程

（1）先开电源、滤波器，然后开 UPS、打印机、终端、读数器，最后开电脑。

（2）等待屏幕出现"Biomerieux Login Password"画面。

（3）在"Login"处键入"SUPV"按"Enter"（回车键），在"Password"处键入"SUPV"按"Enter"（屏不显示）。

（4）出现"BioLIAISON"主菜单（在主菜单的"VITEK"下点击），出现"VITEKStatus"状态框，点击"Reader"，出现"Status"和"Print"，点击"Status"。

（5）在读数状态窗口击"Process On"钮，开始执行任务。

2. **测试标本**

（1）标本稀释：样本经纯培养 18～24h，选取大小为 3mm 左右的待测菌落 2～3 个，置于装有 1.8ml 0.45%生理盐水的试管中进行稀释，用标准比浊计测菌液浓度（如浊度高加生理盐水，浊度低加菌落）。最后的菌液浓度必须达到测试卡所要求的相应标准度。将试管放到样品架上。

（2）卡片标记

1）从冰箱中取出测试卡，放置 2～3min，使温度与室温相同。

2）用 vitek 记号笔在“日”形图上写上编号，并在外实验结果标记处标记上外部测试实验结果（如氧化酶、触酶或凝固酶标记）。

（3）卡片充样

1）将一弯曲的输样管装在测试卡上。

2）将测试卡放在充样架上，输样管浸入装有待测菌液的标准管中。

3）按充样器电源“ON”开关，约 10s 后，“READY”灯亮，提示充样器为进入真空状态做好准备。

4）将充样架插在充样板上，放入真空舱，关门。

5）按“FILL”触点开关，约 10s 后，“READY”灯灭，充样开始。

6）充样完成后（约 3min），“READY”灯再次亮。

7）取出充样板，按充样电源“OFF”触点开关。

（4）封卡

1）将封口塞的小圆头塞进孔中，旋转塞子的手柄端，使柄与头断开，小头留在孔中封住口。

2）检查测试卡的各小室是否有气泡排除。

（5）放卡入读数/恒温箱

1）检查一下阅读状态窗口，在确保读数器未进行卡片读数的情况下，打开读数/恒温箱的门，将测试卡按正确方向插入托架上的空位上，由高往下放（即最好按顺序依次排放），检查是否放正确。

2）关上读数/恒温箱的门。

3）当在读数/恒温箱内放入任何新的测试卡后，都应等读数器读卡两次后，确保仪器工作正常。

4）等待最后的测试结果。

3. 关机程序

（1）先在读数器状态窗口击“process off”钮，待系统接受，退至主菜单。

（2）击主菜单“bio LIASON”中“system”，再击“systemmainferace”。

（3）击“Stop the system”。

（4）设置“0-1”时间，通常设为“0”，点击“Execute”执行键（左下方的键），主机是否关闭可按“Num Luck”键，若此键无反应（看绿灯是否闪亮），说明已关。

（5）待屏幕消失 5～10min 后关机。

（6）关机次序：先关电脑，再关其他附件。

三、注 意 事 项

（1）标记卡时要小心，否则会引起操作过程和结果的错误。

（2）如果做过氧化酶和触酶实验，把实验结果标记在卡上，注意两者结果一致、标记方法一致。

（3）所有卡在填充后须在 15～20min 内放入读数器。

（4）注意一定要用比色计测菌悬液。

（5）使用“Process On”之前应等所有结果出来，否则会抹去卡上的所有结果。

（6）预防稀释液的污染，不推荐使用混合盐水。

（7）开机后如对话框 10min 内不出现，就按计算机前部的“ACPOWER”开关，让计算机关机 15s 之后再重开。

（8）电脑屏幕右上方的“print”和右下方的“clock”不能点击。

（9）使用孵育器时先开主机电源（“ACPOWER”）开关，再开电池开关，关机时则相反。更换电池不必等到卡都做完，可在任何时候更换。

（王家学　潘丽红）

第 3 章

动物实验技术

病原生物与免疫学的发展与实验动物科学兴起有密切关系。而动物实验又是病原生物与免疫学实验不可或缺的部分，在病原生物与免疫学的教学和科研工作中，经常要用实验动物来进行各种动物实验，包括各种生物制剂的安全和毒性试验、传染病等疾病动物模型、病原生物的分离和鉴定等。

第 1 节　实验动物的种类与选择

一、实验动物的种类

在病原生物与免疫学实验中，常用的实验动物有家兔、小鼠、豚鼠、绵羊、山羊、犬、猪、鸡、马和骡等。

（一）家兔

家兔（rabbit）属哺乳纲，啮齿目，兔科。家兔性情温顺，易于饲养和繁殖；而且体型较大，耳静脉大而清晰，易于抽血或注射。常用品种有中国白兔、日本大耳白兔、新西兰白兔和青紫蓝兔等。家兔在病原生物学与医学免疫学实验中常被用于制备各种免疫血清及过敏反应的研究，如病原体免疫血清、抗补体抗体血清、间接免疫血清和抗组织免疫血清等。

（二）小鼠

小鼠（mouse）属哺乳纲，啮齿目，鼠科，小鼠属。小鼠繁殖周期短，生长速度快，容易饲养，操作方便。常用品种有 C57BL/6、BALB/c、C3H、DBA/2、NZB/N 和 CBA/N 等。在病原生物学与医学免疫学实验中常利用纯系小鼠制备单克隆抗体（monoclonal antibody），利用免疫功能缺陷小鼠进行免疫机制研究。例如，无胸腺的突变系裸鼠常用于研究 T 细胞的功能及细胞免疫在免疫应答中的作用。

（三）豚鼠

豚鼠（guinea pig）属哺乳纲，啮齿目，豚鼠科。豚鼠性情温顺，繁殖快，易饲养。常用的有纯系 2 号和纯系 13 号。在免疫学实验中，豚鼠是较好的动物过敏反应模型，常用于抗过敏药物试验。此外，豚鼠血清中补体含量高，是病原生物学与医学免疫学实验中所需补体的直接来源。

（四）绵羊

绵羊（sheep）属哺乳纲，偶蹄目，牛科，绵羊属。绵羊性情温顺，灵活性与耐力较差。在免疫学试验中，绵羊常被用于制备抗正常人全血清的免疫血清，其红细胞是进行血清学“补体结合试验”必不可少的主要实验材料。

二、实验动物的选择

实验动物的选择除了遵循实验动物伦理学、实验目的和要求之外，还应考虑抗原与动物的种属关系、实验动物自身的免疫学特点、免疫血清的需要量、实验动物对微生物的敏感性及动物个体的选择等因素。

第2节 实验动物的接种

一、小鼠接种法

（一）腹腔接种法

（1）用左手拇指与食指捏住小白鼠颈部皮肤，再用右手拉住小白鼠尾部，翻转鼠体使其腹部向上，用左手环指与小指将鼠尾部压于手掌下，即可将鼠固定。

（2）将左下腹部或右下腹部消毒，使鼠头略下倾，用6号针头由下腹部先进针皮下，平行向前刺入（此时有阻力感）再穿破腹壁，阻力感消失，即可推注。注射量一般为0.2～0.5ml。

（3）注射完毕后，用消毒棉球压迫进针处，拔出针头。

（二）肌肉接种法

（1）注射部位局部消毒皮肤。

（2）左手固定小白鼠，右手持注射器（配5号针头）自小鼠后肢大腿内侧近腹股沟处将针头垂直刺入肌肉内，略拔针芯无回血时，缓缓注入。注射后局部消毒皮肤。

（三）鼻腔内接种法

（1）先用乙醚麻醉小鼠至其呼吸均匀为度。

（2）左手持鼠，用手指固定其头部，应趁动物呼气时自鼻孔滴入。滴入量为0.03～0.05ml。

（四）尾静脉注射法

（1）将小鼠装入鼠筒或鼠盒内固定好，露出尾巴。

（2）用45～50℃温水浸泡1～2min或用75%乙醇反复擦拭使血管扩张。

（3）用左手拇指和食指捏住鼠尾两侧，使静脉充盈，右手持注射器将针头（4号）以尽量平行于鼠尾的角度进针。缓缓注入，如无阻力，表示针头已进入静脉。如阻力较大，并出现白色皮丘，表示未刺入血管，换部位重刺。

（4）注射完毕，经棉球压住注射处至血凝。

（五）脑内（颅腔内）接种法

（1）用左手拇指与食指固定小白鼠的头部，切勿过度用力，以免死亡。

（2）消毒颅部，由内角与耳底连线的中部刺入颅腔。注射量为0.02～0.03ml。

（3）注射完毕，应再以碘酒消毒注射部位。

二、豚鼠与家兔接种法

（一）皮内接种法

（1）使豚鼠或家兔侧卧，剪去腹部或背部的毛，消毒皮肤。

（2）针头（5 号或 7 号）平刺入绷紧的皮肤内，将注射物缓缓注入，若皮肤呈白色豆状隆起，其上毛孔明显可见，即表示注入皮内。注射量为 0.1～0.2ml。

（3）注射完毕，应将针头旋转半周再拔出，可避免液体随针孔流出。拔针后用消毒棉球压迫进针处片刻即可。

（二）皮下接种法

（1）使豚鼠或家兔仰卧，剪去腹部或背部的毛，消毒皮肤。

（2）用左手拇指与食指将注射部位皮肤拉起，用 6 号或 7 号针头直接刺入，将注射物缓缓注入，注射量不超过 2ml。

（3）注射完毕，用消毒棉球压迫进针处，拔出针头。

（三）家兔静脉接种法

（1）将家兔固定，消毒耳外缘部皮肤。

（2）用左手捏住待注射侧耳缘静脉根部，让静脉充盈。右手持注射器将针头（5 号）刺入血管内，进针要浅而平。刺入后略回抽针芯，有回血则可缓缓注入。

（3）注射完毕，经棉球压住注射处至血凝。

（4）注意：若需做多次静脉注射时，应自耳尖的部位开始，逐渐移向耳根部，以免静脉梗死。吸取注射液时注射器内不得有气泡，否则易形成气栓导致动物死亡。

第 3 节　实验动物的采血

在病原生物与免疫学实验中，常常需要采集动物血清。采血一般应于早晨空腹时进行，所用采血器皿宜干燥或以生理盐水冲洗，以防溶血。采血方法的选择取决于实验目的和所需血量及动物种类。

一、小鼠血液的采集

（一）尾尖采血

将鼠固定于鼠尾固定器中，露出鼠尾，用手轻揉或浸泡于 45℃温水中数分钟或涂擦二甲苯，使尾静脉充血后，用剪刀剪去尾尖约 5mm。然后用手指从尾根部向尾尖部按摩，血即从断端流出。采血结束后，伤口应消毒，并压迫止血。此法每只鼠一般可采 10 次以上，每次可采血约 0.1ml。

（二）眼眶后静脉丛采血

用一根 7～10cm 长的玻璃采血管，一端拉成直径为 1～1.5mm、长为 1cm 的毛细管，另一端逐渐扩大成喇叭形。将采血管浸入 1%肝素溶液，干燥后使用。采血时用左手拇指和食指抓住鼠两耳间皮肤，将头按在桌面上或鼠笼上，并轻压颈部两侧颈静脉，使眼球充分外突，此时，眼眶后静脉丛充血。右手持采血管，将其尖端插入眼内眦部，并轻轻向眼底方向刺入，深度为 2～3mm。有阻挡感时停止刺入，旋转采血管以切开静脉丛，血液即流入采血管中（图 3-1）。采血结束后，拔出采血管放松左手，出血即停止。此法在短期内可重复采血，一次可采血液 0.2～0.3ml。

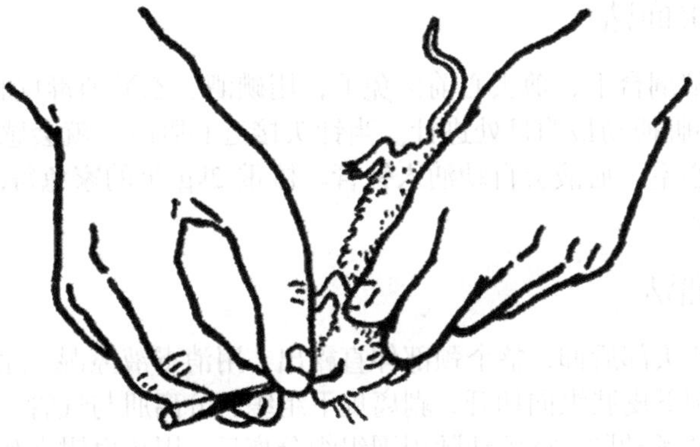

图 3-1　小鼠眼眶后静脉丛采血法

（三）摘眼球采血

用左手拇指和食指尽量将鼠头捏紧，使眼球突出，右手用镊子或止血钳在眼球根部迅速将眼球摘除，将鼠倒置，血液即可从眼眶内流出。此法采血量较大，只适用于一次性采血。

二、豚鼠血液的采集

（一）心脏穿刺采血

一人抓取固定豚鼠，使胸腹部朝上。另一人用左手触摸豚鼠左侧第 4～6 肋间，选择心尖冲动最明显处将注射器针头刺入心脏。所用针头宜细长．以免采血后穿刺孔出血。体重 500g 的豚鼠每次可抽血 6～7ml，间隔 2～3w 后可再次采血。

（二）耳缘剪口采血

将豚鼠耳部消毒，用锐器割破耳缘，并在切口边缘涂抹 20%柠檬酸钠阻止血凝。血液从切口处自动流出。每次可采血约 0.5ml。

（三）股动脉采血

固定豚鼠，剪去腹股沟被毛，行局部麻醉。将皮肤切开 2～3cm，钝性分离软组织，暴露并游离出 1～2cm 的股动脉。用镊子提起股动脉，远心端结扎，近心端用止血钳夹住，在动脉壁中央剪一小孔，插入采血细管，放开止血钳，血液即自动流出。一次可采血 10～20ml。

三、家兔血液的采集

（一）耳缘静脉采血

将家兔固定好，局部去毛，用手轻揉动物耳缘，待耳缘静脉充血后，在靠耳尖部静脉处，用针尖刺破静脉，血液即可流出，也可用 5.5 号针头刺入静脉抽取血液，一次可采血 5～10ml。

（二）耳中央动脉采血法

在兔耳中央有一条较粗的、颜色较鲜红的中央动脉。用左手固定兔耳，右手持注射器（6 号针头），在中央动脉的末端，沿向心方向刺入即可见血液进入针管。此法一次可抽血 10～15ml。

（三）心脏穿刺采血法

将家兔仰卧固定于解剖台上，剪去心前区兔毛，用碘酒、乙醇消毒皮肤。在胸骨左缘外 3mm 左右第 3～4 肋间，选心脏搏动最明显处进针。当针头接近心脏时，就会感到针头有明显的搏动，此时，再进针即可进入心室，血液会自动涌入针管。体重 2kg 重的家兔每次抽血一般不超过 20～25ml，2 周后可再次抽血。

（四）颈动脉放血法

将家兔仰卧固定，使头部后仰，整个颈部伸直露出，用消毒液擦湿。除颈部外，其他部位用消毒湿纱布覆盖起来。将颈下皮肤纵向切开，剥离皮下组织，分离肌与气管。在颈静脉下，可见平行的迷走神经和强烈搏动的颈动脉。将颈动脉周围组织分离后，用止血钳夹死上下两端，在两钳中间切断血管，再用镊子夹住近心端，然后在钳子和镊子中间的血管壁上切开一小口，放入采血瓶中，松动镊子，血液便可流入瓶中，放血速度可由镊子掌握，以免过快。

四、绵羊颈静脉抽血法

绵羊采血常采用颈静脉抽血法。先将绵羊放倒，取侧卧位，一人固定头部，使颈部拉直，头尽量后仰，另一人固定四肢，抽血者先剪去颈部被毛，碘酒、乙醇消毒皮肤，用止血带扎住颈部下端，使颈静脉充盈，左手抓起皮肤，右手持注射器刺入皮下，针头沿血管平行方向向心端刺入颈静脉。采血后用消毒棉球应压迫止血。此法一次可抽血 50～100ml。

第 4 节　实验动物的解剖

实验动物的解剖检查是病原生物与免疫学实验的基本技术，当实验动物发病死亡或人工杀死后，应立即解剖，否则需放冰箱内保存。

一、解剖前的准备

（一）手术室和手术器械的消毒

实验动物解剖的手术室和所用到的手术器械均需按要求进行相应的消毒灭菌处理。

（二）生物安全评估

某些传染性疾病实验动物需要在指定等级的生物安全实验室进行实验操作。实验操作人员需接受相关生物安全操作培训，并做好隔离防护。

（三）实验动物的麻醉

实验动物的麻醉可以消除动物在实验过程中所致的疼痛和不适感，并使动物在实验中服从操作，确保动物实验顺利进行。

（四）实验动物的消毒

实验动物手术部位的消毒一般包括除毛、皮肤消毒和手术部位隔离三个步骤。

二、解 剖

实验动物解剖过程基本包括动物的固定、手术部位的切割、组织器官的分离、解剖后实验动物的处理。以小鼠为例简要介绍实验动物的解剖。

（一）小鼠尸体解剖法

（1）解剖前一切解剖用具（如剪、刀、镊子）等应煮沸消毒10min，或高压灭菌处理。

（2）将动物放入3%来苏水缸内浸泡5min，取出后放在解剖板上，使其腹部向上，四肢伸展并用大头针或图钉固定。

（3）用碘酒与乙醇消毒胸部与腹部皮肤。

（4）用镊子提起耻骨联合处皮肤，用剪刀剪开，并沿正中线剪至下颌部，剥离皮下组织，使皮肤向外翻转。

（5）检查注射部位，皮下组织腹股沟及腋下淋巴结。如有腹水可用注射器或尖吸管刺入腹腔内抽取，以供培养及涂片检查。

（6）自耻骨至横膈剪开腹腔，切口横切，便于向外翻转，并露出腹部各脏器。检查各脏器内有无病变，取材料作培养涂片。

（7）切断胸骨两侧肋软骨翻起胸骨，取出心脏与肺脏进行观察，并取材作培养及涂片。

（8）解剖完毕后，动物尸体按相关规定处理。解剖板用2%来苏水消毒，解剖器械可煮沸或用高压灭菌。

（二）小鼠鼠脑解剖法

（1）用手术剪刀剪破小鼠颈动脉，放血致死。

（2）以5%石炭酸水浸润一次后，固定于解剖板上，分别用碘酒、乙醇消毒后头部，用无菌剪刀剪开头皮，暴露头骨。

（3）换剪镊，在顶骨与枕骨缝处剪开，在顶骨与枕骨边缘，掀开颅骨，用小镊子从颅底取出鼠脑。如不及时应用，鼠脑需放在−20℃以下冰箱中保存，或将鼠脑放在50%甘油盐水中，置4℃冰箱保存。

（4）解剖完毕后，动物尸体按相关规定处理。解剖板用2%来苏水消毒，解剖器械可煮沸或用高压灭菌。

（银国利）

第 2 篇　基础性实验

第 4 章

医学微生物学实验

实验 1　细菌的形态结构观察

【实验目的】

掌握细菌的基本形态和特殊结构。

二维码 4-1
实验视频

【实验原理】

细菌（bacteria）具有一定的形态和结构，有球形、杆形和螺旋形三种基本形态，结构包含基本结构和特殊结构。有些细菌具有一定的形态学特征，借此可初步判断是何种细菌。

【实验材料】

（1）细菌的基本形态示教片。

（2）细菌的特殊结构示教片。

二维码 4-2
实验流程

【实验方法】

1. 细菌基本形态（示教）

（1）球形：革兰阳性球菌，如葡萄球菌、链球菌；革兰阴性球菌，如脑膜炎奈瑟菌、淋病奈瑟菌。

（2）杆形：革兰阴性杆菌，如大肠埃希菌；革兰阳性杆菌，如枯草芽胞杆菌、蜡样芽胞杆菌。

（3）弧形：革兰阴性弧菌，如霍乱弧菌（或水弧菌）。

2. 细菌特殊结构（示教）

（1）鞭毛（flagellum）：普通变形杆菌经鞭毛染色后，菌体和周身鞭毛均呈红色。

（2）荚膜（capsule）：肺炎链球菌经革兰染色后，菌体染成紫色，呈“矛头状”成双排列的球菌，菌体四周有不着色的透明圈（即荚膜）；用黑斯（Hiss）进行荚膜染色后，菌体呈现紫色，菌体四周有一淡紫色的荚膜圈。

（3）芽胞（spore）：破伤风梭菌经革兰染色后，菌体呈紫色杆状，菌体顶端有一圆形不着色的芽胞。用芽胞特殊染色后（抗酸染色），菌体呈蓝色，芽胞呈红色。

【实验结果】

（1）鞭毛：普通变形杆菌，菌体四周有周身鞭毛，细长呈波状弯曲。

（2）荚膜：肺炎链球菌，菌体周围有一圈淡紫色区域（即荚膜）。

（3）芽胞：破伤风梭菌，菌体顶端可见一正圆形芽胞，呈“鼓槌状”或“火柴棒状”。

绘图说明各菌的大小、形态、排列方式、特殊结构，并注明染色性。

二维码 4-3
知识拓展

【思考题】

（1）简述细菌特殊结构的种类及其医学意义。

（2）为什么有的革兰阳性菌在染色后呈现红色？试分析其原因。

（黄升海）

实验 2　活菌运动观察

一、悬 滴 法

【实验目的】

（1）掌握细菌鞭毛的基本形态。

（2）熟悉悬滴法的原理和操作方法。

二维码 4-4
实验视频

【实验原理】

鞭毛是细菌的运动器官。能否运动是某些细菌的特征之一，有助于鉴别菌种。有鞭毛的细菌具有定向的运动能力；而无鞭毛细菌则因其体重微小易受环境中其他分子的冲击而呈布朗运动，即左右前后位置变更不大的颤动。许多杆菌和螺形菌有鞭毛，一般球菌无鞭毛。观察活菌运动的常用方法是采用压滴法（pressure drop method）或悬滴法（hanging drop method）制片，在普通光学显微镜下观察。如用暗视野显微镜或相差显微镜观察则更佳。

【实验材料】

1. **菌种**　变形杆菌（或水弧菌）8～12h 液体培养物。

2. **器材**　酒精灯、接种环（inoculation ring）、凹玻片、盖玻片、凡士林、眼科镊等。

【实验方法】

二维码 4-5
实验流程

（1）取一张洁净无油的凹玻片，在玻片凹陷区四周涂上凡士林。

（2）用眼科镊取一张盖玻片，再用接种环无菌操作下挑取液体培养物 2～3 环，涂在载玻片中央。

（3）将凹玻片翻转，覆盖于盖玻片上，使盖玻片的菌液居于凹陷区中央区域。轻按凹玻片使其与载玻片紧密闭合。

（4）将与载玻片紧密闭合的凹玻片迅速翻转，置于显微镜载物台上。

（5）先用低倍镜找到悬滴边缘，并移至视野中央，再用高倍镜观察。因凹玻片较厚，油镜焦距短，故一般不能用油镜进行观察。

【实验结果】

在普通光学显微镜下观察活菌的形态及运动，并绘图。

【注意事项】

（1）观察不染色标本应降低聚光器、缩小光圈以降低背景亮度。

（2）标本制备好后应尽快观察其活菌运动状态。

二、压 滴 法

【实验目的】

（1）掌握细菌鞭毛的基本形态。

（2）熟悉压滴法的原理和操作方法。

【实验原理】

实验原理同悬滴法。

【实验材料】

1. **菌种** 变形杆菌（或水弧菌）8～12h 液体培养物。

2. **器材** 酒精灯、接种环、载玻片、盖玻片、眼科镊等。

【实验方法】

（1）取一张洁净无油的载玻片，用接种环无菌操作下挑取细菌液体培养物 2～3 环至其中央。

（2）用眼科镊取一张盖玻片，先使其一边接触菌液，慢慢放下压盖菌液，避免气泡产生。

（3）将载玻片置于显微镜载物台上，在高倍镜下观察细菌的形态及运动。

【实验结果】

在普通光学显微镜下观察活菌的形态及运动，并绘图。

【注意事项】

（1）观察不染色标本应降低聚光器、缩小光圈以降低背景亮度。

（2）标本制备好后应尽快观察其活菌运动状态。

【思考题】

简述悬滴法和压滴法的原理和步骤。

二维码 4-6
知识拓展

（陶方方）

实验 3　细菌标本的染色检查

一、单　染　法

【实验目的】

（1）掌握单染法的操作方法。

（2）熟悉单染法的原理。

【实验原理】

二维码 4-7
实验视频

单染法（single dye method）使用一种染色剂对细菌涂片进行染色，适于进行细菌的形态学观察。在一般情况下，细菌菌体常带负电荷，易于和带正电荷的碱性染料结合而被着色。因此，常用碱性染料进行单染色，如亚甲蓝、孔雀绿、碱性复红、结晶紫和中性红等。若细菌分解糖类物质产酸时，细菌所带正电荷增加，则易被带负电荷的酸性染料着色，如刚果红、伊红、藻红和酸性复红等。

【实验材料】

1. **菌种** 金黄色葡萄球菌和大肠埃希菌的琼脂斜面培养物。

2. **试剂** 吕氏碱性亚甲蓝染液。

3. **器材** 酒精灯、接种环、载玻片、生理盐水、吸水纸、记号笔。

【实验方法】

1. **涂片**（smear） 取载玻片 1 块，用记号笔划分为 2 个区域，做好标记。用烧灼灭菌的接种环分别各加 1 滴生理盐水，挑取斜面培养物少许，与载玻片一边的生理盐水混匀，涂成直径约 1cm 大小的均匀薄层。接种环烧灼灭菌后插入试管架上。

2. **干燥**（dry） 室温下自然干燥。或断断续续在微火高处借热烘干，切忌烤焦损害菌体结构，影响观察。

3. 固定（fixed）　用片夹夹住载玻片在火焰外层较快来回通过 3 次，自然冷却。

4. 染色（dyeing）　将载玻片置于玻片搁架上，滴加染液 1～2 滴于涂片上，以刚好覆盖涂膜为宜，染色 1～2min。

5. 水洗　细流水从玻片一端冲洗，直至从涂片上流下的水无色为止。切忌水流直接冲洗涂面而脱落。

6. 干燥　甩去玻片上水珠，自然干燥或用吸水纸吸干均可。

7. 镜检　待涂片完全干燥后用油镜观察。

【实验结果】

在油镜下观察葡萄球菌和大肠埃希菌的形态，并绘图。

【注意事项】

（1）接种环每次使用前后皆需烧灼灭菌。

（2）涂片必须薄而均匀，菌膜过厚或厚薄不均匀影响染色和观察。

二、复　染　法

（一）革兰染色法（graman staining）

【实验目的】

（1）掌握革兰染色法的操作方法。

（2）熟悉革兰染色法的原理。

二维码 4-8
实验视频

【实验原理】

革兰阳性菌细胞壁结构致密，肽聚糖层厚，脂质含量少。革兰阴性菌的细胞壁较薄，肽聚糖含量较少，而类脂质成分较多。肽聚糖不溶于乙醇或丙酮等有机溶剂，而脂多糖则易溶。革兰染色法中结晶紫为初染剂，碘液为常用的媒染剂，所有细菌此时颜色相同。而 95%乙醇为脱色剂，可溶解革兰阴性细菌细胞壁的类脂质成分，使细胞壁通透性增加，造成初染的结晶紫和碘的复合物渗出而脱色；苯酚复红为复染剂，经复染后变成红色。

【实验材料】

1. 菌种　金黄色葡萄球菌和大肠埃希菌的琼脂斜面培养物。

2. 试剂　结晶紫、卢戈碘液、95%乙醇、苯酚复红。

3. 器材　酒精灯、接种环、载玻片、生理盐水、吸水纸、擦镜纸、镜油、记号笔等。

【实验方法】

1. 涂片　取载玻片 1 块，用记号笔划分为 2 个区域，做好标记。用烧灼灭菌的接种环分别各加 1 滴生理盐水，挑取斜面培养物少许，与载玻片一边的生理盐水混匀，涂成直径约 1cm 大小的均匀薄层。接种环烧灼灭菌后插入试管架上。

二维码 4-9
实验流程

2. 干燥　室温下自然干燥。或断断续续在微火高处借热烘干，切忌烤焦损害菌体结构，影响观察。

3. 固定　用片夹夹住载玻片在火焰外层较快来回通过 3 次，自然冷却。

4. 染色

（1）初染（primary dyeing）：将载玻片置于玻片搁架上，滴加结晶紫染液 1～2 滴于涂片上，以刚好覆盖涂膜为宜，染色 1～2min。而后细流水从玻片一端冲洗。

（2）媒染（mordant）：滴加碘液数滴，1min 后轻轻水洗。

（3）脱色（decolorization）：滴加 95%乙醇盖满标本，轻轻摇动玻片，约 30s 后水洗、甩干。

（4）复染（dyed）：滴加苯酚复红 1～2 滴盖满标本，约 30s 后水洗，待玻片自然干燥或用吸水纸吸干。

【实验结果】

在油镜下观察葡萄球菌和大肠埃希菌的形态，并绘图。染成紫色者为革兰阳性菌，染成红色者为革兰阴性菌。

【注意事项】

（1）涂片必须薄而均匀，菌膜过厚或厚薄不均都会影响染色和观察。

（2）脱色时间需注意把握。脱色时间不够，革兰阴性菌可能染成紫色；脱色时间太长，革兰阳性菌会被染成红色。

（二）抗酸染色法（acid stain）

【实验目的】

（1）掌握结核分枝杆菌的形态特征。

（2）熟悉结核分枝杆菌抗酸染色方法。

【实验原理】

结核分枝杆菌细胞壁脂质含量高，其肽聚糖层外面有大量分枝菌酸包裹，因而影响染料渗入，苯胺类染料不易着色。而经丙酮脱脂、加温或加长染色时间，可是结核分枝杆菌着色，并不易被3%盐酸乙醇脱色。

【实验材料】

1. **菌种** 卡介苗生理盐水溶解液、金黄色葡萄球菌。

2. **试剂** 20%丙酮溶液、3%盐酸酒精、石炭酸复红染液、碱性亚甲蓝染液。

3. **器材** 酒精灯、接种环、载玻片、滤纸片、吸水纸、擦镜纸、镜油、记号笔等。

【实验方法】

1. **热染法**

（1）取载玻片1块，用烧灼灭菌的接种环分别各加1滴生理盐水。取卡介苗溶解液和金黄色葡萄球菌，与载玻片一边的生理盐水混匀成均匀薄层后，加热干燥固定。

（2）将滤纸片覆盖在涂膜上，滴加石炭酸复红染液，使其完全浸没滤纸片。用片夹夹住玻片，在酒精灯外焰上缓慢加热，至有蒸汽冒出时离开外焰，切勿使其沸腾或干涸。待蒸汽消失后再次加温，注意及时添加染液。染色持续约5min，待室温下自然冷却后去掉滤纸片，细水流冲洗。

（3）滴加3%盐酸乙醇脱色约30s，至涂抹面无红色染液流下为止，细水流冲洗。

（4）滴加碱性亚甲蓝染液复染1min，细水流冲洗。待玻片自然干燥或用吸水纸吸干后镜检。

2. **冷染法**

（1）取载玻片1块，用烧灼灭菌的接种环分别各加1滴生理盐水。取卡介苗溶解液和金黄色葡萄球菌，与载玻片一边的生理盐水混匀成均匀薄层后，加热干燥固定。

（2）滴加丙酮溶液于涂膜上脱脂3～5min，细水流冲洗。

（3）滴加石炭酸复红染液于涂抹面上3～5min，细水流冲洗。

（4）滴加3%盐酸乙醇脱色30s，至涂抹面无红色染液流下为止，细水流冲洗。

（5）滴加性亚甲蓝染液复染1min，细水流冲洗。待玻片自然干燥或用吸水纸吸干后镜检。

【实验结果】

在油镜下观察标本，卡介苗中的牛结核分枝杆菌被染成红色，菌体细长弯曲有分枝，散在或成团排列。金黄色葡萄球菌被染成蓝色。

【注意事项】

（1）涂片必须薄而均匀，尽量使卡介苗溶解液中的牛结核分枝杆菌分散开来。

（2）用卡介苗生理盐水溶解液代替肺结核患者痰液，避免感染且易获得。

三、特殊染色法

（一）荚膜染色法（capsular staining）

二维码 4-10
实验视频

【实验目的】

（1）掌握细菌荚膜的基本形态和结构；荚膜染色法的操作方法。

（2）了解荚膜染色法的原理。

【实验原理】

荚膜的主要成分为多糖类物质，其与一般碱性染料的亲和力弱且不易着色。以结晶紫为初染剂，经初染后菌体和荚膜皆呈紫色。由于荚膜为非离子物质，初染颜色仅附着其上而不吸收，且荚膜是水溶性可水洗，故以硫酸铜冲洗为脱色剂，荚膜上附着的结晶紫被洗掉而脱色呈透明。

【实验材料】

1. **菌种** 有荚膜的肺炎链球菌液体培养物。
2. **试剂** 结晶紫、20%硫酸铜溶液。
3. **器材** 酒精灯、接种环、载玻片、吸水纸、记号笔。

【实验方法】

1. **涂片** 取载玻片 1 块，用烧灼灭菌的接种环取菌液涂成薄层。
2. **干燥** 待玻片自然干燥。
3. **染色** 滴加结晶紫染液覆盖涂膜，在酒精灯外焰上缓慢加热，使玻片上染液冒出蒸汽为止。
4. **脱色** 滴加 20%硫酸铜溶液冲洗染液，切勿用细水流冲洗。待玻片自然干燥后镜检。

【实验结果】

在油镜下观察标本，菌体呈紫色，荚膜呈淡紫色或无色透明。

【注意事项】

（1）荚膜为可溶性物质，很薄而易变形。故而荚膜染色时冲洗必须轻柔。

（2）荚膜含水量在 90%以上，故涂片制作后不能加热固定，以免荚膜皱缩变形。

（二）鞭毛染色法（flagellum staining）

二维码 4-11
实验视频

【实验目的】

（1）掌握细菌鞭毛的基本形态和结构；鞭毛染色法的操作方法。

（2）了解鞭毛染色法的原理。

【实验原理】

鞭毛极细，直径为 12～30nm，长 5～20μm，需用电子显微镜观察，或经特殊染色法使其增粗才能在普通光学显微镜下观察到。故先用媒染剂处理，使其沉积在鞭毛上而使直径加粗，并易于着色。

【实验材料】

1. **菌种** 变形杆菌固体培养物。
2. **试剂** 硝酸银鞭毛染液 A 液、B 液。
3. **器材** 酒精灯、接种环、载玻片、无菌蒸馏水、吸水纸等。

【实验方法】

1. **涂片** 用烧灼灭菌的接种环选取少量迁徙最远处的细菌菌苔，轻轻移入与菌种同温的 1ml 无菌蒸馏水试管中，不要振动，让有活力的细菌游入水中，呈轻度混浊。制备的菌液在 37℃保温 10min，让老龄菌体下沉，而幼龄菌体在水中舒展鞭毛。用烧灼灭菌的接种环从试管上端取菌液，置于玻片的一端，稍稍倾斜玻片使菌液缓慢流向另一端。用吸水纸吸去多余菌液。

2. **干燥** 待玻片自然干燥。

3. **染色** 滴加 A 液 4～6min，细水流冲洗。滴加 B 液冲去残水再覆盖涂膜，在酒精灯外焰上缓慢加热，使玻片上染液冒出蒸汽，维持 0.5～1min，切勿使染料干燥。细水流冲洗，待玻片自然干燥后镜检。

【实验结果】

在油镜下观察标本，变形杆菌菌体呈深褐色，鞭毛呈浅褐色。

【注意事项】

（1）鞭毛中的鞭毛素为蛋白质，故涂片制作后不能加热固定，以免破坏鞭毛的结构。

（2）染色过程中动作轻柔，防止鞭毛脱落。

（三）芽胞染色法（spore staining）

【实验目的】

（1）掌握细菌芽胞的基本形态和结构；芽胞染色法的操作方法。

（2）了解芽胞染色法的原理。

二维码 4-12
实验视频

【实验原理】

细菌芽胞有多层膜壳，结构致密不易染色。因芽胞和菌体对染料的不同亲和力，可使芽胞和菌体染成不同颜色而易于区分。芽胞壁厚、透性差，故着色、脱色均较为困难，可先用弱碱性染料，如孔雀绿在加热条件下进行染色，染料可进入菌体和芽胞。芽胞染料不易脱色，而菌体染料可水洗脱色并经复染剂处理而区别着色。

【实验材料】

1. **菌种** 枯草芽胞杆菌培养物。
2. **试剂** 孔雀绿染液、番红水溶液。
3. **器材** 酒精灯、接种环、载玻片、生理盐水、吸水纸等。

【实验方法】

1. **涂片** 取载玻片 1 块，用烧灼灭菌的接种环取 1 滴生理盐水。取枯草芽胞杆菌与生理盐水混匀成均匀薄层后，加热干燥固定。

2. **染色** 滴加 3～5 滴孔雀绿染液覆盖涂膜，在酒精灯外焰上缓慢加热，使玻片上染液冒出蒸汽，维持 5min，切勿使染料干燥。细水流冲洗。

3. **复染** 滴加番红复染 1～2min。细水流冲洗，待玻片自然干燥或用吸水纸吸干后镜检。

【实验结果】

在油镜下观察标本，细菌芽胞呈绿色，繁殖体呈红色。

【注意事项】

（1）染色加热时，切勿使染料沸腾蒸干，必要时添加。

（2）待玻片冷却后进行脱色，以免玻片破裂。

【思考题】

（1）简述革兰染色的原理和步骤。

（2）简述抗酸染色的原理及结核分枝杆菌的形态。

二维码 4-13
知识拓展

（陶方方）

实验4　基础培养基的制备

【实验目的】

（1）掌握基础培养基的制备方法。

（2）熟悉培养基制备程序、培养基配制各环节的要求及注意事项。

（3）了解细菌生长繁殖所需的营养及常用培养基的种类和用途。

【实验原理】

培养基（culture medium）是人工按一定比例配制的供微生物生长繁殖和合成代谢所需要的营养物质的混合物。按成分可分为天然培养基、合成培养基，按物理状态可分为固体培养基（solid medium）、半固体培养基（semisolid medium）和液体培养基（liquid medium）。

二维码 4-14
实验视频

一、肉汤培养基

【实验材料】

实验材料包括牛肉、蛋白胨、氯化钠、蒸馏水、NaOH 溶液、0.02%酚红指示剂、吸管等。

【实验方法】

（1）取新鲜牛肉，去除筋膜、脂肪，切成小块并搅碎，每 500g 碎肉加蒸馏水 1000ml，置 4℃过夜（使营养物质充分渗出）。

（2）次日取出煮沸 30min，使肉渣蛋白质全部凝固，加热过程中不时搅拌。

（3）用纱布过滤，弃去肉渣，滤液中加入 1%蛋白胨及 0.5%氯化钠，加热使之溶解，并补足失水 1000ml。

二维码 4-15
实验流程

（4）冷却至 50℃左右，以 NaOH 调节 pH 至 7.6～7.8。

（5）再加热 10min，使肉汤中部分蛋白质等因加碱及再度加热而凝固沉淀，过滤并补足失水，矫正 pH。

（6）将肉汤分装于试管中，塞上塞子，高压蒸汽灭菌（121.3℃，103.4 kPa，15～20min）后，置冰箱中备用。

用途：作为基础培养基使用，对营养要求不高的细菌均可使用该培养基。

二、肉膏汤培养基

该培养基系将肉汤加热浓缩而成，每 1000ml 可浓缩成肉膏 70g 左右。但由于长时间加热使部分营养成分损失，因而其营养价值低于牛肉汤培养基。

【实验材料】

实验材料包括牛肉膏、蛋白胨、氯化钠、蒸馏水、NaOH 溶液、0.02%酚红指示剂、吸管等。

【实验方法】

（1）将牛肉膏 3～5g，蛋白胨 10g，氯化钠 5g 加于 1000ml 蒸馏水中，玻璃棒搅拌使之溶解。

（2）调整 pH 至 7.6～7.8，煮沸 3～5min，过滤。

（3）分装于试管中，高压蒸汽灭菌（121.3℃，103.4kPa，15～20min）后，置冰箱中备用。

用途：供一般细菌培养用，亦可作无糖培养基的基础液。

三、肉汤琼脂固体培养基

琼脂为海藻提取物，本身无营养作用，不为细菌所利用，属凝固剂，可用以制作斜面、平板等不同类型的固体培养基。琼脂特性：加热至 100℃后可融化，45℃以下凝固，故可作为赋形剂。琼脂呈酸性，加入液体培养基后可使 pH 下降 0.2 左右，故在调整 pH 时，应使其偏高 0.2 左右。

【实验材料】

实验材料包括 pH7.8 牛肉汤、琼脂、试管、灭菌培养皿等。

【实验方法】

（1）于 pH7.8 牛肉汤中加入 2%～3%琼脂，加热融化。

（2）过滤去除杂质，分装于试管中或烧瓶中（琼脂斜面每支试管 5ml 左右，高层琼脂每管 15ml 左右）。

（3）高压蒸汽灭菌（121.3℃，103.4 kPa，15～20min）后，趁热将装有 5ml 肉汤琼脂试管斜置，待冷却后即成琼脂斜面培养基。烧瓶中肉汤琼脂冷却至 50～60℃，无菌操作将其倾入灭菌培养皿中，每只平皿 15ml 左右，迅速盖上皿盖，并将培养皿于桌面轻轻回转摇动，使皿中培养基平铺皿底，待冷却后即成琼脂平板培养基。

用途：①琼脂斜面培养用于纯种细菌接种及保存菌种；②高层琼脂培养基用于细菌的倾注培养；③琼脂平板培养基用于细菌的分离培养。

四、肉汤琼脂半固体培养基

【实验材料】

实验材料包括 pH7.8 牛肉汤、琼脂、试管等。

【实验方法】

（1）于 100ml pH7.8 牛肉汤中加入琼脂 0.35g（0.3%～0.5%），加热融化，并补足失水。

（2）分装于试管中，每管 3ml 左右，高压蒸汽灭菌（121.3℃，103.4 kPa，15～20min），直立冷却后即成。

用途：细菌动力学检查及菌种保存。

二维码 4-16
知识拓展

【思考题】

常用培养基种类及用途。

（冯　昊）

实验 5　细菌的接种

二维码 4-17
实验视频

【实验目的】

（1）掌握细菌的接种技术。

（2）熟悉细菌在培养基中的生长现象。

一、平板分区划线接种法（plate zoning inoculation method）

【实验原理】

通过该方法可使混杂的细菌在琼脂平板表面逐级稀释、分散，使单个细菌固定于一点上生长繁殖，形成单一菌落从而获得纯种细菌，达到分离纯种的目的。本法用于分离纯种细菌，用于纯培养。

【实验材料】

实验材料包括细菌混合液、普通琼脂平板、接种环。

二维码 4-18
实验流程

【实验方法】

（1）右手拿接种环，烧灼灭菌，待冷却后，取菌液一环。左手握琼脂平板，在酒精灯火焰附近，与火焰成 45°角，右手将已蘸取菌液的接种环在琼脂表面来回划线，面积约占平板的 1/5，此为①区。

（2）烧灼接种环，杀灭环上剩余细菌，冷却后将接种环再通过①区处连续划线，约占平板 1/5，此为②区。划完，再通过火焰灭菌，冷却后做同样划线，分别为③区及④区（图 4-1）。

（3）划线完毕，盖上皿盖，做好记号，使培养皿倒置，37℃孵箱中培养 24h 后，观察结果（图 4-2）。

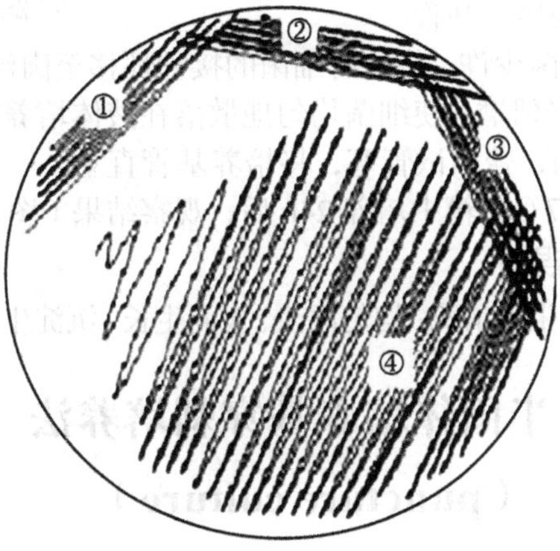

图 4-1　分区划线接种法

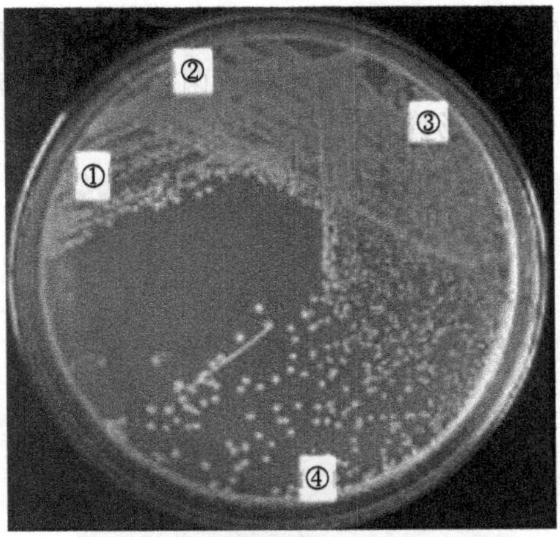

图 4-2　分区划线培养结果

【实验结果】

观察单个菌落生长情况，菌落大小、形状、边缘、菌落表面、透明度及颜色等形状。

二、斜面培养基接种法（incline culture medium inoculation method）

【实验原理】

具有斜面外形的固体培养基均采用本法接种细菌，用于菌种保存及其他实验。

二维码 4-19
实验流程

【实验材料】

实验材料包括琼脂斜面培养基、接种环等。

【实验方法】

（1）取一支斜面培养基及纯种菌种管，并排倾斜放于左手四指中，拇指压住并以手掌支住试管底部。右手将接种环于火焰上烧灼至红热、冷却，以右手手掌、小指及环指拔取并挟持两管管塞，将两管管口迅速通过火焰。

（2）将灭菌接种环伸入有菌试管，取少量细菌，小心移至准备接种的试管中，自管底向上划一直线，再自底部向上做蜿蜒划线。然后取出接种环，两管口同时通过火焰并盖回管塞，接种环经灭菌后放回试管架。

（3）置 37℃孵箱中培养 24h 后，观察结果（图 4-3）。

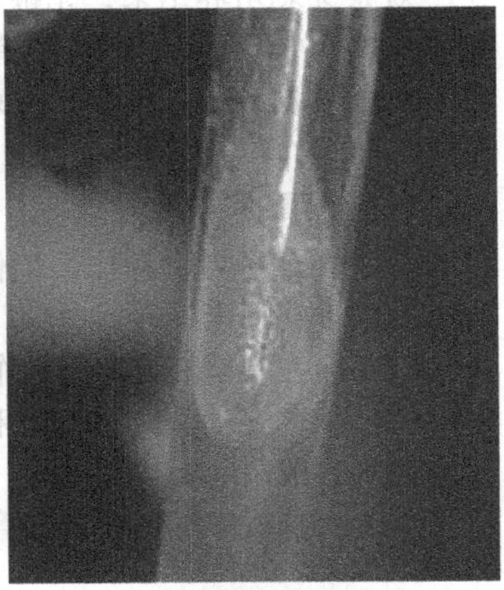

图 4-3　斜面培养基接种法

【实验结果】

观察斜面表面菌苔生长情况。

三、液体培养基接种法（liquid culture medium inoculation method）

【实验原理】

用于增菌及鉴定细菌生长特点，如表面生长、沉淀生长、均匀混浊生长等。

二维码 4-20 实验流程

【实验材料】

实验材料包括普通肉汤培养基、大肠埃希菌。

【实验方法】

（1）按照斜面培养基接种法握持菌种及待接种肉汤培养基管。

（2）以接种环（经火焰灭菌并冷却）挑取大肠埃希菌少许，将沾有细菌的接种环移至肉汤培养基管内（肉汤管需倾斜），在试管内壁与液面交界处轻轻研磨，使细菌均匀地散落在液体培养基中，管口通过火焰，盖回试管塞，将培养基管直立。

（3）置37℃孵箱中培养24h后，观察结果（图4-4）。

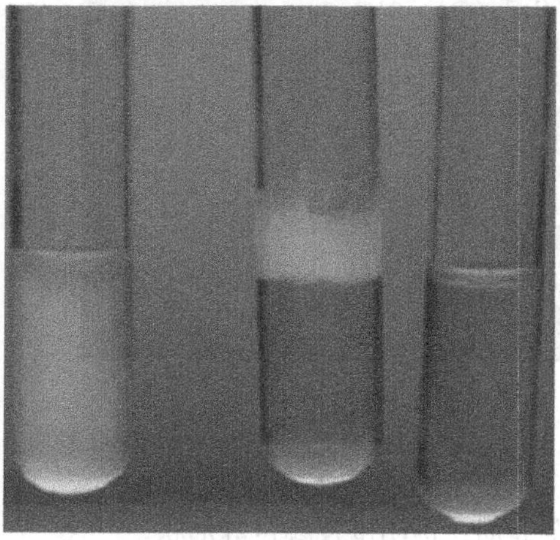

图4-4　液体培养基接种法

【实验结果】

观察细菌生长情况：均匀浑浊、表面生长、沉淀生长等。

四、半固体培养基穿刺培养法（puncture culture）

【实验原理】

本法用于观察细菌的动力（无动力细菌仅沿穿刺生长，有动力细菌沿穿刺线扩散生长）。

【实验材料】

实验材料包括半固体培养基、大肠埃希菌。

【实验方法】

（1）同斜面培养基接种法握持菌种管及半固体琼脂培养基管。

（2）右手持接种针，灭菌冷却后挑取大肠埃希菌少许，刺入半固体培养基中心直至接近管底，循原路退出，管口通过火焰，盖回管塞，接种针灭菌后放回原处。

二维码 4-21 实验流程

（3）置37℃孵箱中培养24h后，观察结果（图4-5）。

【实验结果】

观察穿刺培养结果，无鞭毛细菌只沿穿刺线生长，边缘清晰；有鞭毛细菌沿穿刺线并向外扩散生长，穿刺线边缘模糊。

二维码 4-22 知识拓展

【注意事项】

（1）在超净台上操作，工作台在使用前要紫外线消毒等。

（2）应在酒精灯火焰前操作。

（3）取菌之前烧灼接种针和接种环，烧红的接种针或接种环在取菌前要冷却。

（4）接种后应尽快塞上试管塞。

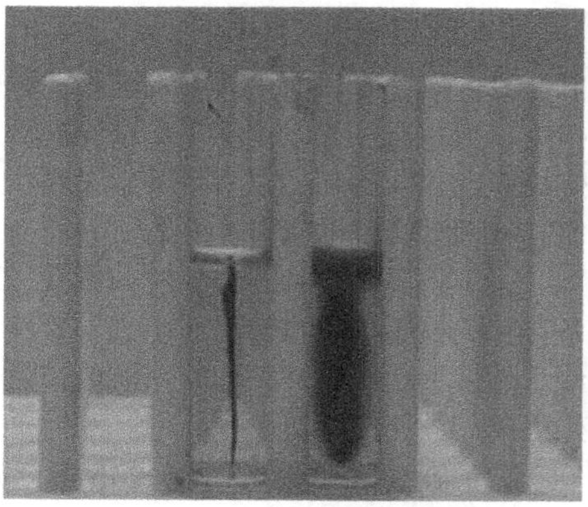

图4-5　半固体培养基穿刺培养法

【思考题】

（1）以上几种接种培养细菌的方法，各有何用途?

（2）培养皿培养时为什么要倒置?

（冯 昊）

实验 6 细菌的生化反应

【实验目的】

（1）掌握细菌常见的生化反应：糖发酵试验（sugar fermentation test）、V-P 试验（Voges Proskauer test）、甲基红试验（methyl red test）、吲哚试验（indole test）、硫化氢试验（hydrogen sulfide test）、尿素分解试验（urea decomposition test）、柠檬酸盐利用试验（utilization test of citrate）的结果判断。

二维码 4-23
实验视频

（2）熟悉细菌常见的生化反应的原理。

（3）了解细菌常见的生化反应的用途。

一、糖类代谢试验

（一）糖发酵试验

【实验原理】

蛋白胨水培养基含有葡萄糖、乳糖，并加入一定量指示剂（溴甲酚紫，其指示剂 pH 为 0.2～6.8，色调由黄变紫）及一倒置管，用以观察细菌分解糖产酸产气情况，此即为糖发酵管。若接种的细菌具有分解某种糖的酶，则分解糖产酸使溴甲酚紫培养基由紫变黄（+）；若既产酸又产气，则在培养基变黄的同时，又于小倒置管中出现气泡（⊕）；不分解糖者仍为紫色。

【实验材料】

实验材料包括葡萄糖发酵管、产碱杆菌、伤寒杆菌及大肠埃希菌斜面培养物。

【实验方法】

分别将产碱杆菌、伤寒沙门菌、大肠埃希菌接种于葡萄糖发酵管中，置 37℃孵育 24h。

二维码 4-24
实验流程与结果

【实验结果】

产碱杆菌（−），伤寒沙门菌（+），大肠埃希菌（⊕）。

（二）V-P 试验

【实验原理】

产气杆菌利用葡萄糖时产生的中性物质之一就是乙酰甲基甲醇，该物质在碱性溶液中被氧化生成二乙酰，二乙酰与培养基中的含胍基的化合物反应，生成红色化合物，表示 V-P 试验阳性；大肠埃希菌不能产生乙酰甲基甲醇，表示 V-P 试验阴性。

二维码 4-25
实验流程与结果

【实验材料】

实验材料包括葡萄糖蛋白胨水培养基，大肠埃希菌、产气杆菌 18～24h 斜面培养物等。

【实验方法】

分别接种大肠埃希菌和产气杆菌于两支葡萄糖蛋白胨水培养基中，37℃孵育 48h。

【实验结果】

分别加入 0.2ml KOH 和 α-萘酚溶液，摇匀，15min 左右出现红色为 V-P 试验阳性，大肠埃希菌（–）、产气杆菌（+）。

（三）甲基红试验

【实验原理】

大肠埃希菌分解葡萄糖产生丙酮酸后进行混合酸发酵，产生乳酸、甲酸、乙酸、琥珀酸等多种酸，使培养液 pH 小于 4.5，甲基红指示剂呈红色，为甲基红试验阳性。产气杆菌分解葡萄糖产生丙酮酸，经脱羧后生成中性乙酰甲基甲醇，培养液 pH 大于 5.4，甲基红指示剂呈橘黄色，为甲基红试验阴性。

【实验材料】

实验材料包括葡萄糖蛋白胨水培养基，大肠埃希菌、产气杆菌 18～24h 斜面培养物，甲基红试剂。

【实验方法】

分别接种大肠埃希菌、产气杆菌于 2 支葡萄糖蛋白胨水培养管中，37℃孵育 2～3 天。

二维码 4-26
实验流程与结果

【实验结果】

滴加甲基红试剂 2～3 滴，呈红色为阳性（大肠埃希菌），呈黄色为阴性（产气杆菌）。

二、蛋白质及氨基酸代谢实验

（一）吲哚试验

【实验原理】

部分细菌含有色氨酸酶，分解培养基中的色氨酸产生吲哚，吲哚与对二甲基氨基苯甲醛（吲哚试剂）作用，形成玫瑰吲哚而呈红色，易被肉眼察见，该试验也称靛基质试验。

【实验材料】

实验材料包括蛋白胨水培养基，大肠埃希菌、乙型副伤寒沙门菌 18～24h 斜面培养物，吲哚试剂。

【实验方法】

将待检菌接种于蛋白胨水培养基中，培养后沿管壁加入对二甲基氨基苯甲醛试剂 0.5ml，使其形成两层液面，两层液面接触处呈红色为阳性，该试验主要用于肠道杆菌的鉴定。

二维码 4-27
实验流程与结果

【实验结果】

如果出现玫瑰红色，即为吲哚试验阳性，若不出现红色，则为吲哚试验阴性，大肠埃希菌（+），乙型副伤寒沙门菌（–）。

（二）硫化氢试验

【实验原理】

部分细菌分解含硫氨基酸生成硫化氢，遇培养基中的醋酸铅或硫酸亚铁可形成黑色的硫化铅或硫化亚铁沉淀。黑褐色沉淀越多，表示形成的硫化氢量越多。硫化氢试验用的培养基中含有硫代硫酸钠，能保持还原环境，使形成的硫化氢不再被氧化。

【实验材料】

实验材料包括醋酸铅培养基，大肠埃希菌及变形杆菌 18～24h 培养物。

【实验方法】

将待检菌穿刺接种于醋酸铅培养基中培养，37℃孵育 24h。

【实验结果】

有黑色沉淀者为阳性，无变化者为阴性，大肠埃希菌（–），变形杆菌（+）。H_2S 试验常用于肠杆菌科菌属间的鉴定。

二维码 4-28
实验流程与结果

（三）尿素分解试验

【实验原理】

部分细菌具有尿素分解酶，能分解尿素产生大量的氨，使培养基呈碱性，在酚红指示剂作用下变为红色。

【实验材料】

实验材料包括尿素培养基，变形杆菌、痢疾杆菌 18～24h 斜面培养物。

【实验方法】

待测菌接种于培养基，35℃孵育 24h。

【实验结果】

培养基呈碱性，使酚红指示剂变为红色为阳性，培养基颜色不变则为阴性，大肠埃希菌（–），变形杆菌（+）。

二维码 4-29
实验流程与结果

三、碳源和氮源利用试验（柠檬酸盐利用试验）

【实验原理】

部分细菌能利用培养基中的柠檬酸盐作为唯一的碳源，也能利用其中的铵盐作为唯一的氮源，细菌生长过程中分解柠檬酸盐产生碳酸盐并分解铵盐生成氮，使培养基变碱性，培养基中溴麝香草酚蓝指示剂由绿变为蓝色，为柠檬酸盐利用试验阳性（产气杆菌）；不能利用柠檬酸盐作为碳源的如大肠埃希菌，在此培养基上不能生长，培养基则不变色，为柠檬酸盐利用试验阴性（大肠埃希菌）。

【实验材料】

柠檬酸盐培养基，大肠埃希菌、产气杆菌 18～24h 斜面培养物。

【实验方法】

分别接种大肠埃希菌、产气杆菌于柠檬酸盐培养基中，37℃孵育 24h。

二维码 4-30
实验流程与结果

【实验结果】

培养基颜色变为深蓝色，为柠檬酸盐利用试验阳性，培养基颜色不变，则为阴性，大肠埃希菌（–），产气杆菌（+）。

以上生化反应中，吲哚试验、MR 试验、V-P 试验、柠檬酸盐利用实验统称为 IMViC 试验，用来鉴别大肠埃希菌（++––）和产气杆菌（––++）。

【注意事项】

柠檬酸盐利用试验中，培养基 pH 在 7.0 以下，接种的细菌应少量，避免将菌种培养基的碱性成分带入柠檬酸盐培养基而发生可疑反应。

二维码 4-31
知识拓展

【思考题】

（1）糖发酵试验的原理及其意义？

（2）什么是 IMViC 试验？意义如何？

（冯　昊）

实验 7　细菌的分布

一、空气中细菌总数的检测

【实验目的】

（1）掌握自然沉降法检测空气中细菌总数。

（2）熟悉自然沉降法检测原理与特点。

二维码 4-32
实验视频

【实验原理】

空气中微生物主要来源于土壤、水体表面、动植物、人体及生产活动、污水污物处理等。空气中微生物以气溶胶形式存在，气溶胶即固态或液态微粒悬浮在气体介质中的分散体系。空气中细菌总数常作为室内空气质量和空气受到微生物性污染程度的指标。

公共场所空气细菌总数的测定一般有两种常用方法，即自然沉降法（natural settlement method）和气流撞击法（airflow impact method）。自然沉降法由于操作简单易行、经济实用，故目前使用较为普遍。它是利用地心引力作用使空气中的微生物粒子自然沉降在营养平板上，37℃生化培养箱培养 18～24h 以后一个活的细菌能长出一个菌落的原理设计。

【实验材料】

1. 试剂　营养琼脂培养基。

2. 器材　高压蒸汽灭菌器、超净工作台、恒温生化培养箱、灭菌培养皿、三角烧瓶、记号笔。

二维码 4-33
实验流程

【实验方法】

1. 培养基配制　按照营养琼脂培养基试剂说明书配制 100ml 培养基，放置三角烧瓶高压灭菌后备用。

2. 倒平板　在超净工作台里分别往 6 个灭菌培养皿倾注约 15ml 已熔化温度约为 45℃的营养琼脂培养基，待凝固备用。

3. 采样点选择

（1）采样点的数量根据监测室内面积大小和现场情况而确定，以期能正确反映室内空气细菌总数的水平。原则上小于 $50m^2$ 的房间应设 1～3 个采样点；50～$100m^2$ 设 3～5 个采样点；$100m^2$ 以上至少设 5 个点。采样点在对角线上或梅花式均匀分布。

（2）采样点应远离墙壁 1m 以上，并避开空调、门窗等空气流通处。

（3）采样点的高度：原则上与人的呼吸带高度相一致。相对高度在 0.8～1.5m。

4. 放置平皿　将准备好的营养琼脂平板放置于采样点处，打开平皿盖，暴露在空气中 15～30min，然后盖上平皿盖。另外设一个未打开平皿盖的平板作为阴性对照。

5. 细菌培养　将采样点平板倒置于 37℃生化培养箱培养 18～24h。

【结果报告】

观察实验结果对照平皿无细菌生长情况下计数其他每块平板上生长的菌落数，求出全部采样点平板的平均菌落，按公式计算，以空气中细菌总数（cfu/m^3）报告结果并判断空气的卫生程度。

计算公式：

$$待测空气中细菌总数(cfu/m^3)=\frac{50\,000N}{A\times T}$$

注：其中 N 为平板平均菌落数，A 为培养皿的面积（cm^2），T 为实验中培养皿暴露在空气中的时间（min）。

【注意事项】

（1）每个采样点应到达设置的高度要求。

（2）培养皿暴露在空气中时应严禁实验人员在监测点进出，避免因人员进出影响细菌沉降。

（3）操作时应注意无菌操作，避免污染。

二、水中细菌总数的检测

【实验目的】

（1）掌握水中微生物分布的测定技术。

（2）熟悉平板倾注法检测水中细菌总数的原理。

【实验原理】

应用平板倾注法（flat dip method）测定水中细菌总数。由于水中细菌种类繁多，以一定的培养基平板上生长出来的菌落从而计算出来的水中细菌总数仅是一个近似值。平板菌落计数法（plate count）是根据每个活的细菌能长出一个菌落的原理设计的，该法灵敏度高，是检测污染活菌数的方法。

【实验材料】

1. 试剂 营养琼脂培养基、灭菌蒸馏水。

2. 器材 高压蒸汽灭菌器、超净工作台、恒温生化培养箱、灭菌培养皿、三角烧瓶、微量移液器、无菌吸嘴、玻璃试管、无菌三角烧瓶、酒精灯、瓶塞、牛皮纸、记号笔。

【实验方法】

1. 营养琼脂 培养基制备按照营养琼脂培养基试剂说明书配制200ml培养基，置于三角烧瓶。

2. 高压灭菌 实验前所需培养基、平皿、稀释用蒸馏水、移液器吸嘴、取样用三角烧瓶等高压灭菌烘干后备用。

3. 水样采集

（1）自来水：先用酒精灯外焰将水龙头消毒灭菌，打开水龙头使自来水流 5min，再用灭菌三角烧瓶取水样备用。

（2）河水：在距岸边 5 m 处，取距水面 10～15 cm 的深层水样，先将灭菌的带有瓶塞的三角烧瓶浸入水中，打开瓶塞，水即流入瓶中，取完后盖上瓶塞，再将三角烧瓶从水中取出备用。

4. 水样稀释 用微量移液器吸取检测水样 0.5ml，移入事先装有 4.5ml 灭菌蒸馏水的试管中，即成 10^{-1} 稀释液；再用微量移液器吸取 0.5ml 10^{-1} 稀释液移入装有 4.5ml 灭菌蒸馏水的试管中，即成 10^{-2} 稀释液；以此类推，连续稀释，制成 10^{-3}、10^{-4}、10^{-5} 等一系列稀释液备用。整个稀释水样过程在超净工作台中完成。

5. 混合液平板配制

（1）分别用微量移液器吸取 1ml 稀释水样，注入灭菌培养皿，每个稀释浓度 2 块平板。

（2）分别往已注入稀释水样的培养皿中注入约 15ml 已熔化温度为 45℃的灭菌营养琼脂培养基，在桌面上轻轻旋转，使水样与培养基充分混匀，混匀后静置培养皿，待培养基凝固。

（3）另取一块空白灭菌培养皿，注入 1ml 稀释用的灭菌蒸馏水，然后再注入约 15ml 温度为 45℃左右的灭菌营养琼脂培养基，轻轻混匀后待其凝固，作为阴性对照。

6. 细菌培养 将所有平板倒置于 37℃生化培养箱中培养 18～24h。

【结果报告】

观察实验结果：阴性对照的培养皿应该没有细菌生长，各个稀释度的水样的培养皿有细菌生长，而且随着稀释度的增加细菌数减少。

（1）选择平均菌落数为 30～300 的平板计数。当只有一个稀释度的菌落数为 30～300 时，则以此培养皿的菌落数乘其稀释倍数，报告该水样的细菌总数。

（2）若有 2 个稀释度的菌落数均为 30～300，则应按两者菌落总数之比值来决定。若比值小于 2 应报告两者的平均数，若大于 2 则报告其中较小的菌落总数。

（3）若所有稀释度的菌落数均大于 300，则应按稀释度最高菌落数乘以稀释倍数报告该水样的菌落总数。

（4）若所有稀释度的菌落数均小于 30，则应按稀释度最低的菌落数乘以稀释倍数报告之。

（5）若所有稀释度的菌落数均不为 30～300，则以最接近 300 或者 30 的菌落数乘以稀释倍数，报告该水样的总菌落数。

【注意事项】

（1）取样用的容器必须是消毒灭菌容器。

（2）水样稀释与混合液平板配制必须在超净工作台中进行，并且严格按照无菌操作要求操作。

三、物体表面、人手皮肤表面细菌总数检测

【实验目的】

（1）掌握用涂抹法（smear method）检测物体表面细菌总数。

（2）熟悉人手皮肤表面细菌总数的检测方法。

【实验原理】

物体表面的细菌总数是指被检物品经过采样处理，在一定条件下培养后，检出一定面积的物体表面上所含的细菌总数。

物体表面细菌总数的检测是评价物体被污染程度、消毒效果的主要依据。物品表面微生物检测技术在食品卫生、环境卫生与公共场所、消杀灭卫生、医疗卫生等领域有着广泛用途，也是部分医疗器械、药品、化妆品、食品等生产制造行业产品质量控制的重要手段。

人手表面细菌总数的检测是指人手表面经过采样处理，在一定条件培养后，检出人手表面所含的细菌总数。

【实验材料】

1. **试剂** 营养琼脂培养基、灭菌生理盐水。

2. **器材** 高压蒸汽灭菌器、超净工作台、恒温生化培养箱、棉拭子、5cm×5cm 灭菌规格板、灭菌培养皿、三角烧瓶、微量移液器、无菌吸嘴、玻璃试管、无菌三角烧瓶、酒精灯、瓶塞、剪刀、牛皮纸、记号笔。

【实验方法】

1. **营养琼脂** 培养基制备按照营养琼脂培养基试剂说明书配制 200ml 培养基，置于三角烧瓶。

2. **高压灭菌** 实验前所需培养基、棉拭子、平皿、稀释用蒸馏水、移液器吸嘴等高压灭菌后备用。

3. **样品采集**

（1）物体表面：将 5cm×5cm 灭菌规格板放置于物体表面，用浸有灭菌生理盐水的棉拭子往返涂抹 10 次，然后剪去手接触部分棉拭子，将棉拭子放入含有 10ml 灭菌生理盐水的试管内。

（2）人手表面：被检人五指并拢，用浸有灭菌生理盐水的棉拭子在手指曲面，从指尖到指端来

回涂抹10次，然后剪去手接触部分棉拭子，将棉拭子放入含有10ml灭菌生理盐水的试管内。

4. 样品稀释 将每个采样管震荡混匀，用微量移液器吸取采样管里液体 0.5ml，移入事先装有4.5ml 灭菌蒸馏水的试管中，即成10^{-2}稀释液；再用微量移液器吸取0.5ml 10^{-2}稀释液移入装有4.5ml灭菌蒸馏水的试管中，即成10^{-3}稀释液备用。整个样品稀释过程在超净工作台中完成。

5. 混合液平板配制

（1）分别用微量移液器吸取1ml稀释样品，注入灭菌培养皿，每个稀释浓度2块平板。

（2）分别往已注入稀释样品的培养皿中注入约15ml已熔化温度为45℃的灭菌营养琼脂培养基，在桌面上轻轻旋转，使样品与培养基充分混匀，混匀后静置培养皿，待培养基凝固。

（3）另取一块空白灭菌培养皿，注入1ml稀释用的灭菌生理盐水，然后再注入约15ml温度为45℃左右的灭菌营养琼脂培养基，轻轻混匀后待其凝固，作为阴性对照。

6. 细菌培养 将所有平板倒置于37℃生化培养箱培养18～24h。

【结果报告】

观察实验结果：阴性对照的培养皿应该没有细菌生长，各个稀释度培养皿有细菌生长，而且随着稀释度的增加细菌数减少，取菌落数为30～300的平皿计数。

$$\text{物体表面细菌菌落总数(cfu/cm}^2\text{)}=\frac{\text{平皿上菌落的平均数}\times\text{采样液稀释倍数}}{\text{采样面积(cm}^2\text{)}}$$

人手细菌菌落总数（cfu/只手）=平皿上菌落的平均数×采样液稀释倍数

【注意事项】

（1）样品稀释时要注意无菌操作，避免污染。

（2）物体表面面积较大时采样点可以设为1～4个。

（3）医务工作者的手表面细菌总数应按照面积计算，每只手的面积约为30cm²。

【思考题】

（1）检测空气中细菌总数时采样点的设置原则是什么？

（2）水中细菌总数检测结果观察时菌落计数应遵循什么原则？

二维码 4-34
知识拓展

（范兴丽）

实验8 消毒与灭菌

一、紫外线杀菌试验

【实验目的】

（1）掌握紫外线的杀菌作用特点。

（2）熟悉紫外线的杀菌原理。

【实验原理】

二维码 4-35
实验视频

紫外线的波长在200～300nm时，具有杀菌作用。其中以265～266nm杀菌力最强，此波长与DNA吸收波峰一致，易被细菌DNA吸收，使一条DNA链上相邻的两个胸腺嘧啶共价结合形成二聚体，干扰细菌DNA的复制与转录，导致细菌的死亡或变异。但紫外线的穿透力弱，玻璃、纸张、尘埃等均能阻挡紫外线，故紫外线消毒灭菌只适用于手术室、病房、实验室等的空气消毒及物品的表面消毒。

【实验材料】

1. 细菌培养物 大肠埃希菌的普通肉汤培养物。

2. 试剂 无菌营养琼脂培养基平板、消毒酒精。

3. 器材 超净工作台、生化培养箱、无菌棉签、酒精灯、接种环、无菌纸片、记号笔、镊子。

二维码 4-36
实验流程

【实验方法】

（1）用无菌棉签蘸取少量菌液，密集划线接种于事先配制好的无菌营养琼脂培养基平板。

（2）浸泡于消毒酒精的镊子在酒精灯火焰上烧过后夹取一张无菌纸片，轻轻贴在接种好细菌的平板上。

（3）贴好纸片的平板打开平皿盖，暴露在紫外线下 15min，然后用镊子取出纸片在酒精灯上烧掉，平板盖上平皿盖，倒置放置于 37℃生化培养箱培养 18～24h 后观察并记录结果。

【结果报告】

记录平皿上细菌生长情况并绘图。

【注意事项】

（1）密集划线接种细菌要确保均匀接种到平板上。

（2）紫外线对皮肤和眼睛有损伤作用，应注意防护。

（3）试验中所用的纸片都有细菌污染，因此必须用火焰烧掉灭菌。

二维码 4-37
知识拓展

二、热力杀菌试验

【实验目的】

（1）掌握煮沸消毒法的操作。

（2）熟悉热力杀菌的原理。

【实验原理】

热力灭菌（thermal sterilization）主要是利用高温使菌体变性或凝固，酶失去活性，而使细菌死亡。根据热力灭菌时是否以水及水蒸气作为传导媒介，可将其分为干热灭菌法和湿热灭菌法两类。干热灭菌法（dry heat sterilization）是指在干燥环境（如火焰或干热空气）进行灭菌的技术，常用方法包括焚烧、烧灼、干烤等。湿热灭菌法（humid heat sterilization）是指用饱和水蒸气、沸水或流通蒸汽进行灭菌的方法，常用方法包括高压蒸汽灭菌法、煮沸消毒法、巴氏消毒法、流通蒸汽灭菌法和间歇蒸汽灭菌法等。

高压蒸汽灭菌法是医学上最常用、最有效的灭菌方法。该法所用的高压蒸汽灭菌器是一个密闭、耐高压的蒸锅，如果水蒸气被限制在密闭的高压蒸汽灭菌器内，随着灭菌器内压力的升高，蒸汽的温度也会相应升高。当灭菌器内的压力升高达到 1.05kg/cm^2，温度可达到 121.3℃，维持 15～20min，能杀灭包括细菌芽胞在内的所有微生物，常用于普通培养基、生理盐水、手术器械和辅料等耐高温、耐湿热物品的灭菌。

煮沸法是在常压下将消毒物品浸入水中加热煮沸而杀死细菌繁殖体或芽胞的方法，一般细菌的繁殖体 100℃经 5min 能被杀死，芽胞则需煮沸 1～2h 才被杀灭，主要用于食具、玻璃注射器、一般外科手术器械等的消毒。

在同一温度下湿热灭菌法的灭菌效果较干热灭菌法更好。

【实验材料】

1. 细菌 大肠埃希菌普通肉汤培养物、枯草杆菌普通肉汤培养物。

2. 试剂 营养肉汤培养基。

3. 器材 高压蒸汽灭菌器、恒温水浴箱、恒温生化培养箱、无菌带塞小试管、试管架、接种环、酒精灯。

【实验方法】

（1）将水浴箱的水加热煮沸备用。

（2）取6支无菌肉汤管，标记1、2、3、4、5、6。

（3）用烧灼后的接种环各取大肠埃希菌、枯草芽胞杆菌普通肉汤培养物接种于6支肉汤管中，1、2、3号管种大肠埃希菌，4、5、6号种枯草芽胞杆菌。

（4）将1、4号管放水浴箱中煮沸5min；2、5号试管直立置于高压蒸汽灭菌器内加热灭菌，在1.05kg/cm^{2}的蒸汽压、121.3℃的温度条件下，灭菌15～20min后，取出试管。3、6号试管不做任何处理作为阴性对照。最后将6支肉汤管置于37℃恒温水浴箱培养18～24h后观察并记录结果。

【结果报告】

记录6只肉汤管是否有细菌生长。

【注意事项】

（1）恒温水浴箱温度达到100℃以后开始计时。

（2）水浴是水位必须高于肉汤管的液面，否则会受热不均匀，影响灭菌效果。

（3）使用高压蒸汽灭菌器时，必须排尽容器内的冷空气，再关闭排气阀，否则灭菌器内的温度达不到规定温度，会影响灭菌效果。

（4）液体灭菌时，切勿在压力未下降至零之前打开排气阀减压，否则，试管内液体会剧烈沸腾，冲掉瓶塞而外溢，甚至导致容器爆裂。

三、手指皮肤消毒试验

【实验目的】

（1）掌握皮肤消毒剂（disinfectant）的使用方法。

（2）熟悉常用的化学消毒剂杀菌原理。

【实验原理】

乙醇可使菌体蛋白脱水凝固或与菌体蛋白、酶蛋白等结合而使之变性失活。70%～75%乙醇在15～30s即将细菌杀死。但95%的乙醇消毒效果反而不如70%～75%的乙醇效果好，因为高浓度的乙醇使菌体蛋白表面迅速凝固，影响乙醇进入菌体内发挥作用。碘酊为碘的乙醇溶液，2.5%的碘酊的杀菌作用主要依靠其沉淀蛋白和强大的氧化能力。

乙醇和碘酊多用于皮肤黏膜、体温计及其他物体表面的消毒。碘酊对皮肤有刺激性，消毒以后需要用75%的乙醇将其擦净。

【实验材料】

1. 试剂　营养琼脂培养基、75%乙醇棉球、2.5%碘酊棉球。

2. 器材　恒温生化培养箱、高压蒸汽灭菌器、培养皿、镊子、酒精灯。

【实验方法】

（1）取营养琼脂培养基平板1块，在平板底部用记号笔均匀五等分并做好标记。

（2）用食指、中指、无名指中任意2个手指指腹在培养基上各涂一格，然后分别用2.5%碘酊、75%乙醇消毒棉球消毒手指指腹后再各涂一格，留一格作空白对照。消毒时应注意以同心圆的方式由内而外擦拭。

（3）盖好平皿盖后倒置于37℃生化培养箱培养18～24h培养。

（4）观察并记录结果。

【实验结果】

记录平皿上不同样本细菌菌落数。

【注意事项】

（1）用消毒棉球擦拭手指指腹时，应注意以同心圆方式由内而外擦拭，用过的消毒棉球不能反复往返擦拭指腹。

（2）手指指腹涂布平板时应注意前后的力度一致，保证涂布的指腹面积前后保持一致。

【思考题】

（1）紫外线杀菌效果的影响因素？

（2）为什么95%乙醇的消毒效果还没有75%乙醇的消毒效果好？

（范兴丽）

实验9 细菌内毒素测定——鲎试验

【实验目的】

（1）掌握细菌内毒素（endotoxin）的检测方法。

（2）了解凝胶定性试验检测细菌内毒素的原理。

【实验原理】

鲎试剂的主要成分是鲎血液中变性细胞的提取物，包括B因子、C因子、凝固酶原、凝固蛋白酶等。细菌内毒素可以活化C因子、B因子，进而使凝固酶原转变为凝固酶，最后激活凝固蛋白酶形成凝固蛋白，分子重排后呈凝胶状态。凝胶化程度与内毒素含量成正比。因此本方法通常用于注射制剂、生物制品等物品中细菌内毒素的检测。

二维码 4-38 实验视频

【实验材料】

1. 试剂　鲎试剂、供试品、细菌内毒素标准品、检查用水。

2. 器材　超净工作台、恒温水浴箱、微量移液器、无菌无内毒素吸嘴、小试管。

【实验方法】

（1）用细菌内毒素检查用水溶解鲎试剂冻干粉。

（2）溶解后的鲎试剂0.1ml，加入0.1ml的供试品溶液，轻轻混匀后封闭试管口。同时设立供试品阳性对照管和阴性对照管。

（3）封闭后的试管垂直放入37℃恒温水浴箱60min。

（4）将试管从恒温水浴箱轻轻取出，缓慢倒转180°，观察结果。

二维码 4-39 实验流程

【实验结果】

若管内形成凝胶，并且凝胶不变形、不从管壁滑脱者为阳性，反之为阴性。

【注意事项】

（1）检查用水溶解鲎试剂冻干粉时应沿试管壁缓慢加入，避免激烈震荡，防止产生气泡。

（2）封闭后的试管在水浴箱孵育时应保持垂直，防止振动，影响实验结果。

（3）整个实验操作过程中应注意无菌操作。

【思考题】

（1）鲎试剂的主要成分是什么？

（2）凝胶定性试验检测细菌内毒素时应注意什么？

二维码 4-40 知识拓展

（范兴丽）

实验10 药物敏感试验

一、纸片琼脂扩散法

【实验目的】

（1）掌握纸片琼脂扩散法操作及结果判断。

（2）熟悉药物敏感试验中纸片琼脂扩散法的原理。

二维码 4-41
实验视频

【实验原理】

在已接种被测细菌的水解酪蛋白琼脂平板上，贴上含有定量抗菌药物的纸片。纸片中所含有的抗菌药物很快溶解于培养基内，并向四周扩散，形成递减的梯度药物浓度。在药物浓度高于最低抑菌浓度的范围内，检测菌的生长受到抑制，在含药纸片的周围出现无细菌生长区，称为抑菌圈。量取抑菌圈的直径，与解释标准进行对比，即可判定该种抗菌药物的敏感程度。

纸片琼脂扩散法（disc agar diffusion）操作简单、成本较低、灵活性强，是目前被广泛采用的药敏试验方法，特别适用于肠杆菌科细菌等快速生长的致病菌。

【实验材料】

1. **细菌** 培养物 大肠埃希菌。

2. **试剂** 水解酪蛋白琼脂培养基（M-H 培养基）、抗菌药物纸片、95%乙醇。

3. **器材** 超净工作台、恒温生化培养箱、麦氏比浊管、培养皿、无菌棉拭子、镊子、酒精灯、接种环。

【实验方法】

二维码 4-42
实验流程

1. **培养基配制** 按照 M-H 培养基说明书配制好 M-H 培养基，高压灭菌后倒入无菌培养皿备用，培养皿直径为 9cm。

2. **接种菌液制备** 用接种环在已分离纯化的大肠埃希菌平板挑取 4～5 个菌落，接种于 5ml M-H 液体培养基中，37℃培养 4～6h，用无菌生理盐水矫正菌液浓度至 0.5 麦氏比浊管标准。校正后的菌液应立即使用。

3. **菌液接种** 用无菌棉拭子蘸取制备好的菌液，均匀涂布于 M-H 琼脂表面，涂布三次，每次平板旋转 60°，最后棉拭子沿平板内缘涂抹一周。盖上平皿盖后室内干燥 5min。

4. **放置药物纸片** 用无菌镊子将药物纸片按一定间隔贴于培养基表面，并轻轻按压贴紧。

5. **培养** 将培养皿放入 37℃恒温生化培养箱培养 18～24h。

6. **观察抑菌圈大小** 通过抑菌圈大小判断测试菌对药物的敏感程度。

【实验结果】

用直尺测出抑菌圈直径大小后，根据解释标准判断药物对检测细菌的抗菌效果。药敏结果大致分为以下三种（每种药物解释标准不同）。

1. **敏感**（S） 是指测试菌对该抗菌药物敏感，可被该抗菌药物常规剂量给药后所达到的血药浓度抑制或杀灭。

2. **中度敏感**（I） 表示通过提高该药物的剂量或在体内该药物浓度较高的部位（如尿液、胆汁等），所测试的细菌生长可被抑制。

3. **耐药**（R） 表示常规剂量的被测定药物在体内达到有效浓度时不能抑制测试菌的生长。

【注意事项】

（1）细菌接种时棉拭子涂布应均匀、密集。

（2）药敏纸片距平皿边缘不能小于 15mm，各纸片间距要相等，相邻两个药物纸片距离不得小于 24mm，避免不同药物互相干扰，影响结果判断。

二、连续稀释法

【实验目的】

（1）掌握连续稀释法操作及最低抑菌浓度（MIC）结果判断。

（2）了解药物敏感试验中连续稀释法的原理。

【实验原理】

连续稀释法（continuous dilution method）是体外测定抗菌药物抑制待测细菌生长活性的方法。连续稀释法用水解酪蛋白（MH）液体培养基按一定比例稀释抗菌药物，获得药物浓度递减的系列试管，然后在各试管中接种适量待检细菌，培养一段时间后，以肉眼观察，无细菌生长的药物最低浓度管药物浓度，即为该受试菌的最低抑菌浓度（MIC），通常用μg/ml或者U/ml表示。

【实验材料】

1. **细菌培养物** 大肠埃希菌。

2. **试剂** 水解酪蛋白液体培养基（M-H培养基）、链霉素标准粉剂、无菌蒸馏水、无菌生理盐水。

3. **器材** 超净工作台、恒温生化培养箱、麦氏比浊管、无菌试管、酒精灯、接种环。

【实验方法】

1. **培养基配制** 按照M-H液体培养基说明配制好M-H液体培养基，高压灭菌后备用。

2. **接种菌液制备** 用接种环在已分离纯化的大肠埃希菌平板挑取4～5个菌落，接种于5ml M-H液体培养基中，37℃培养4～6h，用无菌生理盐水矫正菌液浓度至0.5麦氏比浊管标准。校正后的菌液应立即使用。

3. **药物原液配制** 用无菌蒸馏水配制1000μg/ml的药物原液。

4. **药液稀释** 取一列无菌小试管，每管加1ml M-H液体培养基。第1管试管内加1ml药物原液（可以是事先配制的1000μg/ml的原液，也可以根据该药物在血清中可能达到的浓度及治疗的有效效度来配制药物原液浓度），混匀后吸取1ml至第2管，以此类推，将药物进行2倍稀释，使各管抗菌药物倍比递减。另设1试管只含有1ml培养基，作为细菌生长阳性对照。

5. **接种试验菌** 用微量移液器吸取0.1ml已校正浓度的大肠埃希菌菌液到各含药试管和生长对照管内，并充分混匀。

6. **培养** 将各试管置于37℃恒温生化培养箱培养18～24h。

【实验结果】

不含药物的试管有细菌生长，为阳性对照。以药物最高稀释管中无肉眼可见细菌生长者，为该药物对待测菌的最低抑菌浓度（MIC）。

【注意事项】

（1）结果应及时观察。培养时间过长被轻度抑制的部分细菌可重新生长。

（2）整个实验过程中应在超净工作台中进行，并同时注意无菌操作。

【思考题】

（1）纸片琼脂扩散法的原理是什么？

（2）什么是MIC？可以通过什么方法检测？

二维码 4-43

知识拓展

（范兴丽）

实验11 其他原核细胞型微生物的形态结构观察

【实验目的】

熟悉肺炎支原体、衣原体、立克次体及螺旋体等原核细胞型微生物的形态特征。

【实验原理】

支原体（mycoplasma）、衣原体（chlamydia）、立克次体（rickettsia）和螺旋体（helix）均属于原核细胞型微生物。其中，支原体由于没有细胞壁，形态为多形性。衣原体具有独特的发育周期和严格细胞内寄生性。立克次体形态呈多形性（主要有杆状和球状）和专性细胞内寄生。螺旋体是一类细长、柔软、弯曲呈螺旋状、运动活泼的微生物。

二维码 4-44
实验视频

二维码 4-45
微生物形态

【实验材料】

1. **标本** 肺炎支原体、沙眼衣原体、恙虫病立克次体、钩端螺旋体和梅毒螺旋体等微生物标本片。

2. **器材** 光学显微镜、香柏油、石油醚、擦镜纸等。

【实验方法】

（1）将标本片放在载物台上，滴上一滴香柏油。

（2）用显微镜的油镜镜头进行观察，并记录观察结果。

（3）观察完毕后，用石油醚和擦镜纸将显微镜镜头擦拭干净。

【实验结果】

1. **肺炎支原体**（吉姆萨染色） 菌体呈淡紫色，高度多形性，如杆状、丝状、球状、分支状、颗粒状等（图4-6）。

2. **沙眼衣原体包涵体**（吉姆萨染色） 菌体呈深紫色，很致密，占据细胞质的大部分，呈帽形紧扣在细胞核上或稍有间隙（图4-7）。

3. **恙虫病立克次体**（吉姆萨染色） 菌体呈紫色，球杆状，散在于宿主单核细胞质内，靠近细胞核旁边，或成堆排列（图4-8）。

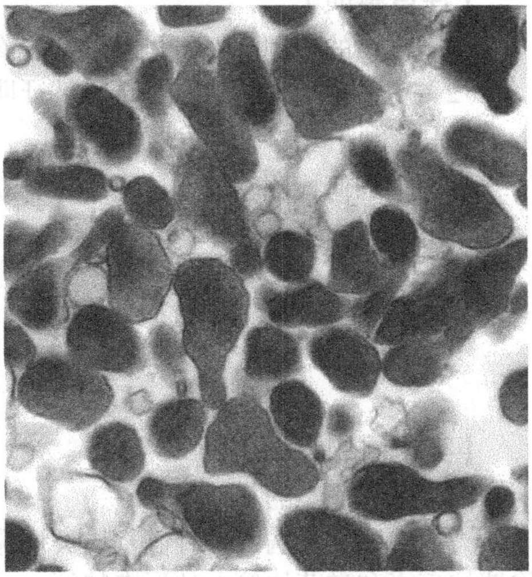

图 4-6 肺炎支原体（吉姆萨染色）

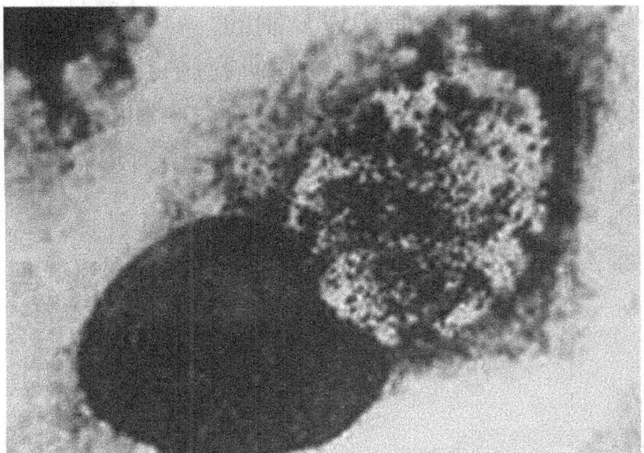

图 4-7 沙眼衣原体包涵体（吉姆萨染色）

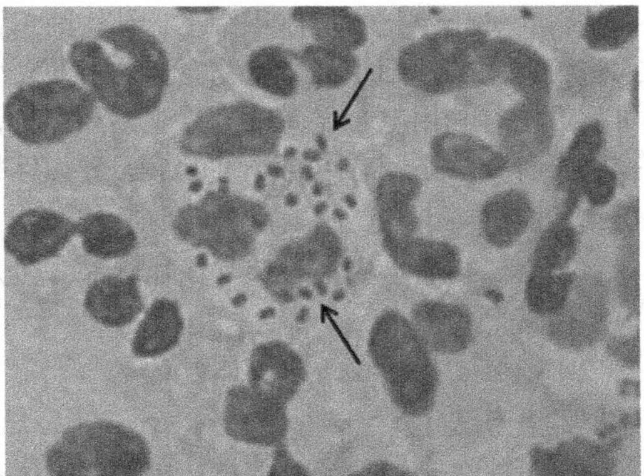

图 4-8 恙虫病立克次体（吉姆萨染色）

4. **螺旋体**（镀银染色） 钩端螺旋体，菌体呈棕褐色，螺旋数目多，紧密而规则，一端或两端弯曲呈钩状，常使菌体呈“C”或“S”等形（图4-9）；梅毒螺旋体，菌体呈棕褐色，螺旋数目为8～14个，成锐角弯曲而规则，两端尖直（图4-10）。

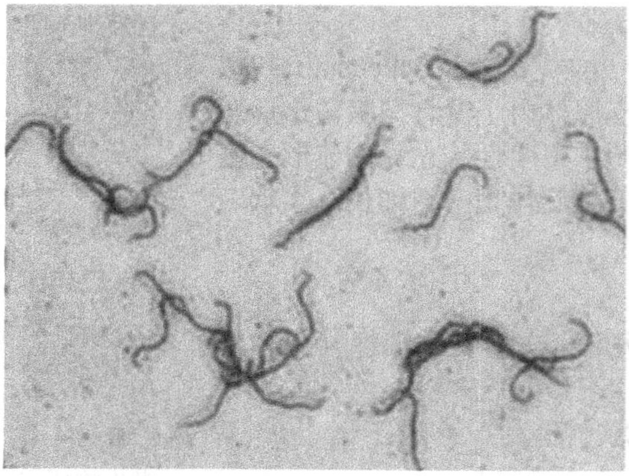

图 4-9　钩端螺旋体（镀银染色）

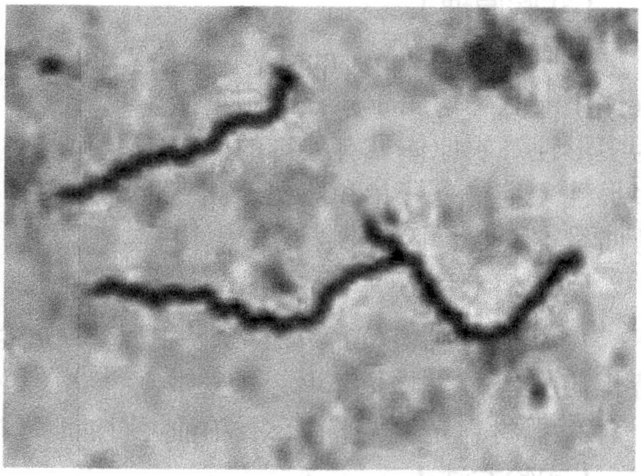

图 4-10　梅毒螺旋体（镀银染色）

【注意事项】

（1）油镜的使用，要将显微镜的光圈开大，保证视野足够明亮。

（2）观察标本片时，尽量选择特征明显的视野进行观察。

【思考题】

临床上如何检测支原体、衣原体、立克次体和螺旋体感染？

二维码 4-46

知识拓展

（蒋朋飞）

实验 12　病毒的形态结构观察

【实验目的】

（1）掌握病毒的基本形态。

（2）熟悉常见病毒（脊髓灰质炎病毒、烟草花叶病毒、狂犬病毒、痘病毒、埃博拉病毒和噬菌体等）的形态特征。

二维码 4-47

实验视频

【实验原理】

病毒（virus）是一类体积微小，结构简单，必须在活的易感细胞中以复制的方式进行繁殖的非细胞型微生物。测量病毒大小的单位为纳米（nm），观察和研究病毒形态大小的最可靠方法是利用电子显微镜进行观察和测量，可以观察到病毒的形态、结构、大小和亚单位等。根据病毒种类的不同，可将病毒的形态分为球状、杆状、子弹状、砖块形、丝状及蝌蚪形等。

【实验材料】

（1）脊髓灰质炎病毒、烟草花叶病毒、狂犬病毒、痘病毒、埃博拉病毒和噬菌体等的电镜照片。

（2）电脑、投影仪等多媒体设备。

二维码 4-48

病毒形态

【实验方法】

教师针对各种病毒的电镜照片进行多媒体示教。

【实验结果】

（1）脊髓灰质炎病毒为球状病毒（图 4-11）。

（2）烟草花叶病毒为杆状病毒（图 4-12）。

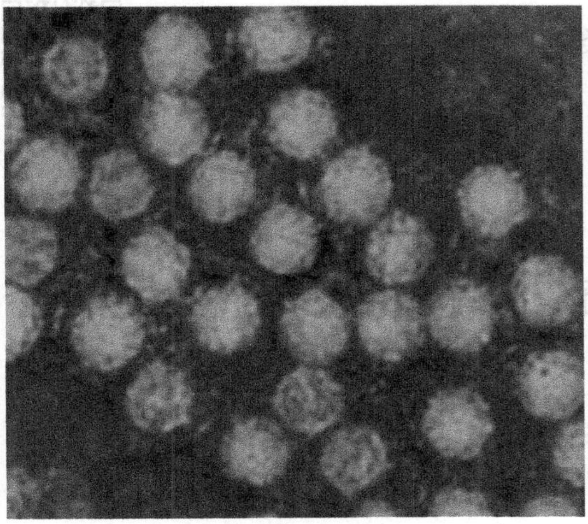

图 4-11　脊髓灰质炎病毒

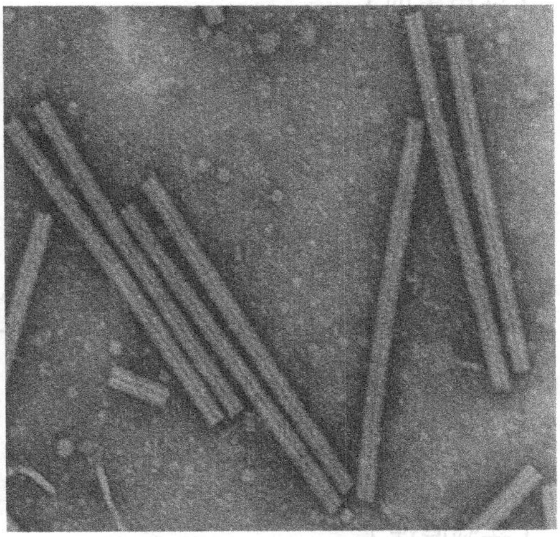

图 4-12　烟草花叶病毒

（3）狂犬病毒为子弹状病毒（图 4-13）。
（4）痘病毒为砖块形病毒（图 4-14）。

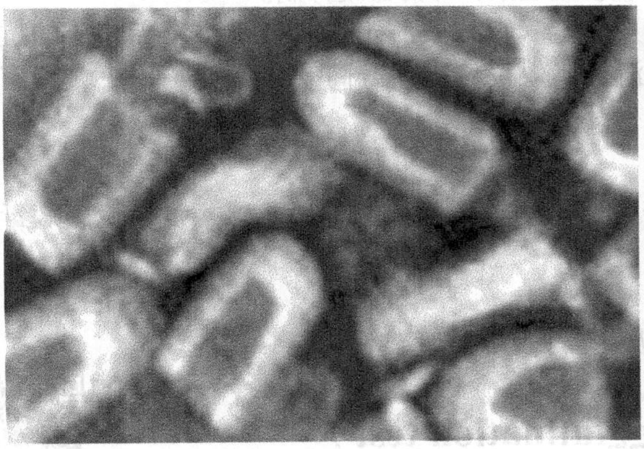

图 4-13　狂犬病毒

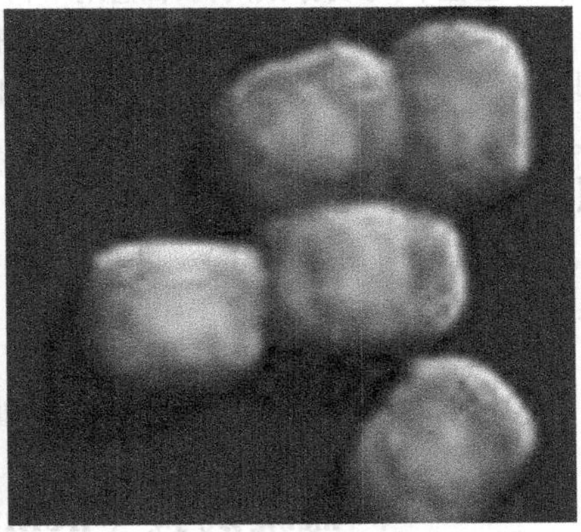

图 4-14　痘病毒

（5）埃博拉病毒为丝状病毒（图 4-15）。
（6）噬菌体为蝌蚪形病毒（图 4-16）。

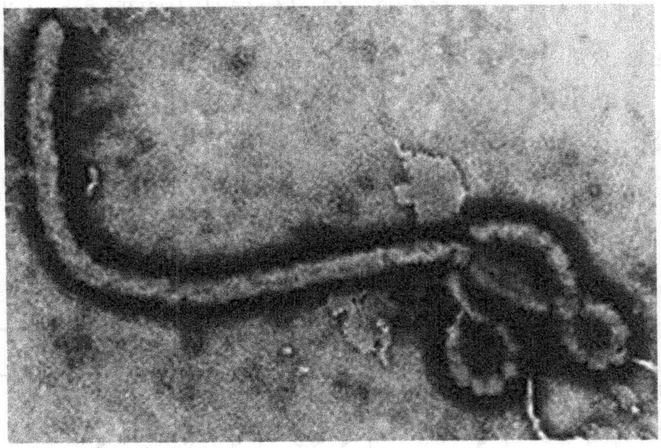

图 4-15　埃博拉病毒

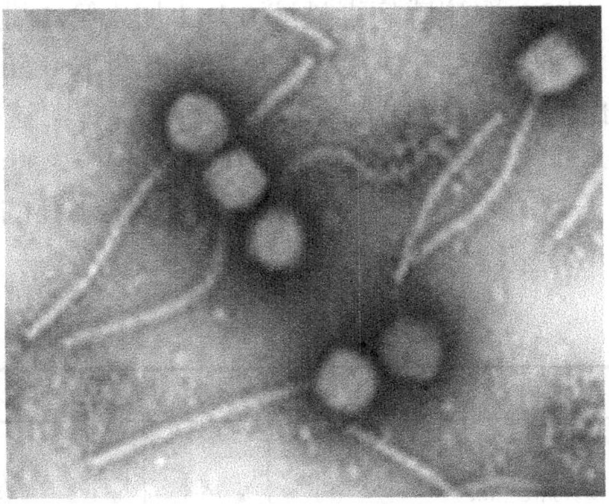

图 4-16　噬菌体

【注意事项】

认真观察各种病毒的电镜照片，比较不同种类的病毒形态特征。

【思考题】

临床上如何利用形态结构对病毒进行鉴定？

二维码 4-49
知识拓展

（蒋朋飞）

实验 13　病毒血凝和血凝抑制试验

【实验目的】

（1）掌握病毒血凝和血凝抑制试验的结果观察及判断。

（2）熟悉病毒血凝和血凝抑制试验的原理及方法。

二维码 4-50
实验视频

【实验原理】

流感病毒等有膜病毒表面有血凝素（HA），能与人 O 型红细胞、脊椎动物如豚鼠、鸡等的红细胞上的血凝素受体结合，从而引起红细胞凝集。在流感病毒等的悬液中加入特异性抗血清后，由于相应抗体的存在与 HA 结合，使其失去凝集红细胞作用，再加入人的 O 型血、鸡或豚鼠的红细胞则不再发生血凝现象，即为血凝抑制。

上述两种现象可作为病毒存在的指标及鉴定病毒，或测定患者血清中有无相应的抗体。但需取双份血清做两次试验，若恢复期血清抗体效价比早期升高 4 倍或 4 倍以上，即有诊断意义。

【实验材料】

（1）流感病毒悬液（IFV，取自鸡胚培养之羊水或尿囊液）、4U 流感病毒、流感病毒免疫血清。

（2）1%鸡红细胞悬液、生理盐水。

（3）其他：U 形有机玻璃板一块、1ml 吸管若干支、试管架等。

一、血凝试验（hemagglutination test）

二维码 4-51
实验流程

【实验方法】

（1）取一块 U 形有机玻璃板，按表 4-1 所示加入生理盐水，第 1 孔加 0.9ml，其余每孔均为 0.5ml。

（2）取流感病毒悬液 0.1ml 加入第 1 孔中（此时为 1∶10 稀释），经混匀后从中吸取 0.5ml 混悬液加至第 2 孔；混匀，从第 2 孔吸取 0.5ml 混悬液加至第 3 孔；混匀，依次类推做倍比稀释至第 8 孔，混匀后从第 8 孔取出 0.5ml 弃掉。这样，各孔的液体量均为 0.5ml，从第 1 至第 8 孔的病毒稀释度分别为 1∶10，1∶20，1∶40…，1∶1280，第 9 孔为生理盐水对照。

（3）稀释完毕后，按第 9 孔至第 1 孔的顺序，每孔加入 1%鸡红细胞悬液 0.25ml，轻轻振荡摇匀后置室温约 45min。

表 4-1　流感病毒血凝试验

孔号	1	2	3	4	5	6	7	8	9
生理盐水（ml）	0.9	0.5	0.5	0.5	0.5	0.5	0.5	0.5	0.5
病毒液（ml）	0.1	0.5	0.5	0.5	0.5	0.5	0.5	0.5	弃 0.5
病毒液稀释度	1∶10	1∶20	1∶40	1∶80	1∶160	1∶320	1∶640	1∶1280	—
0.5%鸡红细胞（ml）	0.25	0.25	0.25	0.25	0.25	0.25	0.25	0.25	0.25

【实验结果】

观察结果时要轻拿轻放，避免振荡，各孔出现红细胞凝集程度以“4+”、“3+”、“2+”、“1+”表示，一般以出现“2+”的病毒液最高稀释度为血凝效价，参见表 4-2。

血凝效价以出现“2+”为终点，即最高稀释倍数的病毒液中，以“2+”的凝集者含有 1 个病毒血凝单位。按表 4-1 所示，如流感病毒的血凝效价为 1∶160，即病毒液稀释至 1∶160 时，每 0.25ml 中含 1 个血凝单位，若要将 0.25ml 病毒液配制成含 4 个血凝单位时，应稀释成 1∶（160÷4），即 1∶40 稀释。在做血凝抑制试验时用 4 个血凝单位。

如果血凝试验阳性，则做血凝抑制试验进一步证实，并可确定该流感病毒的型与亚型。

表 4-2 血凝试验结果判读标准

孔中所见	结果
红细胞呈薄层均匀铺于板孔底，呈细沙状或薄膜状，为 100%红细胞凝集	4+
红细胞虽铺于孔底，呈细沙状，但边缘不整有下沉趋势，75%红细胞凝集	3+
红细胞在孔底呈一环状，四周有小凝集块，50%红细胞凝集	2+
红细胞在孔底沉聚呈小圆点，边缘不光滑，周围有小凝集块，25%红细胞凝集	1+
红细胞于孔底呈一小圆点，边缘光滑整齐，红细胞无凝集现象	–

二、血凝抑制试验（hemagglutination inhibition test）

（一）定性试验

【实验方法】

（1）在 U 形孔有机玻璃板上选择 4 个孔用于试验，并做好标记。

（2）按表 4-3 所示依次加入相应的试剂，其中 0.25ml 病毒液中含 4 个血凝单位流感病毒。

表 4-3 流感病毒血凝抑制试验（定性法）

孔号	1	2	3	4
生理盐水（ml）	—	0.25	0.25	0.5
血清（ml）	0.25	0.25	—	—
病毒液（ml）	0.25	—	0.25	—
0.5%鸡红细胞（ml）	0.25	0.25	0.25	0.25

注：1 号孔为试验孔；2 号孔为血清对照孔；3 号孔为病毒对照孔；4 号孔为红细胞对照孔

（3）将各孔试剂摇匀，室温静置 45min，待红细胞完全下沉后观察结果。

【实验结果】

凡出现明显血凝现象者，为血凝抑制试验阴性。未出现血凝现象的试验孔，以阳性表示，说明病毒与该孔所用诊断血清的型与亚型相一致。

（二）定量试验

【实验方法】

患者血清先用霍乱滤液预处理，以除去人血清中非特异性抑制物。方法是取血清 1 份加霍乱弧菌滤液 4 份（也可等量），置 37℃水浴箱过夜，次日取出于 56℃加热 30min 后，即可进行试验（此步骤学生不做）。此时血清已为 1∶5 稀释。

（1）取一块 U 形有机玻璃板，选 10 个孔，按表 4-4 所示加样，1～9 孔每孔均加入 0.25ml 生理盐水，第 10 孔加 0.5ml 生理盐水。

（2）取经处理的 1∶5 稀释的患者血清 0.25ml，加入第 1 孔内做 1∶10 稀释，反复抽吸 3 次混匀后取 0.25ml 加至第 2 孔，依次类推做倍比稀释至第 7 孔，混匀后从第 7 孔吸出 0.25ml 弃去。第 8 孔为血清对照，加入 1∶5 稀释的血清 0.25ml；第 9 孔为病毒对照，第 10 孔为红细胞对照，均不加血清。

（3）1～7 孔和 9 孔，每孔加入含 4 个血凝单位的 IFV 悬液 0.25ml；第 8 孔血清对照与第 10 孔红细胞对照则不加 IFV 悬液。

（4）每孔加入 1%鸡红细胞 0.25ml，摇匀后置室温 30min、45min 各观察一次结果，以 45min 的结果为准（如果红细胞滑下，参考 30min 的结果）。

表 4-4　流感病毒血凝抑制试验（定量）

对照 \ 孔号		1	2	3	4	5	6	7	8	9	10
血清对照	生理盐水（ml）	0.25	0.25	0.25	0.25	0.25	0.25	0.25	0.25	0.25	0.5
	血清（ml）（1∶5）	0.25	0.25	0.25	0.25	0.25	0.25	0.25 0.25（弃去）	0.25(1∶5)	—	—
病毒对照	4 个血凝单位 IFV（ml）	0.25	0.25	0.25	0.25	0.25	0.25	0.25	—	0.25	—
红细胞对照	0.5%鸡红细胞（ml）	0.25	0.25	0.25	0.25	0.25	0.25	0.25	0.25	0.25	0.25

↓

振荡摇匀，置室温保持 45min

【实验结果】

血凝抑制试验的结果判断同血凝试验，但以不出现血凝现象的试验孔为阳性。先观察对照孔，如果病毒对照孔出现完全凝集、血清对照和红细胞对照不发生凝集，再观察试验孔，判断效价。凡呈现能完全抑制红细胞凝集的试验孔，其血清的最高稀释度即为血凝抑制效价。

二维码 4-52
知识拓展

【思考题】

试述血凝试验和血凝抑制试验的原理及其意义。

（黄升海）

实验 14　真菌的形态结构观察

【实验目的】

掌握白假丝酵母菌和新生隐球菌等真菌的形态结构特征，并据此进行菌种鉴别。

【实验原理】

二维码 4-53
实验视频

真菌（fungus）是一大类具有细胞壁，细胞质内有完整细胞器，细胞核分化为核膜和核仁，不分根、茎、叶，不含叶绿素的真核细胞型微生物。真菌种类很多，其基本形态有单细胞和多细胞两种类型，例如，新生隐球菌和白假丝酵母菌等均属于单细胞真菌，呈圆形或卵圆形；而大多数真菌为多细胞，其结构由菌丝和孢子两部分组成，不同种类的真菌具有不同形式的菌丝和孢子。

【实验材料】

（1）白假丝酵母菌革兰染色标本片。

（2）新生隐球菌墨汁染色标本片。

【实验方法】

（1）将标本片放在载物台上，滴上一滴香柏油。

（2）用显微镜的油镜镜头进行观察，并记录观察结果。

（3）观察完毕后，用石油醚和擦镜纸将显微镜镜头擦拭干净。

二维码 4-54
真菌的形态

【实验结果】

1. 白假丝酵母菌 菌体比细菌大，卵圆形，革兰阳性，可产生芽生孢子及假菌丝，出芽细胞呈卵圆形（图 4-17）。

2. 新生隐球菌 菌体大小不等，圆形，菌体周围有宽厚、透明的荚膜（图 4-18）。

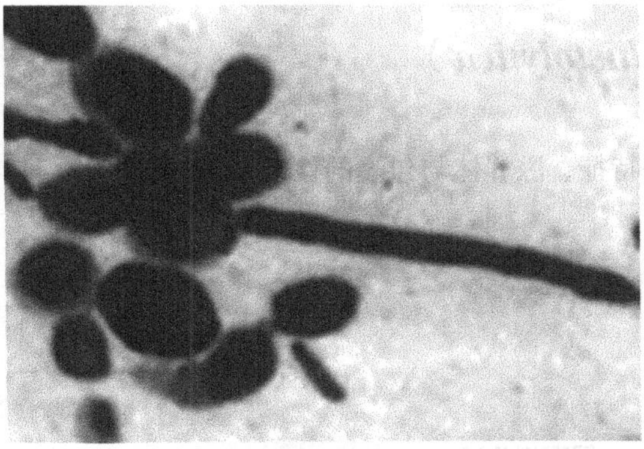

图 4-17 白假丝酵母菌（革兰染色）

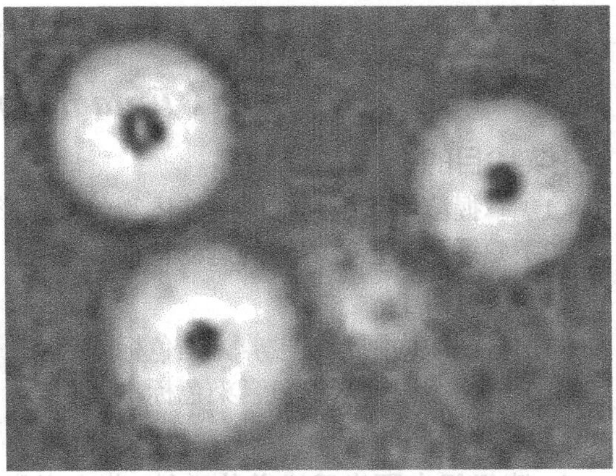

图 4-18 新生隐球菌（墨汁染色）

【注意事项】

（1）油镜的使用，要将显微镜的光圈开大，保证视野足够明亮。

（2）观察标本片时，尽量选择特征明显的视野进行观察。

二维码 4-55
知识拓展

【思考题】

临床中如何鉴别是否有白假丝酵母菌和新生隐球菌感染？

（蒋朋飞）

第 5 章

人体寄生虫学实验

实验1　叶　足　虫

一、溶组织内阿米巴

（*Entamoeba histolytica*）

【实验目的】

（1）掌握溶组织内阿米巴滋养体和包囊的形态特征，滋养体与包囊的检查方法。

（2）熟悉阿米巴滋养体的运动特征。

二维码 5-1
实验视频

【实验材料】

（1）溶组织内阿米巴滋养体染色标本。

（2）溶组织内阿米巴包囊染色标本。

【实验观察】

1. 溶组织内阿米巴滋养体（铁–苏木素染色）　高倍镜观察：虫体蓝黑色，形状不规则，大小为 10～40μm，外质透明凝胶状，不着色，内质颗粒状，着色较深，内外质界线清晰，伪足宽大，不一定能见到，如有伪足多呈舌状或指状突起。内质中可见吞噬的红细胞，呈蓝黑色，其大小和数目不定。细胞核圆形，泡状，核膜内缘有大小均匀、排列整齐的染色质粒，核仁较小，多位于正中（图 5-1）。

二维码 5-2
溶组织阿米巴形态

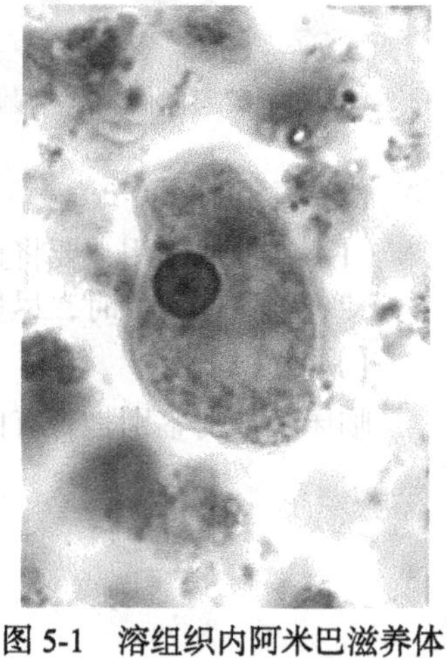

图 5-1　溶组织内阿米巴滋养体

2. 溶组织内阿米巴包囊（碘液染色）　低倍镜下找到黄色小点后，换高倍镜观察：包囊染成淡黄色，圆球形，囊壁不着色，细胞核 1～4 个。在 1 个或 2 个核的包囊内可见糖原泡，糖原泡被染成棕黄色（图 5-2）。

3. 溶组织内阿米巴包囊（铁-苏木素染色）　高倍镜观察：圆球形，直径 10～16μm。囊内有核 1～4 个，核周染色质泡排列整齐，核仁细小，位于中央，拟染色体呈短棒状。未成熟包囊中常有较大的糖原泡，染色过程中被溶解为空泡（图 5-3）。

二维码 5-3
实验视频

【实验操作】

1. 生理盐水涂片法（saline coating method）　检查活滋养体于载玻片中央加生理盐水 1 滴，用竹签从急性阿米巴痢疾患者的脓血便或阿米巴肠炎患者的稀便中挑取绿豆大小的脓血便或稀便，在生理盐水中涂匀摊开，加盖玻片，镜检。镜下可见黏液中有大量黏集成团的红细胞，少量白细胞和棱形结晶。找到活动的、吞噬红细胞的大滋养体，即可确诊。

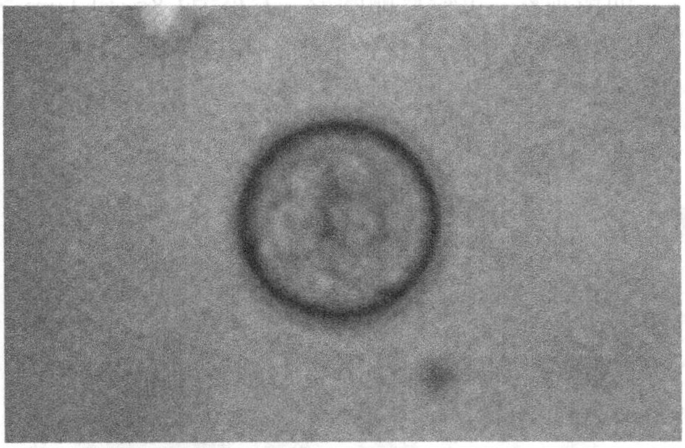

图 5-2　溶组织内阿米巴包囊（碘液染色）

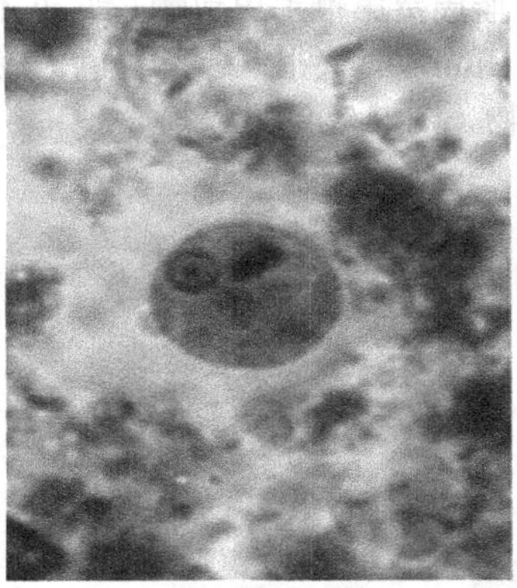

图 5-3　溶组织内阿米巴包囊（铁-苏木素染色）

标本应为无尿液混入的新鲜粪便，挑取脓血部分或稀便做涂片镜检，标本采集后应尽快送检，气温低时应注意保温，以保持滋养体活力，便于鉴别。

2. 碘液染色涂片法（iodine staining smear method）　检查包囊涂片方法同生理盐水涂片，以碘液代替生理盐水。用竹签从慢性阿米巴痢疾患者和阿米巴带虫者的成形粪便中挑取绿豆大小的粪便，在碘液中涂匀摊开，加盖玻片，镜检。包囊染成黄色或黄绿色，糖原呈红棕色，囊壁、核仁和拟染色体均不着色。

【思考题】

（1）阿米巴是怎样传播的?

（2）溶组织内阿米巴主要危害哪些脏器？为什么很多人都是无症状的阿米巴带虫者，而有些人感染后却有严重的临床表现?

二维码 5-4
文献阅读

（王　莎）

实验2　鞭　毛　虫

一、蓝氏贾第鞭毛虫

（*Giardia lamblia*）

【实验目的】

（1）掌握蓝氏贾第鞭毛虫滋养体和包囊的形态特征。

（2）了解蓝氏贾第鞭毛虫病原学诊断方法。

二维码 5-5
蓝氏贾第鞭毛虫形态

【实验材料】

（1）蓝氏贾第鞭毛虫滋养体染色玻片标本。

（2）蓝氏贾第鞭毛虫包囊染色玻片标本。

【实验观察】

1. 蓝氏贾第鞭毛虫滋养体（铁-苏木素染色）　油镜观察：虫体呈倒梨形，大小为（9～21）μm×（5～15）μm，细胞质呈蓝黑色，两侧对称，前端钝圆，向后渐细小，背部隆起，腹部前半部凹陷为吸盘。吸盘背侧有两个圆形泡状核并列于虫体两侧，核内各有一大的核仁位于中央，两核之间有两条平行贯穿虫体的轴柱，轴柱中部有对半月形中央小体，轴柱前端集体复合器发出 4 对鞭毛，按伸出虫体的部位分为前侧鞭毛、后侧鞭毛、腹鞭毛和尾鞭毛各一对（图 5-4）。

2. **蓝氏贾第鞭毛虫包囊**（铁-苏木素染色） 油镜观察：包囊呈卵圆形，大小为（8～14）μm ×（7～10）μm。囊壁很厚，不着色，核 2～4 个，成熟包囊 4 个核，核仁清晰，并可见到鞭毛、轴柱及丝状物（图 5-5）。

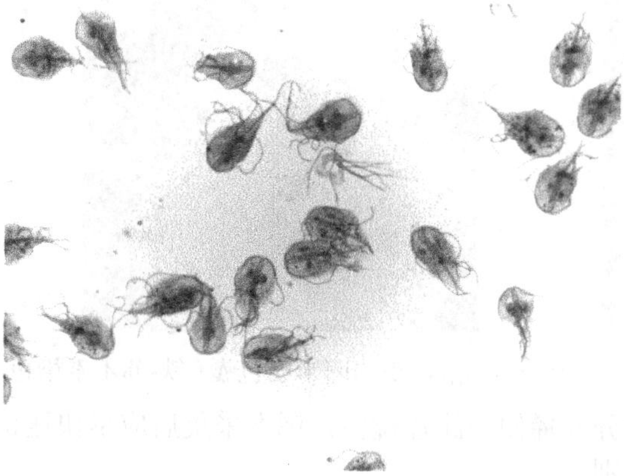

图 5-4 蓝氏贾第鞭毛虫滋养体

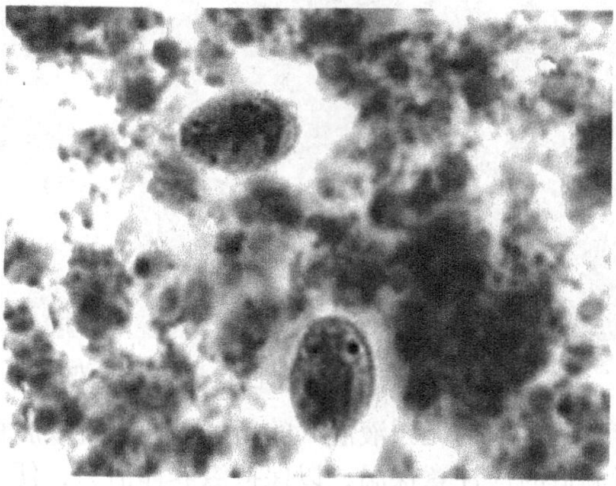

图 5-5 蓝氏贾第鞭毛虫包囊

【实验操作】

1. **生理盐水涂片法** 参见第 2 篇第 5 章实验 1。
2. **碘液染色涂片法** 参见第 2 篇第 5 章实验 1。

【思考题】

蓝氏贾第鞭毛虫为何可导致宿主腹泻？

二维码 5-6
文献阅读

二、阴道毛滴虫

（*Trichomonas vaginalis*）

【实验目的】

（1）掌握阴道毛滴虫滋养体的形态特征。
（2）熟悉阴道毛滴虫活虫体的运动特点。
（3）了解阴道毛滴虫病的病原学诊断方法。

【实验材料】

（1）阴道毛滴虫滋养体染色玻片标本。
（2）阴道毛滴虫滋养体活体玻片标本。

【实验观察】

1. **阴道毛滴虫滋养体**（吉姆萨染色玻片标本） 显微镜高倍镜或油镜观察：虫体梨形或长椭圆形，大小为（10～30）μm ×（5～15）μm；胞质呈蓝色，内可见深染、颗粒状的氧化酶体；虫体前 1/3 处可见一个椭圆形紫染细胞核；从虫体前缘伸出 4 根前鞭毛和 1 根后鞭毛，鞭毛呈粉红色，后鞭毛与波动膜外缘相连，末端不游离，波动膜位于体侧不超过虫体一半，轴柱贯穿虫体从末端伸出（图 5-6）。

二维码 5-7
阴道毛滴虫形态

2. **阴道毛滴虫滋养体**（活体标本） 取培养基（肝浸汤培养基培养的阴道毛滴虫滋养体）1 滴，滴加在玻片中央，加盖玻片，镜检。活滋养体呈无色透明状，梨形或椭圆形，做螺旋状运动。

【实验操作】

1. **生理盐水涂片法** 用消毒棉签取患者阴道穹后部、阴道壁、子宫颈口的分泌物，涂在预先滴加1滴生理盐水的载玻片上，加盖玻片，立即镜检，可见活滋养体。此法为妇科常规检查方法之一，简易快速，阴道毛滴虫检出率极高。冬天检查时应注意保温，以防低温降低滴虫活动力。

2. **悬滴法** 将取有患者阴道分泌物的棉棒置于少量温热生理盐水的试管中，将棉棒充分荡洗后弃去，使虫体保持活力。取一洁净盖玻片，四周涂抹一层细薄的凡士林，吸取标本悬滴液滴加在盖玻片中央，然后取一洁净凹玻片，凹孔对准悬液并覆盖其上，稍加压力使两片黏合，轻轻将玻片翻转，使标本悬滴于盖玻片下，制成悬滴涂片后，置镜下观察。根据虫体的形态特征与运动形式，可与白细胞、脓细胞和上皮细胞等相区别。此法简便快速，检出率高，并可观察到滴虫的活动状态。

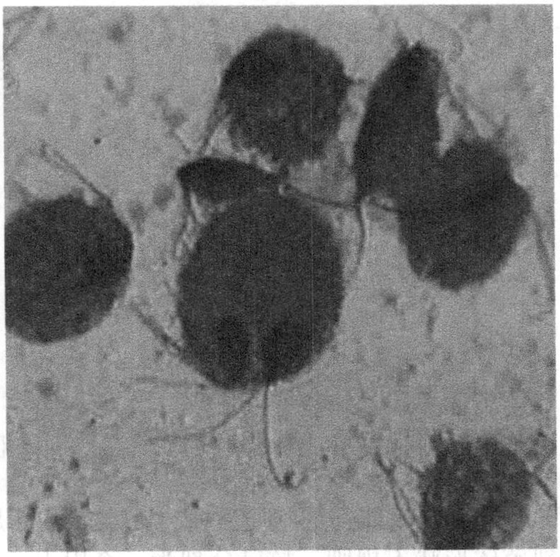

图5-6 阴道毛滴虫滋养体

【思考题】

（1）阴道毛滴虫的致病机制如何？

（2）临床检测阴道毛滴虫常用方法及注意事项是什么？

二维码5-8
文献阅读

（王 莎）

实验3 孢子虫、纤毛虫

一、疟 原 虫

（*Plasmodium*）

【实验目的】

（1）掌握间日疟原虫（*Plasmodium vivax*）红内期各阶段滋养体和配子体的形态特征；恶性疟原虫（*Plasmodium falciparum*）环状体和配子体的形态特征。

（2）熟悉厚薄血片的制作及染色方法。

【实验材料】

（1）间日疟原虫薄血膜染色玻片标本。

（2）恶性疟原虫薄血膜染色玻片标本。

【实验方法】

二维码5-9
疟原虫形态

1. **间日疟原虫薄血膜染色玻片标本** 油镜观察内容如下。

（1）环状体：又称早期滋养体。被寄生的红细胞无改变，虫体呈纤细环状，直径约占红细胞的1/3。染色后胞质呈蓝色，有一深红色的核，位于虫体细胞质的一侧，中间为空泡（图5-7）。

（2）大滋养体：又称晚期滋养体。被寄生的红细胞胀大，颜色较淡，常可看到许多细小而颜色鲜红的薛氏小点（Schuffner's dots）。主要特征是细胞质有不规则的阿米巴样伪足伸出，并形成明显的空泡。一个紫红色的细胞核增大，但尚未分裂，细胞质内开始出现疟色素（图5-8）。

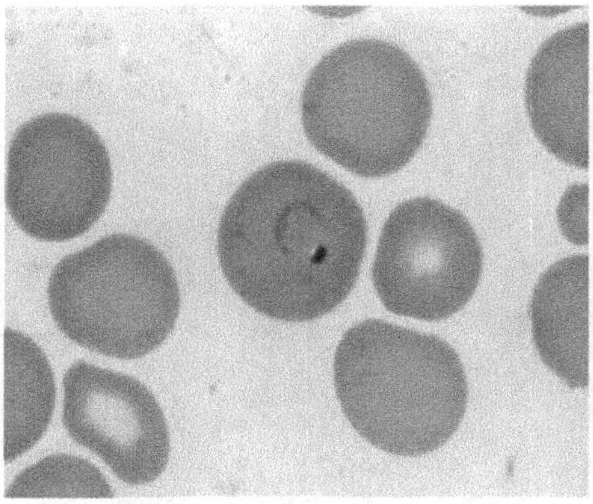

图 5-7　间日疟原虫环状体（薄血涂片）

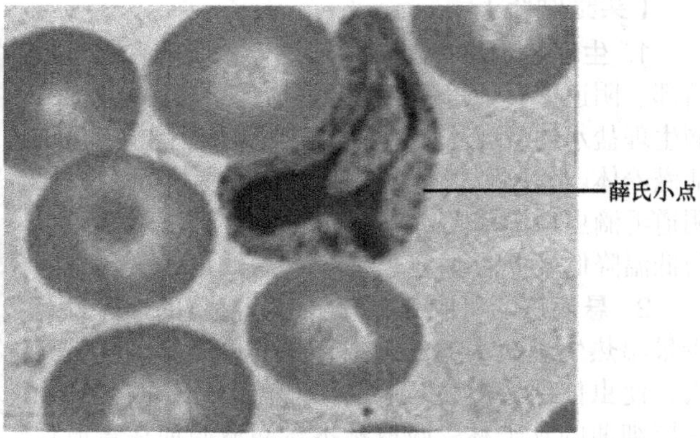

图 5-8　间日疟原虫大滋养体，薄血涂片

（3）裂殖体：细胞质致密，无空泡及伪足。主要特征是细胞核开始分裂，疟色素增加。未成熟裂殖体形状不规则，核已分裂为一个以上（图 5-9）。成熟裂殖体的核分裂为 12～24 个，当细胞核分裂时，每一个核被部分细胞质包绕形成 12～24 个裂殖体，平均 16 个。黄褐色的疟色素集中在虫体的中央或一侧（图 5-10）。

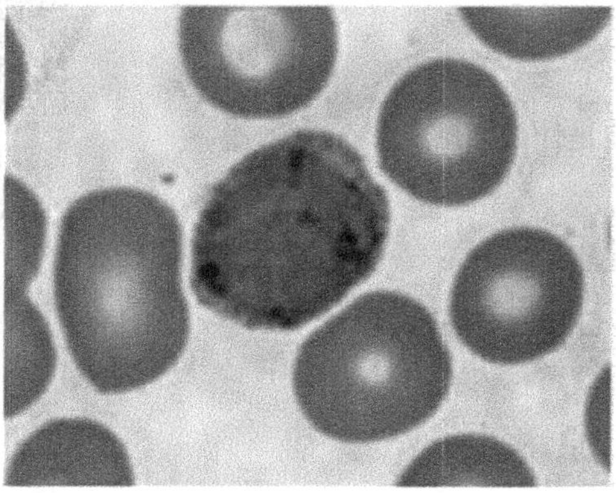

图 5-9　间日疟原虫未成熟裂殖体

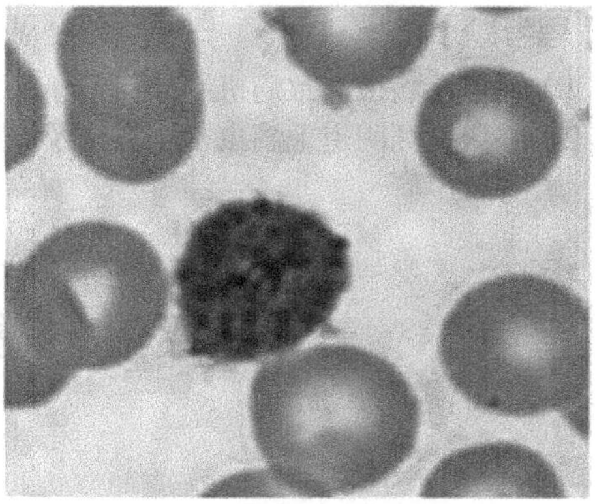

图 5-10　间日疟原虫成熟裂殖体

（4）配子体：被寄生的红细胞显著胀大，疟原虫充满整个红细胞。

1）雌配子体（大配子体）：细胞质染成深蓝色，核小而坚实，深红色，位于一侧。疟色素均匀分散在细胞质内（图 5-11）。

2）雄配子体（小配子体）：细胞质染成淡蓝色，核大而疏松，淡红色，位于中央。疟色素均匀分散在细胞质内（图 5-12）。

2. 恶性疟原虫薄血膜染色玻片标本　油镜观察内容如下。

（1）环状体：被寄生的红细胞大小一般正常。环状体较小，占被寄生红细胞直径的 1/6～1/5，细胞质纤细，核较小。常在同一个红细胞内有 2 个或 2 个以上的环状体寄生，或一个环上有 2 个细胞核（图 5-13）。

（2）配子体：呈半月形或香蕉形，被寄生的红细胞常因被胀破而不易见到或仅能见到一部分，附在配子体凹面的一侧。核在虫体中部，黑褐色的疟色素颗粒往往围绕在红色核的周围，因此不易分辨核的大小，甚至有时只能看到疟色素而看不到核。

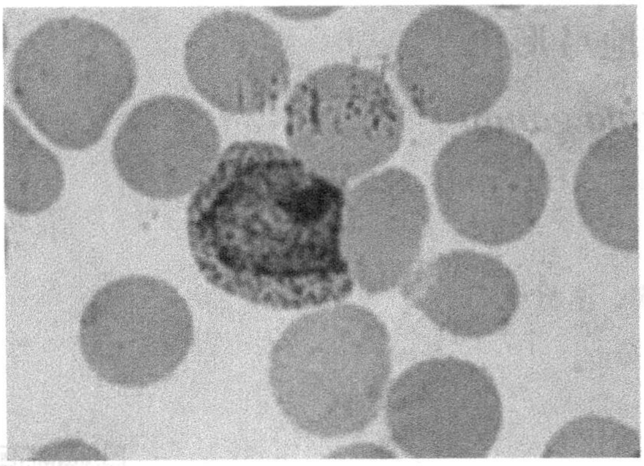

图 5-11　间日疟原虫雌配子体

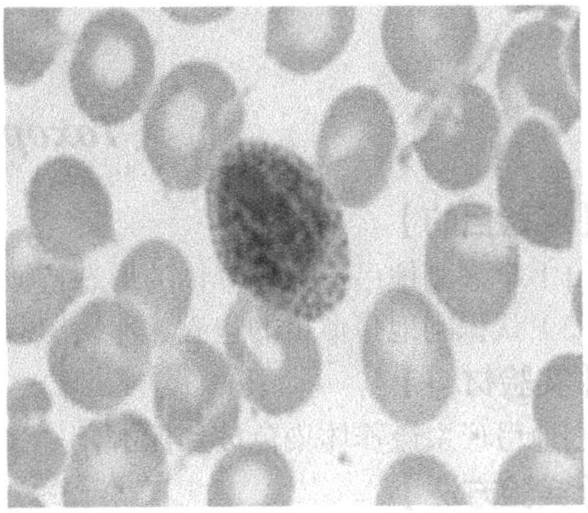

图 5-12　间日疟原虫雄配子体

1）雌配子体：两端较尖呈半月形，细胞质染成深蓝色，核位于虫体中央，深红色、小而较致密，核的周围有深褐色疟色素（图 5-14 左）。

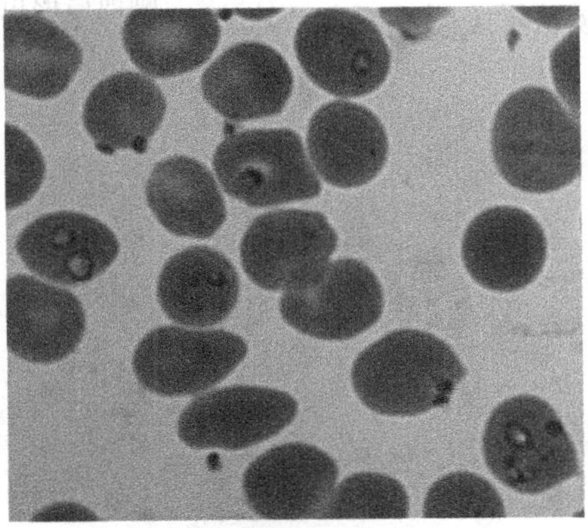

图 5-13　恶性疟原虫环状体

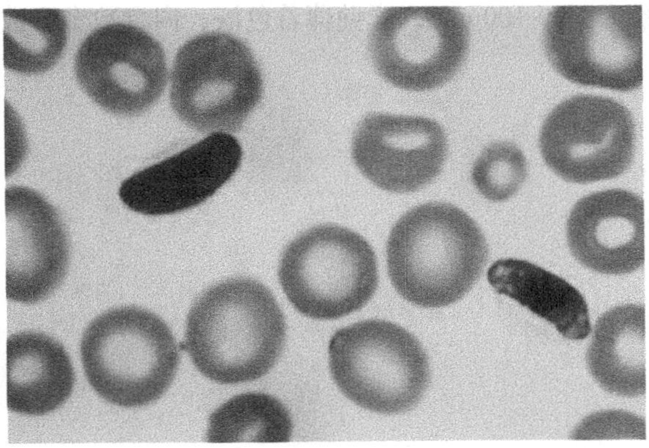

图 5-14　恶性疟原虫配子体

2）雄配子体：两端钝圆成香蕉形，细胞质染成浅蓝色，核位于虫体中央，淡红色，大而疏松，核的周围有棕黄色的疟色素（图 5-14 右）。

【实验操作】

1. **厚血膜涂片**（thick blood film smear）　取 10μl 末梢血滴在干净载玻片上，用另一玻片的一角接触血滴，画圆，使血滴形成直径为 0.5～1cm 的血膜，水平放置，室温待干。用吸管吸取吉姆萨染色液滴加在血膜上，染 30min。吉姆萨染色液低渗，能使厚血膜中的红细胞溶血，血红蛋白逸出，而疟原虫则不被溶解，保持其形态，并被染料染色，因此厚血膜在染色前不可固定，或被甲醇污染。

2. **薄血膜涂片**（thin blood film smear）　取 10μl 末梢血滴在干净载玻片上，用推片的下缘接触血滴，保持与载玻片水平接触并成 30°夹角，使血滴沿推片下缘向载玻片两侧扩散，匀速将推片向另一侧推动，形成均匀的薄血膜，室温待干。用吸管吸取甲醇加在血膜上进行固定处理，自然干燥。用吸管吸取吉姆萨染色液滴加在血膜上，染 30min。用流水缓缓冲去染液，自然干燥。

二维码 5-10
实验视频

二维码 5-11
实验视频

二维码 5-12
文献阅读

【思考题】

（1）如何解释间日疟原虫所致的疟疾的再燃与复发？

（2）恶性疟原虫有哪些严重危害？

二、刚地弓形虫

（*Toxoplasma gondii*）

【实验目的】

（1）掌握刚地弓形虫滋养体的形态特征。

（2）认识刚地弓形虫的包囊、卵囊、假包囊、速殖子。

【实验材料】

刚地弓形虫滋养体染色玻片标本。

【实验方法】

1. 刚地弓形虫滋养体标本（吉姆萨染色） 油镜观察：虫体呈香蕉形或半月形，一端较尖，一端钝圆，一边较扁平，一边较弯曲。长4～7μm，最宽处为2～4μm。胞质呈蓝色并有少量颗粒。虫体中央稍偏后有一紫红色的细胞核（图5-15）。

2. 包囊（玻片标本） 油镜观察：包囊呈圆形或卵圆形，大小差异很大（直径为5 ～100μm），囊壁薄着色淡，内含数个至数千个缓殖子（图5-16）。

二维码 5-13
刚地弓形虫形态

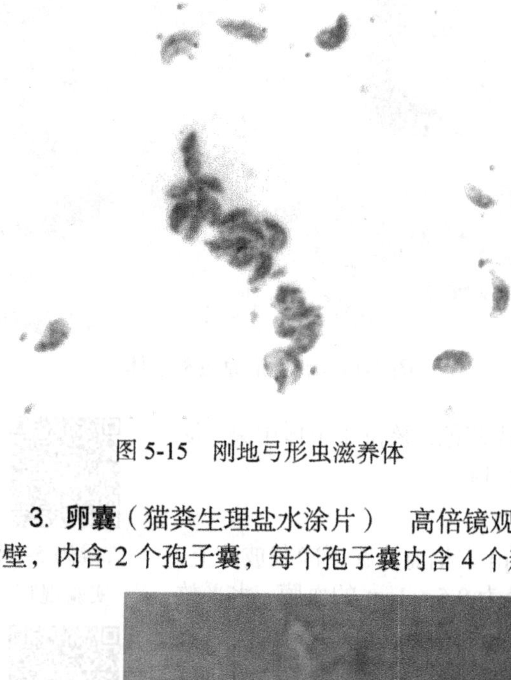

图 5-15 刚地弓形虫滋养体

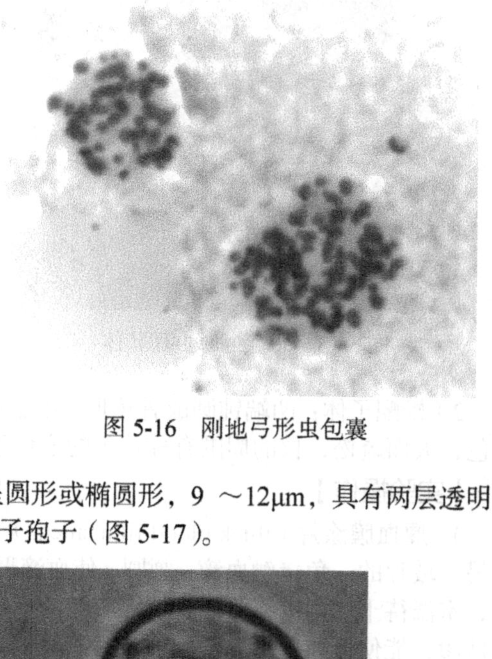

图 5-16 刚地弓形虫包囊

3. 卵囊（猫粪生理盐水涂片） 高倍镜观察：呈圆形或椭圆形，9 ～12μm，具有两层透明的囊壁，内含2个孢子囊，每个孢子囊内含4个新月形子孢子（图5-17）。

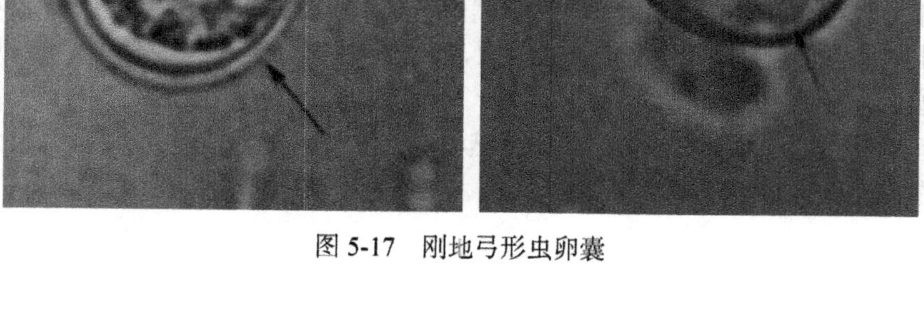

图 5-17 刚地弓形虫卵囊

【实验操作】

1. **患者体液直接涂片法**　将体液离心沉淀，取沉渣涂片，做瑞氏或吉姆萨染色。

2. **虫体分离法**　取患者体液或病理材料做成悬液接种小鼠，1 周后如为阴性应取小鼠内脏及脑组织盲传小鼠 1～2 代。

【思考题】

诊断弓形虫病通常使用什么方法?

三、结肠小袋纤毛虫
（*Balantidium coli*）

【实验目的】

掌握结肠小袋纤毛虫滋养体和包囊的形态特征。

【实验材料】

结肠小袋纤毛虫滋养体和包囊染色玻片标本。

【实验方法】

1. **结肠小袋纤毛虫滋养体**（染色玻片标本）　高倍镜或油镜观察：结肠小袋纤毛虫滋养体为人体寄生原虫中最大的，呈椭圆形，大小为（50～200）μm×（20～80）μm，体表有许多纤毛，染色淡而不易看清；细胞质颗粒状，虫体中后部各有一食物泡；体前端有一胞口，下连漏斗状的胞咽，后端可见胞肛；有核 2 个，大核肾形，位于虫体前部，小核呈球形并位于大核的凹陷部（图 5-18）。

二维码 5-14
结肠小袋纤毛虫形态

2. **包囊**（染色玻片标本）　高倍镜或油镜观察：呈圆形或椭圆形，直径为 40～60μm，囊壁较厚，呈蓝色，囊内细胞质呈颗粒状，包囊内虫体表明纤毛消失，1 个浅色大核清晰可见，在大核旁有一圆形小核（图 5-19）。

【思考题】

结肠小袋纤毛虫可寄生于哪些动物？人如何感染？对人体有何危害？

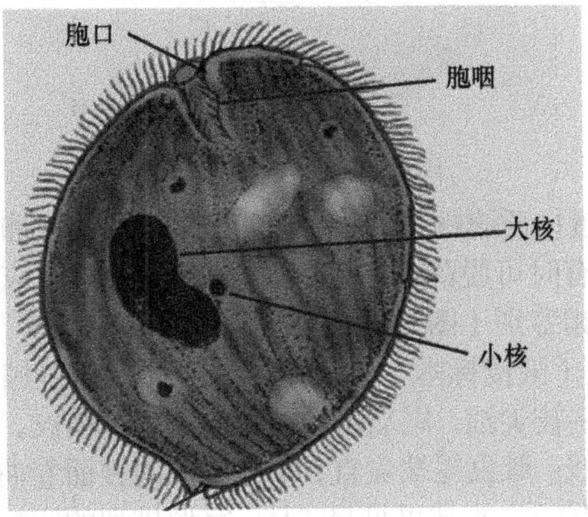

图 5-18　结肠小袋纤毛虫滋养体

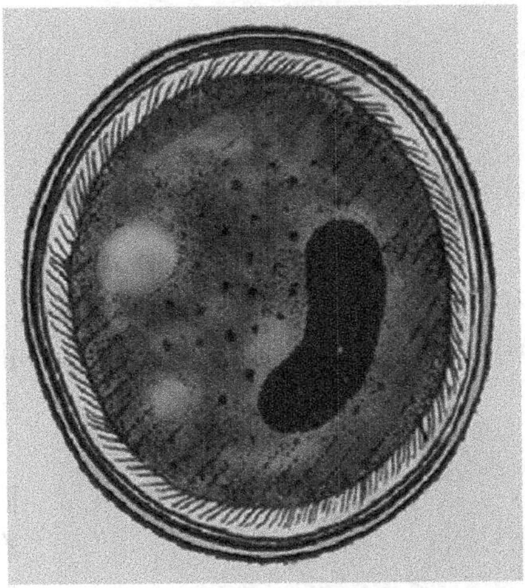
图 5-19　结肠小袋纤毛虫包囊

（王　莎）

实验4 线 虫

一、蛔 虫

（round worm）

【实验目的】

（1）掌握蛔虫未受精卵、蛔虫受精卵的形态特征，蛔虫卵的检查方法。

（2）熟悉蛔虫成虫的形态特点。

（3）了解蛔虫的病理标本。

【实验材料】

（1）蛔虫虫卵标本。

（2）蛔虫成虫标本。

（3）蛔虫病理标本。

【实验观察】

二维码 5-15
蛔虫形态

1. **虫卵**（玻片标本）

（1）受精卵：呈宽椭圆形，卵壳厚而透明，表面有一层凹凸不平的蛋白质膜，被宿主染成棕黄色。卵内含有 1 个大而圆的卵细胞，卵细胞与卵壳间在两端各形成一个新月形空隙（图 5-20）。

（2）未受精卵：呈长椭圆形，卵壳及其表面的蛋白质膜均较受精蛔虫卵薄，卵内充满了大小不等的折光颗粒（卵黄细胞）（图 5-21）。

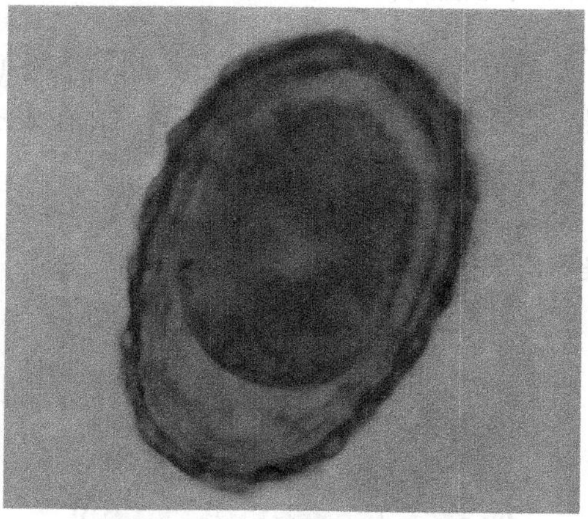

图 5-20 受精蛔虫卵

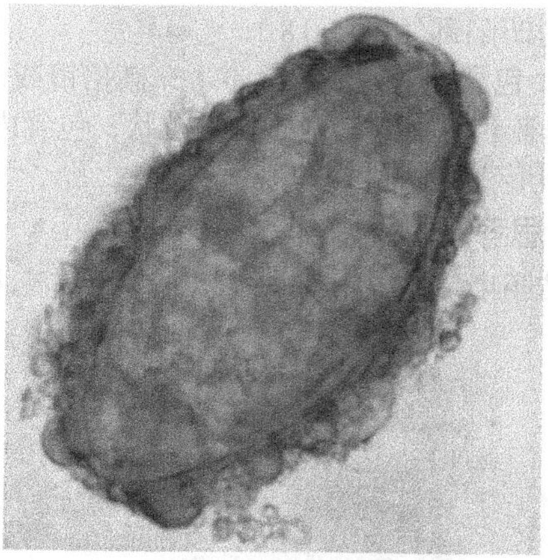

图 5-21 未受精蛔虫卵

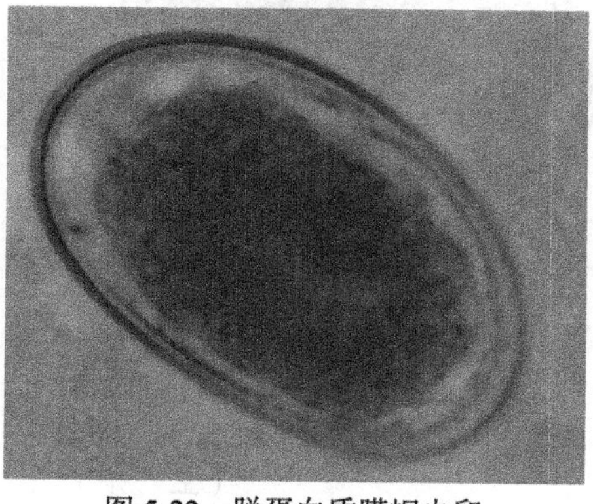

图 5-22 脱蛋白质膜蛔虫卵

（3）脱蛋白质膜蛔虫卵：受精卵、未受精蛔虫卵表面的蛋白质膜有时可脱落，使虫卵变为无色，观察时应注意与钩虫卵等相鉴别（图 5-22）。

2. **成虫**（液浸标本） 灰白色，虫体形似蚯蚓，长圆柱形，头端较尖细，尾端略钝圆。体表有细横纹，两侧有明显的侧线。雌虫尾端尖直；雄虫尾端向腹面卷曲（图 5-23）。显微镜下：头端可见呈“品”字形排列的唇瓣（图 5-24），雄虫尾端有一对镰刀样交合刺。

3. **病理标本**（液浸标本）

（1）蛔虫性肠梗阻：蛔虫扭结成团，将小肠阻塞，导致肠梗阻。

（2）胆道蛔虫：可见蛔虫钻入胆道、胆囊，严重的可见蛔虫钻入肝内。

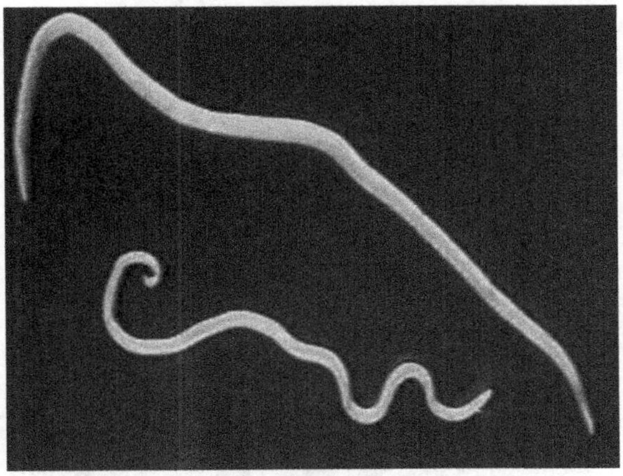

图 5-23　蛔虫成虫

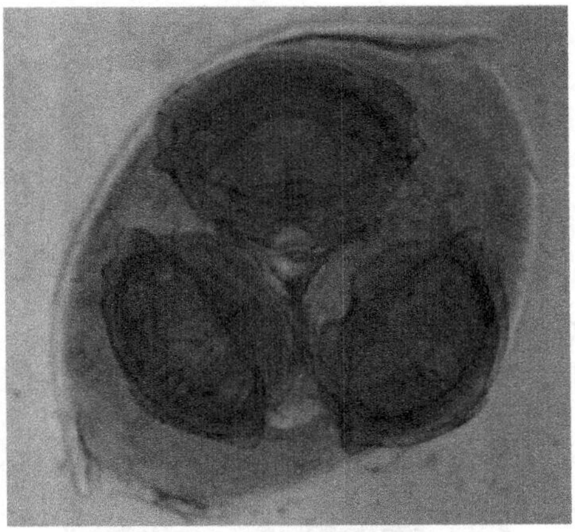

图 5-24　蛔虫唇瓣

【实验操作】

生理盐水涂片法　参见第 2 篇第 5 章实验 1。

【思考题】

（1）蛔虫卵的形态结构特点是什么？

（2）蛔虫常用的实验诊断方法有哪些？

二维码 5-16
案例分析

二、鞭　虫

（*Trichuris trichiura*）

【实验目的】

（1）掌握鞭虫卵的形态特征、鞭虫卵的检查方法。

（2）熟悉鞭虫成虫的形态特点。

（3）了解鞭虫的病理标本。

二维码 5-17
鞭虫形态

【实验材料】

（1）鞭虫虫卵标本。

（2）鞭虫成虫标本。

（3）鞭虫病理标本。

【实验观察】

1. **虫卵**（玻片标本）　低倍镜观察：虫卵呈纺锤形或腰鼓形，棕黄色。卵壳较厚，两端各有一透明塞状突起。新鲜粪便中所见到的虫卵内含有 1 个尚未分裂的卵细胞（图 5-25）。

2. **成虫**（液浸标本）　肉眼观察：外形似马鞭，虫体前 3/5 较细似鞭绳，后 2/5 较粗似鞭柄。雌虫稍长，尾端钝圆（图 5-26）；雄虫稍小，尾端向腹面呈环状卷曲（图 5-27）。

3. **病理标本**（液浸标本）　肉眼观察：鞭虫寄生于结肠壁。从病变的肠壁上虫体寄生处，肉眼可见以虫体为中心的肠壁组织呈环形隆起，充血。虫体前 2/3

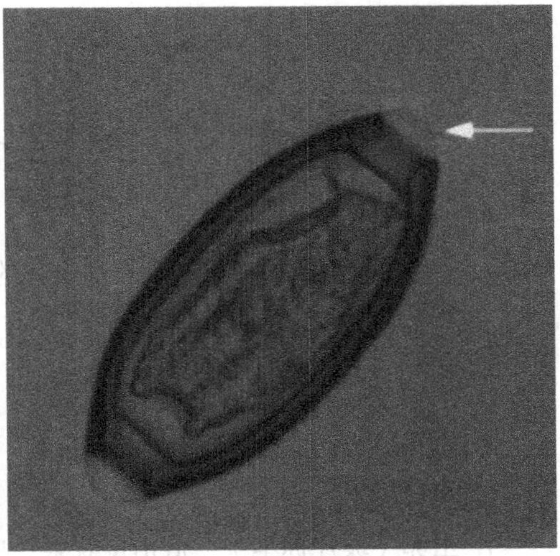

图 5-25　鞭虫卵

细端插入肠黏膜内，后 1/3 粗端游离在肠壁外。

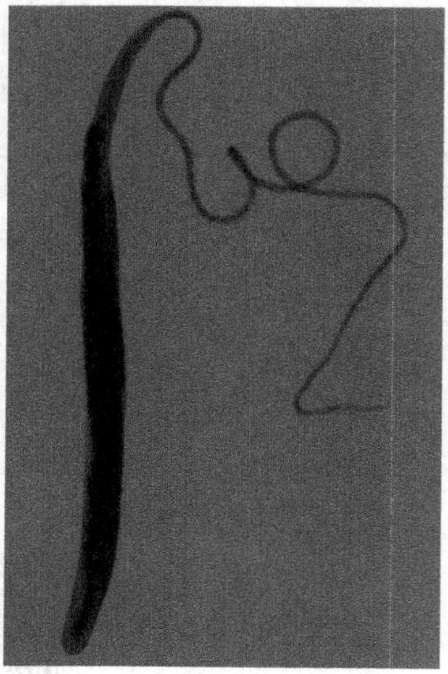

图 5-26　鞭虫雌虫

图 5-27　鞭虫雄虫

【实验操作】

1. **生理盐水涂片法**　参见第 2 篇第 5 章实验 1。

2. **饱和盐水浮聚法**（brine flotation）　粪便溶解于饱和盐水时，密度小于饱和盐水的虫卵浮于饱和盐水的表面，使虫卵浓集，而达到提高检出率的目的。用竹签挑取黄豆大小的粪便放入浮聚杯或青霉素小瓶内。加入少量饱和盐水搅拌，再慢慢加入饱和盐水至近瓶口处，用竹签挑出粗大粪渣弃去。改用滴管继续加饱和盐水，以略高出瓶口又不溢出为宜，覆以盖玻片。静置 15min 后，将载玻片上提并翻转，直接镜检或上覆盖玻片镜检。

二维码 5-18
实验视频

【思考题】

（1）鞭虫卵的形态结构特点是什么？

（2）鞭虫常用的实验诊断方法有哪些？

二维码 5-19
案例分析

三、蛲　　虫
（pinworm）

【实验目的】

（1）掌握蛲虫卵的形态特征、蛲虫卵的检查方法。

（2）熟悉蛲虫成虫的形态特点。

二维码 5-20
蛲虫形态

【实验材料】

（1）蛲虫虫卵标本。

（2）蛲虫成虫标本。

【实验观察】

1. **虫卵**（玻片标本）　低倍镜观察：虫卵无色透明，呈不规则椭圆形，两侧不对称，一侧扁平，一侧稍凸，形似柿核。卵壳较厚，刚产出的虫卵内含一个蝌蚪期胚胎，随着时间推移，胚胎可以发育为幼虫（图 5-28）。

2. 成虫（浸液标本）　肉眼观察：虫体细小，乳白色，呈线头状。雌虫较大，虫体中部膨大，尾端长直尖细（图 5-29）；雄虫较细，尾端向腹面卷曲（图 5-30）。显微镜下可见头端角皮膨大形成的头翼及咽管末端膨大所形成的咽管球（图 5-31）。

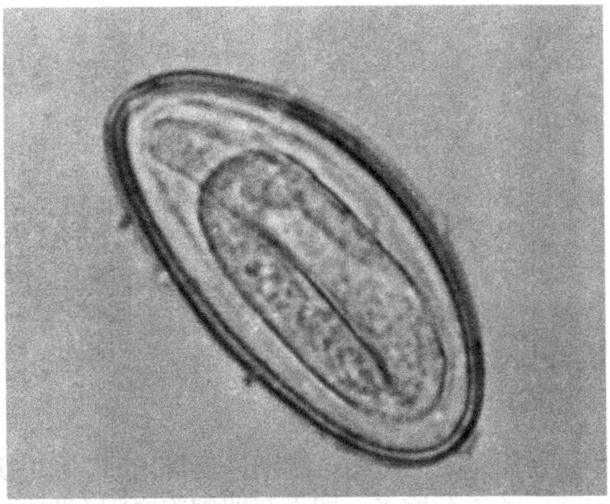
图 5-28　蛲虫卵

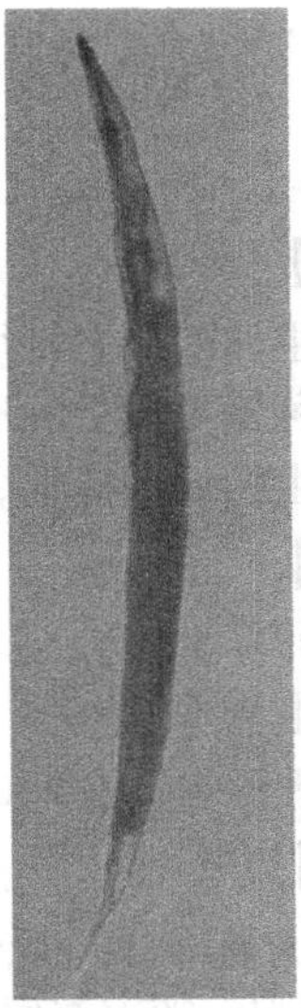
图 5-29　蛲虫雌虫

【实验操作】

透明胶纸法（cellophane tape）　蛲虫雌虫在感染者肛周及会阴部皮肤上产卵，所以可以用透明胶纸在肛门周围及会阴部皮肤上黏取虫卵检查。具体操作方法为：剪取宽度为 1.8cm 的透明胶纸 6cm，一端向胶面折叠约 0.5cm（易于使用时揭开），再将透明胶纸贴在洁净的载玻片上，备用。在载玻片的一端贴上标签，并写上被检者姓名或编号。检查时，从载玻片上接下胶纸，用透明胶纸胶面粘贴肛门周围皮肤，然后将透明胶纸平整贴回载玻片，带回实验室，镜检。

二维码 5-21
实验视频

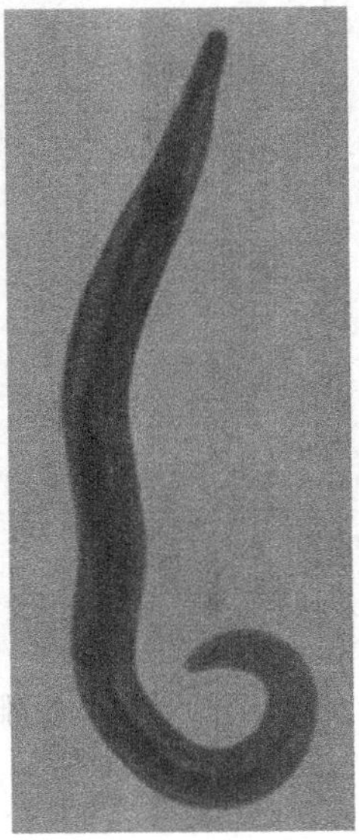
图 5-30　蛲虫雄虫

图 5-31　蛲虫头翼和咽管球

【思考题】

（1）蛲虫卵的形态结构特点是什么?

（2）蛲虫常用的实验诊断方法有哪些?

二维码 5-22
案例分析

四、钩　　虫
（hookworm）

【实验目的】

（1）掌握钩虫卵的形态特征、钩虫卵的检查方法。

（2）熟悉两种钩虫成虫的形态特点。

（3）了解钩虫的病理标本。

【实验材料】

（1）钩虫虫卵标本。

（2）钩虫成虫标本。

（3）钩虫病理标本。

二维码 5-23
钩虫形态

【实验观察】

1. **虫卵**（玻片标本）　低倍镜观察：椭圆形，卵壳薄，无色透明。刚随粪便排出时，卵内通常含 2～4 个卵细胞。随着粪便放置时间延长，卵内细胞数逐渐增多。卵壳与卵细胞之间有明显空隙（图 5-32）。

2. **成虫**（浸液标本）　低倍镜下观察：虫体细长略弯曲，长度大约为 1cm，灰白色，虫体前端向背面仰曲。雌虫稍大，尾端尖直（图 5-33 和图 5-34）；雄虫较小，尾端膨大（图 5-35 和图 5-36），由角皮层向后延伸形成交合伞（图 5-37 和图 5-38）。显微镜下，可见口囊内切器（图 5-39 和图 5-40）、尾部交合伞。

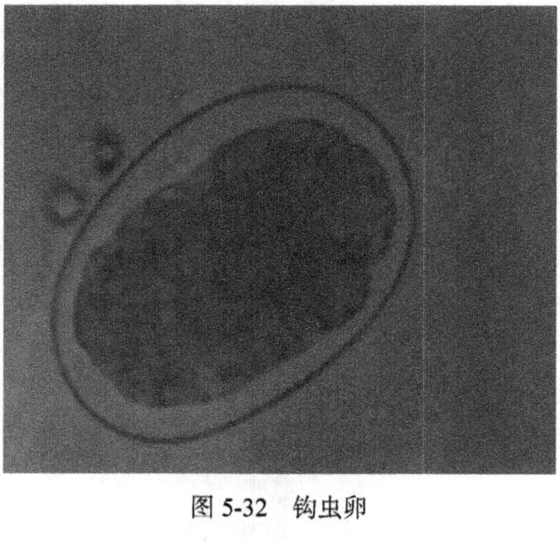

图 5-32　钩虫卵

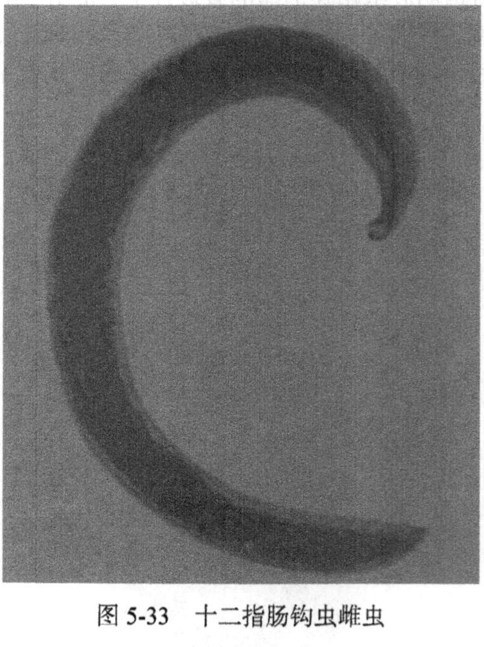

图 5-33　十二指肠钩虫雌虫

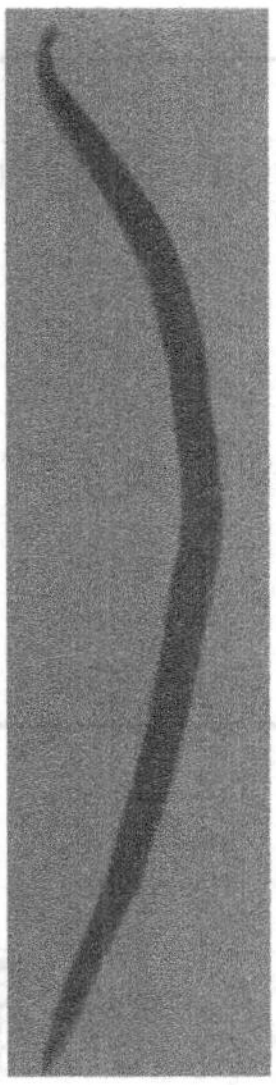

图 5-34　美洲钩虫雌虫

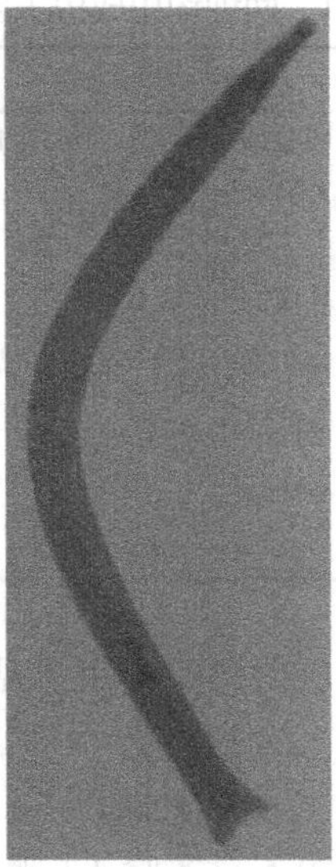

图 5-35　十二指肠钩虫雄虫

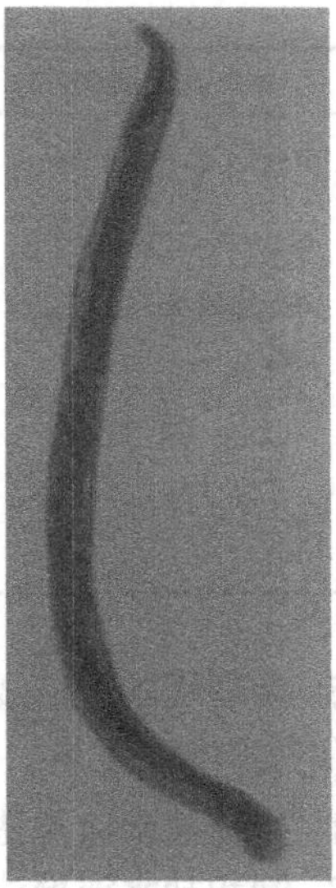

图 5-36　美洲钩虫雄虫

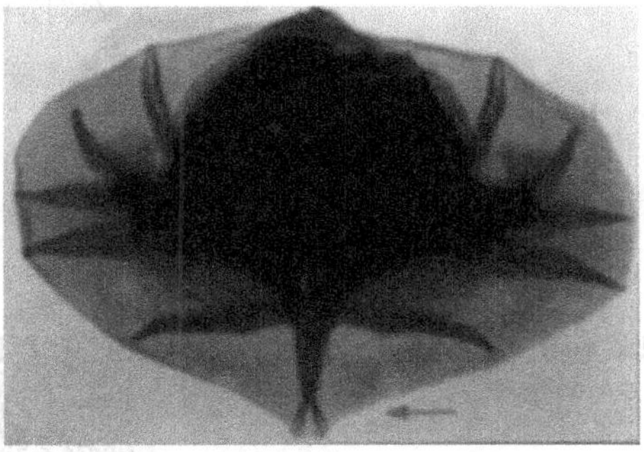

图 5-37　十二指肠钩虫交合伞

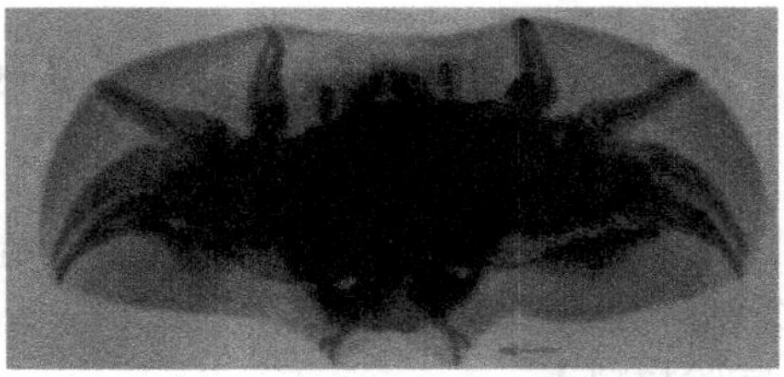

图 5-38　美洲钩虫交合伞

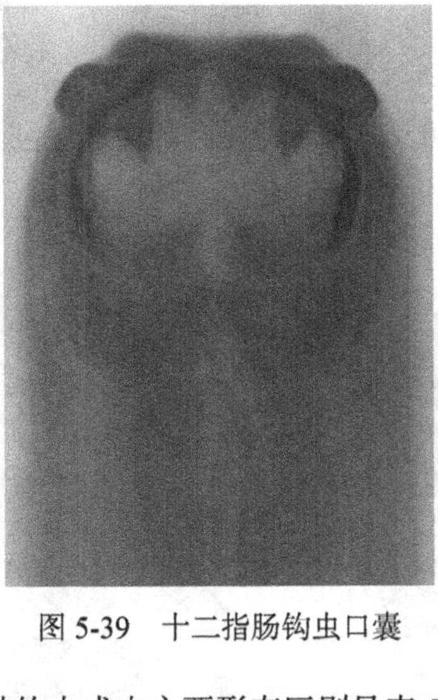

图 5-39　十二指肠钩虫口囊

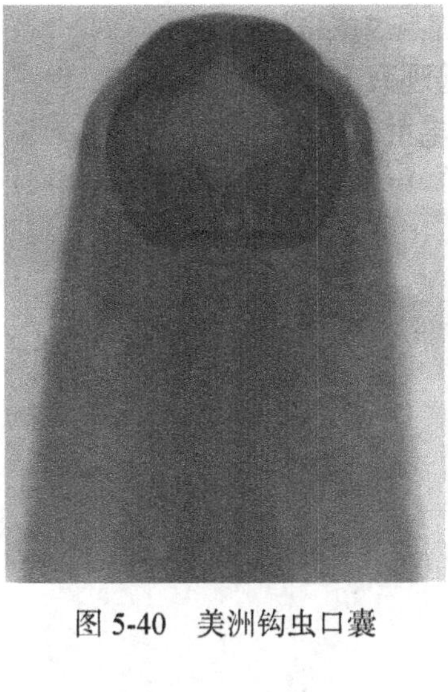

图 5-40　美洲钩虫口囊

两种钩虫成虫主要形态区别见表 5-1。

表 5-1 两种钩虫成虫主要形态区别

鉴别点	美洲钩虫	十二指肠钩虫
体态	头端向背面仰曲，尾端向腹面弯曲，体态像“S”	头端向背面仰曲，尾端也向背面弯曲，体态像“C”
大小	小	大
口囊腹侧缘	有 1 对板齿	有 2 对钩齿
背辐肋	基部分 2 支，每支再分 2 小支	远端分 2 支，每支再分 3 小支
交合伞	略呈扁圆形	略呈圆形
交合刺	两刺末端合并	两刺末端分开
尾刺	无	有

3. **病理标本**（液浸标本） 成虫吸附肠壁（注意观察有多个出血点）。

【实验操作】

1. **生理盐水涂片法** 参见第 2 篇第 5 章实验 1。
2. **饱和盐水浮聚法** 参见第 2 篇第 5 章实验 4（鞭虫）。

【思考题】

（1）钩虫卵的形态结构特点是什么？
（2）钩虫常用的实验诊断方法有哪些？

二维码 5-24
案例分析

五、旋 毛 虫

（*T. spiralis*）

【实验目的】

（1）掌握旋毛虫幼虫囊包的形态特征、旋毛虫幼虫囊包的检查方法。
（2）了解旋毛虫成虫的形态特点。

二维码 5-25
旋毛虫形态

【实验材料】

（1）旋毛虫幼虫囊包标本。
（2）旋毛虫成虫标本。

【实验观察】

1. **旋毛虫幼虫囊包**（玻片染色标本） 低倍镜观察：可见与肌纤维平行的梭形囊包。一个囊包内通常含 1～2 条盘曲的幼虫（图 5-41 和图 5-42）。

图 5-41 旋毛虫幼虫囊包（骨骼肌压片）

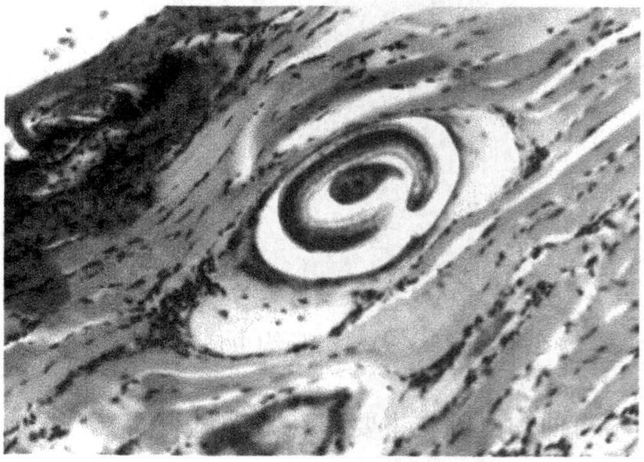

图 5-42 旋毛虫幼虫囊包（肌肉压片）

2. 成虫（玻片标本）　低倍镜观察：虫体细小，咽管长占总体的1/3～1/2。雄虫为（1.4～1.6）mm×（0.04～0.05）mm（图5-43），雌虫为（3.0～4.0）mm×0.06mm（图5-44）。

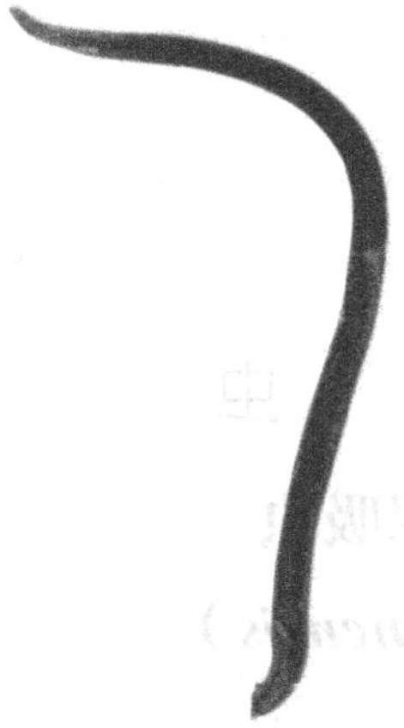

图5-43　旋毛虫雄虫

图5-44　旋毛虫雌虫

【实验操作】

肌肉压片法（muscle compression）查旋毛虫囊包蚴：旋毛虫幼虫寄生于宿主横纹肌内，可通过或组织检查，查到病原体。做外科手术时，从患者疼痛的腓肠肌或肱二头肌中取米粒大小的肌肉，置于载玻片上，加50%甘油1滴，盖上另一载玻片，压紧后低倍镜下观察。或取感染旋毛虫小鼠的横纹肌（咬肌、舌肌等），撕去肌膜，顺肌纤维方向剪成米粒大的小块，置于两载玻片之间，轻轻压平后于镜下检查。注意取下的肌组织需立即检查，否则幼虫变模糊，不易观察。

二维码5-26
实验视频

【思考题】

（1）旋毛虫幼虫囊包的形态结构特点是什么？

（2）旋毛虫常用的实验诊断方法有哪些？

二维码5-27
案例分析

六、广州管圆线虫

（*Angiostrongylus cantonensis*）

【实验目的】

（1）掌握广州管圆线虫虫卵的形态特征、广州管圆线虫虫卵的检查方法。

（2）熟悉广州管圆线虫成虫的形态特点。

【实验材料】

（1）广州管圆线虫虫卵标本。

（2）广州管圆线虫成虫标本。

二维码5-28
广州管圆线虫形态

【实验观察】

1. 虫卵（玻片标本）　显微镜下观察：大小为（64.2～82.1）μm×（33.8～48.3）μm，卵壳薄而透明，新鲜虫卵内含单个卵细胞。

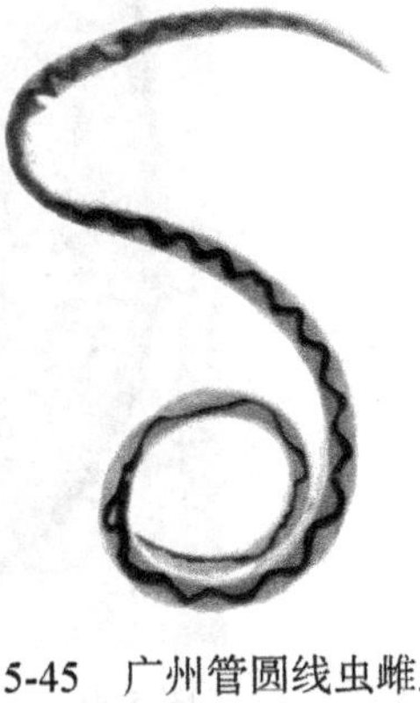

图5-45　广州管圆线虫雌虫

2. 成虫（浸液标本）　肉眼观察：成虫线状，细长，体表透明光滑具有微细环状横纹。头端钝圆，头顶中央有一小缺口，缺口囊。雄虫尾端略向腹面弯曲，交合伞对称，呈肾形；雌虫尾端呈斜锥形，阴门开口于肛孔之前（图 5-45）。子宫为双管型，白色，与充满血液的肠管缠绕成红（或黑褐色）、白相间的螺旋纹，非常醒目。

【思考题】

（1）广州管圆线虫虫卵的形态结构特点是什么？

（2）广州管圆线虫常用的实验诊断方法有哪些？

二维码 5-29
案例分析

（宋广忠）

实验 5 吸　　虫

一、华支睾吸虫

（*Clonorchis sinensis*）

【实验目的】

（1）掌握华支睾吸虫虫卵的形态特征、华支睾吸虫虫卵的检查方法。

（2）熟悉华支睾吸虫成虫内部结构特征及区别点。

（3）了解华支睾吸虫幼虫形态和中间宿主。

二维码 5-30
实验视频

【实验材料】

（1）华支睾吸虫虫卵标本。

（2）华支睾吸虫成虫标本。

（3）华支睾吸虫尾蚴和囊蚴标本。

（4）华支睾吸虫中间宿主和病理标本。

【实验观察】

1. **虫卵**（玻片标本）　高倍镜观察：椭圆形，黄褐色，形似灯泡或芝麻状，为人体寄生蠕虫最小的虫卵。卵盖明显，两侧可见突起的肩峰，底部有一疣状突起。卵内含一成熟毛蚴（图 5-46）。

二维码 5-31
肝吸虫形态

2. **成虫**（玻片染色标本）　显微镜下观察：口吸盘位于虫体前部，腹吸盘位于虫体腹面前 1/5 处，口吸盘略大于腹吸盘。口位于口吸盘的中央，食管短，两根肠支沿虫体两侧直达后端，末端为盲肠。子宫呈管状，盘曲于卵巢与腹吸盘之间。卵巢分叶状，受精囊椭圆形，2 个分支状睾丸前后排列于虫体的后 1/3 处（图 5-47）。

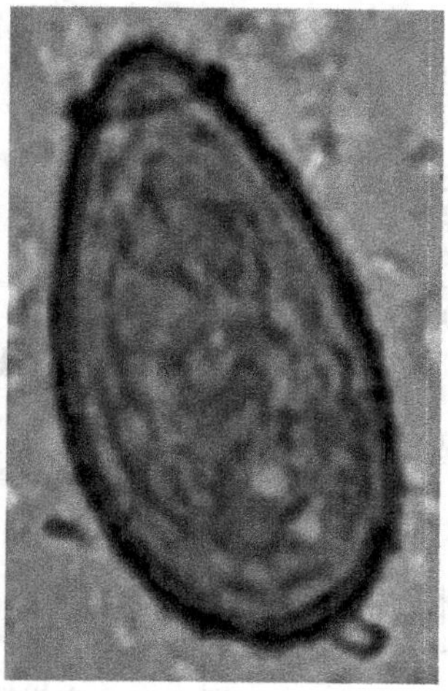

图 5-46　华支睾吸虫虫卵

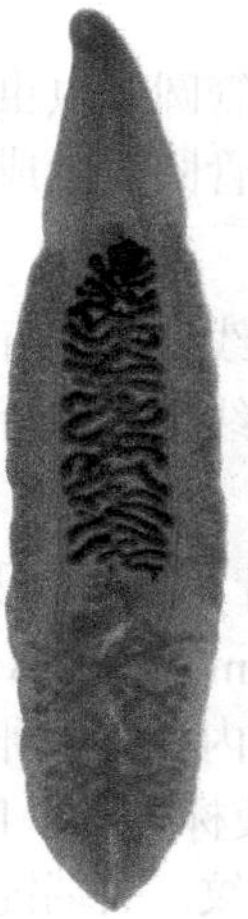

图 5-47　华支睾吸虫成虫

3. **尾蚴**（玻片染色标本）　低倍镜观察：体部呈圆筒形，尾部弯曲，尾不分叉，尾部长度大于体部 2～3 倍（图 5-48）。

4. **囊蚴**（玻片染色标本）　低倍镜及高倍镜观察，椭圆形，囊壁两层，囊内可见黑褐色的排泄囊和口、腹吸盘等（图 5-49）。

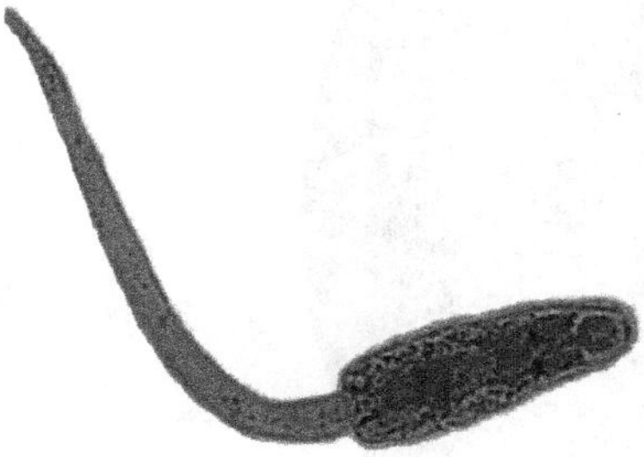
图 5-48　华支睾吸虫尾蚴

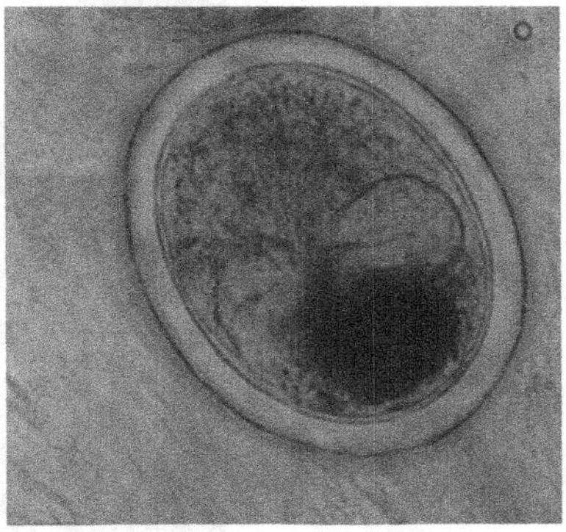
图 5-49　华支睾吸虫囊蚴

5. **中间宿主**　肉眼观察：第一中间宿主为纹沼螺、长角涵螺、赤豆螺等（干制标本）；第二中间宿主为淡水鱼、淡水虾（液浸标本）。

6. **病理标本**（液浸标本）　肉眼观察：成虫寄生肝脏，肝切断面可见肝胆管壁增厚，管腔因虫体的寄生而阻塞（图 5-50）。

二维码 5-32
案例分析

【思考题】

（1）华支睾吸虫虫卵的形态结构特点是什么？

（2）人是怎么感染肝吸虫病的，如何预防？

二、卫氏并殖吸虫
（*Paragonimus westermani*）

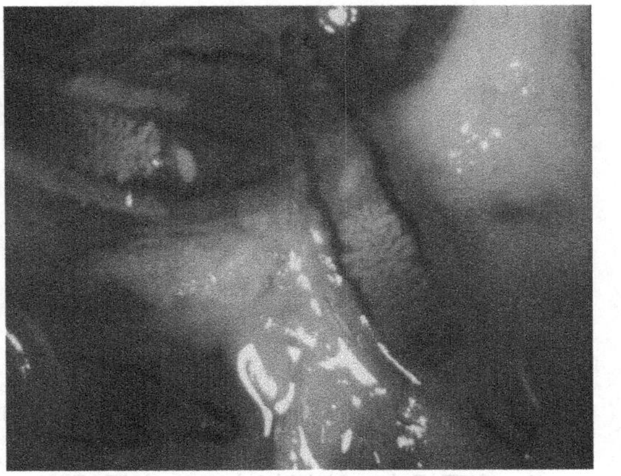
图 5-50　华支睾吸虫成虫寄生在肝脏

【实验目的】

（1）掌握卫氏并殖吸虫虫卵的形态特征、卫氏并殖吸虫虫卵的检查方法。

（2）熟悉卫氏并殖吸虫成虫内部结构特征及区别点。

（3）了解卫氏并殖吸虫幼虫形态和中间宿主。

【实验材料】

（1）卫氏并殖吸虫虫卵标本。

（2）卫氏并殖吸虫成虫标本。

（3）卫氏并殖吸虫尾蚴和囊蚴标本。

（4）卫氏并殖吸虫中间宿主和病理标本。

【实验观察】

1. **虫卵**（玻片标本）　低倍镜观察：不对称椭圆形，金黄色，近卵盖一端处最宽。卵壳厚薄不均，底部最厚，卵盖明显，常略倾斜，但也有缺盖者。卵内含一个卵细胞，周围有十多个卵黄细胞，卵细胞常位于虫卵中央略偏前部（图 5-51）。

二维码 5-33
肺吸虫形态

2. **成虫**（玻片染色标本）　低倍镜观察：虫体肥厚呈椭圆形，背面略隆起，腹部扁平，似半粒花生。口吸盘位于虫体前端，腹吸盘在中体中横线之前，两吸盘大小略同。肠管分为左右两支，呈弯曲状沿虫体两侧向后延伸至虫体后端，末端为盲肠。卵巢一个，分 5～6 叶，呈指状，与盘曲的子宫左右并列于腹吸盘之后的两侧。两个指状分支的睾丸左右并列于虫体后 1/3 处（图 5-52）。

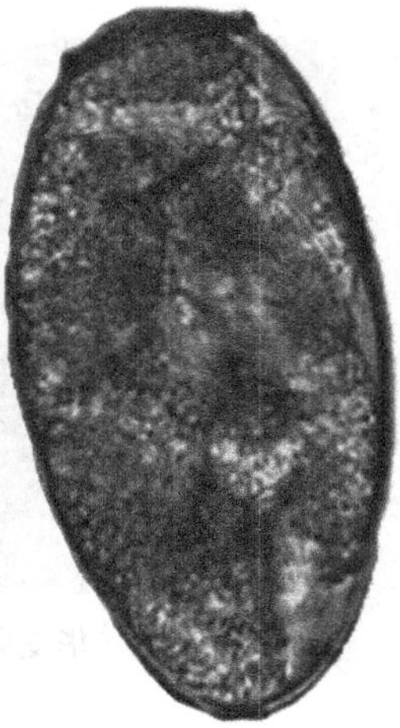

图 5-51　卫氏并殖吸虫虫卵

图 5-52　卫氏并殖吸虫成虫

3. 尾蚴（玻片染色标本）　低倍镜观察：尾蚴尾部极短，呈圆球状（图 5-53）。

4. 囊蚴（玻片染色标本）　低倍镜观察：囊蚴壁厚，圆球形，内卷一幼虫，可见口、腹吸盘、弯曲肠管和排泄囊（图 5-54）。

5. 中间宿主　肉眼观察：第一中间宿主为川卷螺（干制标本），黑色和黑黄色，壳厚；第二中间宿主为石蟹、蝲蛄（液浸标本）。

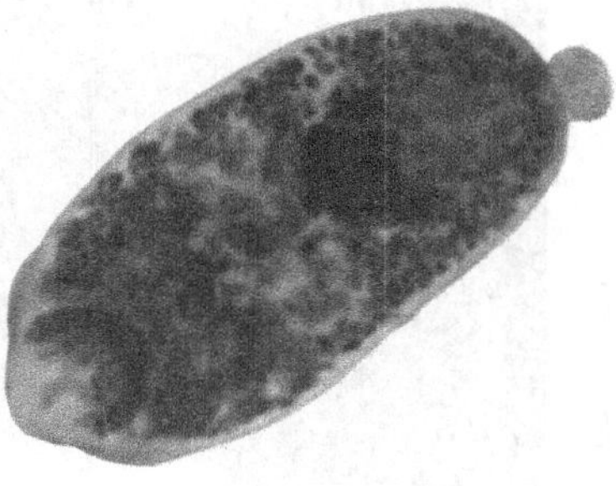

图 5-53　卫氏并殖吸虫尾蚴

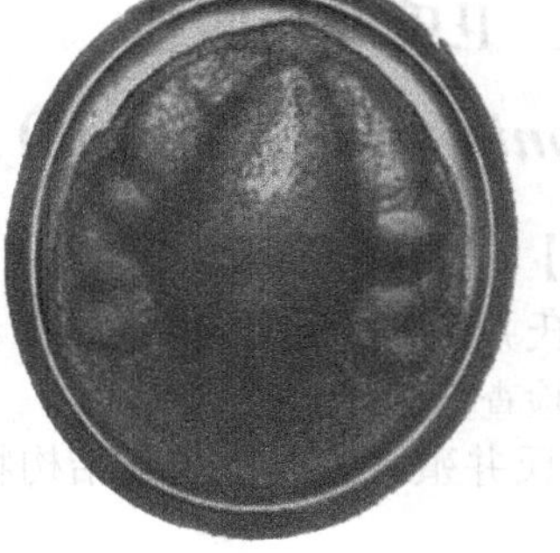

图 5-54　卫氏并殖吸虫囊蚴

6. 病理标本（液浸标本）　肉眼观察：成虫寄生于肺，注意表面囊肿及切开囊肿后暴露之虫体。

二维码 5-34
实验视频

【实验操作】

1. 生理盐水涂片法　参见第 2 篇第 5 章实验 1。

2. 痰液消化沉淀法（sputum digestion and precipitation method）　黏性的痰液样本在 10%氢氧化钠作用下，消化成稀释状，存在于样本中的虫卵或病原体在快速旋转的离心管中沉积于管底。取清晨咳出的新鲜痰或 24h 痰液于清洁容器中，加入等量 10%氢氧化钠，充分搅拌后置 37℃温箱或水浴箱内，经 2h 消化成稀释状，分装于离心管中，以 1500rpm/min 离心 5～10min，吸弃上清液部分，吸沉渣作涂片，置于低、高倍镜下镜检。

【思考题】

（1）卫氏并殖吸虫成虫显著的形态特征是什么?

（2）卫氏并殖吸虫的主要诊断方法有哪些?

二维码 5-35
案例分析

三、布氏姜片吸虫

（*Fasciolopsis buski*）

【实验目的】

（1）掌握布氏姜片吸虫虫卵的形态特征、布氏姜片吸虫虫卵的检查方法。

（2）熟悉布氏姜片吸虫成虫内部结构特征及区别点。

（3）了解布氏姜片吸虫幼虫形态和中间宿主。

二维码 5-36
姜片虫形态

【实验材料】

（1）布氏姜片吸虫虫卵标本。

（2）布氏姜片吸虫成虫标本。

（3）布氏姜片吸虫尾蚴和囊蚴标本。

（4）布氏姜片吸虫中间宿主和病理标本。

【实验观察】

1. **虫卵**（玻片标本）　低倍镜观察：呈椭圆橄榄形，两端钝圆，淡黄色，是寄生人体的蠕虫中最大的虫卵。卵壳薄而均匀，前端有一不明显的卵盖。卵内含一个卵细胞和20～40个卵黄细胞（图5-55）。

2. **成虫**（玻片染色标本）　低倍镜观察内容如下。

（1）虫体肥厚，背腹扁平，呈长椭圆形，前窄后宽，似姜片。口吸盘位于虫体前端，腹吸盘紧挨口吸盘之后，比口吸盘大4～5倍，呈漏斗状。咽和食管较短，两肠支呈波浪状弯曲达虫体后端，末为盲端。两个高度分支呈珊瑚状的睾丸，前后排列、位于虫体后半部（图5-56）。

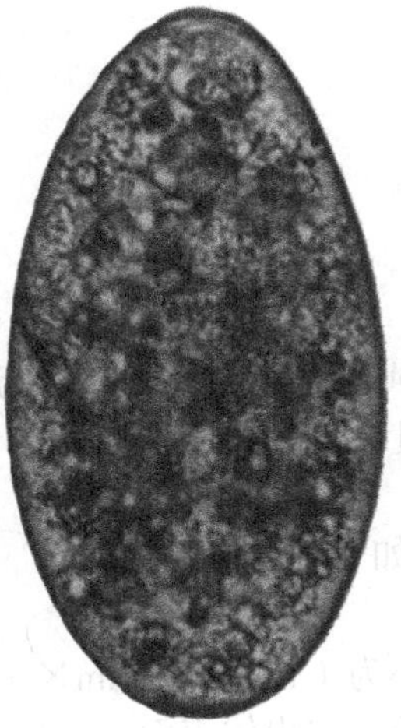

图5-55　布氏姜片吸虫虫卵

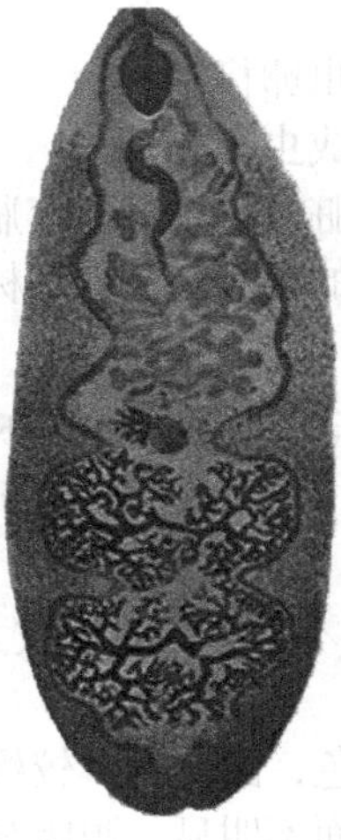

图5-56　布氏姜片吸虫成虫

（2）一个卵巢位于睾丸前，子宫盘曲在卵巢与腹吸盘之间。

3. **尾蚴**（玻片染色标本）　低倍镜观察：形似蝌蚪，分为椭圆形的体部和细长的尾部，尾部不分叉，具有口、腹两个吸盘。

4. **囊蚴**（玻片染色标本）　低倍镜观察：囊蚴呈扁圆形，外壁厚度不均，内壁光滑。内卷一后尾蚴，可见口、腹吸盘、弯曲肠管和排泄囊。

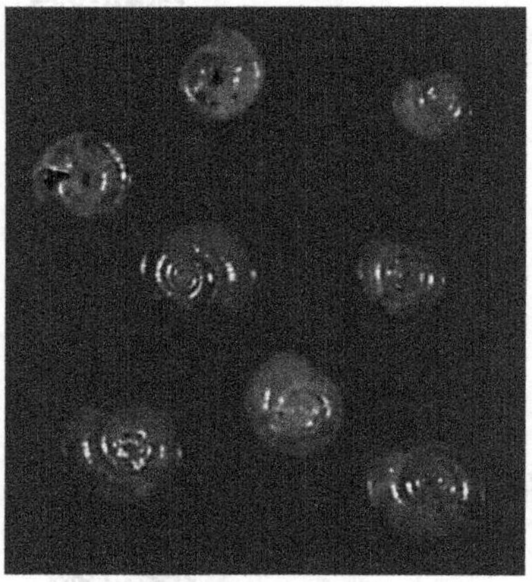

图 5-57　扁卷螺

5. **中间宿主**　肉眼观察：扁卷螺（干制标本），螺体扁平，呈小棕黄色（图 5-57）。

6. **水生媒介植物**（液浸标本）　肉眼观察：水生植物如菱角、荸荠、茭白等为此虫的植物媒介，尾蚴在这些水生植物的表面形成囊蚴。

二维码 5-37
实验视频

【实验操作】

1. **生理盐水涂片法**　参见第 2 篇第 5 章实验 1。

2. **水洗沉淀法**（water washing precipitation method）　是利用虫卵的比重大于水，因而可沉积于水底的方法。取粪便 20～30g，加水混悬后用 2～3 层湿纱布过滤；滤液静置 25min 或离心（1500～2000rpm/min）1～2min，重复洗涤直至上清液清澈为止。最后取沉渣涂片镜检。

二维码 5-38
案例分析

【思考题】

（1）姜片虫虫卵的形态结构特点是什么？

（2）姜片虫的主要诊断方法有哪些？

四、日本血吸虫
（*S. japonicum*）

【实验目的】

（1）掌握日本血吸虫的成熟虫卵和毛蚴的形态特征；沉淀法和孵化法的技术操作。

（2）熟悉日本血吸虫生活史过程及其中间宿主钉螺的外部形态；日本血吸虫病的病理变化。

（3）了解日本血吸虫病常用的诊断方法。

【实验材料】

（1）日本血吸虫虫卵标本。

（2）日本血吸虫成虫标本。

（3）实验动物肝脏及肠系膜保存瓶装标本。

（4）日本血吸虫的中间宿主钉螺标本。

二维码 5-39
日本血吸虫形态

【实验观察】

1. **虫卵**（玻片标本）　显微镜下观察：呈椭圆形，淡黄色，大小与蛔虫卵相近。卵壳薄，无卵盖，卵壳一侧可见小棘。卵壳表面往往附有组织残渣。成熟虫卵内含一毛蚴及几团油滴状物质（图 5-58）。

2. **成虫**（液浸标本）　肉眼或放大镜观察内容如下。

（1）雌雄异体。

（2）雌虫：黑褐色，圆柱状，较雄虫细长，大小为（12～26）mm×（0.1～0.3）mm。口吸盘位于虫体顶端，细小而不明显，腹吸盘在口吸盘之后，突出体表面。

（3）雄虫：身体乳白色，较雌虫短粗，大小为（10～22）mm×（0.5～0.55）mm，口位于口吸盘中，口吸盘位于虫体顶端，腹吸盘与口吸盘相距很近，并向外突出呈杯状。虫体前端为圆柱形，自腹吸盘以后呈扁平状，其两侧向腹面卷曲形成抱雌沟（图 5-59）。雄虫短粗，雌虫细长，雌虫体的中部藏于抱雌沟内，其前后端伸出外面。

3. **成虫**（玻片染色标本）　低倍镜观察：口、腹吸盘位于虫体前部，腹吸盘杯状，与口吸盘相近。雄虫在腹吸盘之后虫体背面有串珠状排列的睾丸约 7 个。雌虫体中部稍后可见一椭圆形的卵巢，卵巢之前为长而直的管状子宫，内含虫卵。肠管在腹吸盘前分为两支，于虫体中部之后汇合为单一盲管。

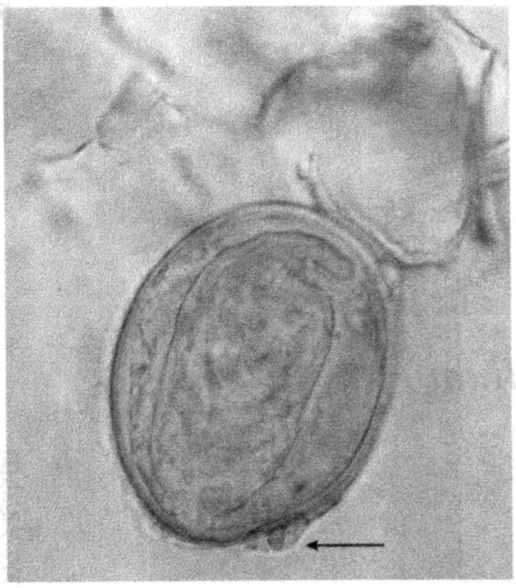

图 5-58　日本血吸虫虫卵

图 5-59　日本血吸虫成虫雌雄合抱

4. **毛蚴**（玻片染色标本）　显微镜下观察：毛蚴染成粉红色，呈长椭圆形，前宽后窄，前端中央有一锥状突起，观察周围的纤毛，在虫体前更明显。

5. **尾蚴**（玻片染色标本）　低倍镜观察：体部呈椭圆形，前端有吸盘，后方有圆形腹吸盘；尾部较长，末端分叉（图 5-60）。

6. **中间宿主**　肉眼观察：钉螺，呈长圆锥形，长约 1cm，雌雄异体，有 6～9 个螺旋，表面有纵肋（如图 5-61）。壳口呈卵圆形，略向外翻，外唇背侧有一条嵴的隆起，称为唇嵴。

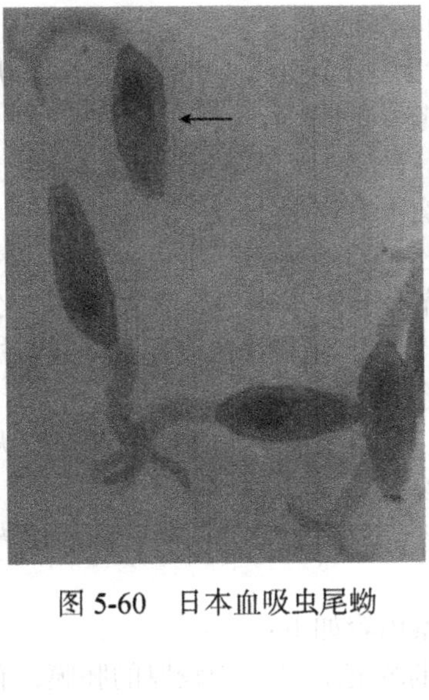

图 5-60　日本血吸虫尾蚴

图 5-61　钉螺

7. **病理标本**

（1）日本血吸虫病兔肠系膜：肉眼观察肠系膜静脉中乳白色或黑褐色的血吸虫成虫。

（2）日本血吸虫病肝：肉眼观察病兔肝脏上灰白色虫卵结节。

二维码 5-40
实验视频

【实验操作】

1. **水洗沉淀法**　参见第 2 篇第 5 章实验 5（布氏姜片吸虫）。

2. **孵化法**（hatching method）　是依据血吸虫卵内的毛蚴在适宜条件下能很快孵出，并游动于水面下的特性的方法。取粪便约 30g，先经沉淀法浓集，将粪便沉渣倒入三角烧瓶内，加清水至瓶口，在 20～30℃的条件下经 4～6h 后肉眼或放大镜观察结果。如水面下有白色点状物做直线来往游动，即是毛蚴。必要时也可用吸管将毛蚴吸出镜检。

【思考题】

（1）血吸虫在形态上与其他吸虫有什么不同？

（2）为什么说血吸虫病主要由虫卵所引起？

二维码 5-41
案例分析

（宋广忠）

实验6　绦　　虫

一、猪带绦虫

（*Taenia solium*）

【实验目的】

（1）掌握猪带绦虫一般形态和各种节片的特征。

（2）熟悉猪囊尾蚴的形态；带绦虫卵的特征。

二维码 5-42
实验视频

【实验材料】

（1）猪带绦虫成虫大体标本。

（2）猪带绦虫囊尾蚴瓶装标本。

（3）带绦虫虫卵玻片标本。

（4）猪带绦虫头节玻片标本。

（5）猪带绦虫成熟节片玻片标本。

（6）猪带绦虫妊娠节片玻片标本。

二维码 5-43
猪带绦虫形态

【实验方法】

1. 猪带绦虫成虫（大体标本）　肉眼观察内容如下。

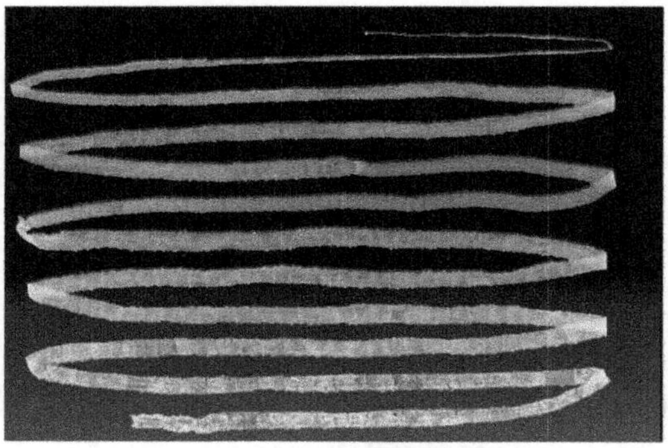

图 5-62　猪带绦虫成虫

（1）虫体为乳白色，呈带状，长 2～4m，节片薄、透明。

（2）头节呈近球形，4 个吸盘，顶端有顶突，顶突上有许多小钩。

（3）颈部纤细。成熟节片长宽约相等，远端的节片长大于宽，为孕节（图 5-62）。

2. 猪带绦虫囊尾蚴（瓶装标本）　肉眼观察内容如下。

（1）白色半透明、黄豆般大小、椭圆形的囊状物。

（2）囊壁分两层，间质层内有一米粒大小的白点是头节，囊内充满囊液（图 5-63）。

3. 带绦虫虫卵（玻片标本）　显微镜下观察内容如下：

（1）虫卵呈圆球形，直径为 31～43μm，为棕黄色，外层为较厚的胚膜，有放射状条纹。

（2）卵内有一个六钩蚴，因其易于脱落，所见虫卵多无卵壳（图 5-64）。

4. 猪带绦虫头节（玻片标本）　显微镜下观察内容如下。

（1）头节近似球形，有 4 个吸盘。

（2）有顶突，顶突上有二圈小钩，数目为 25～50 个（图 5-65）。

5. 猪带绦虫成熟节片（玻片标本）　显微镜下观察内容如下。

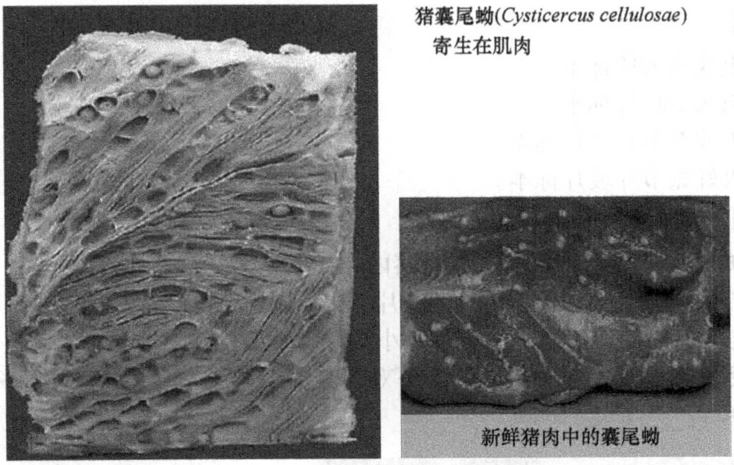

图 5-63　米猪肉（猪带绦虫囊尾蚴）

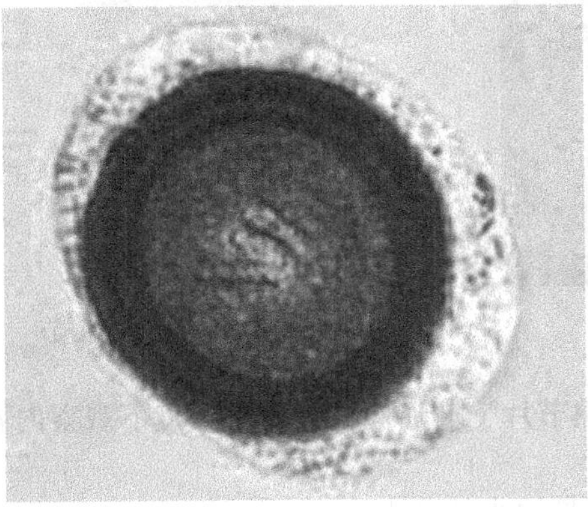

图 5-64　带绦虫虫卵

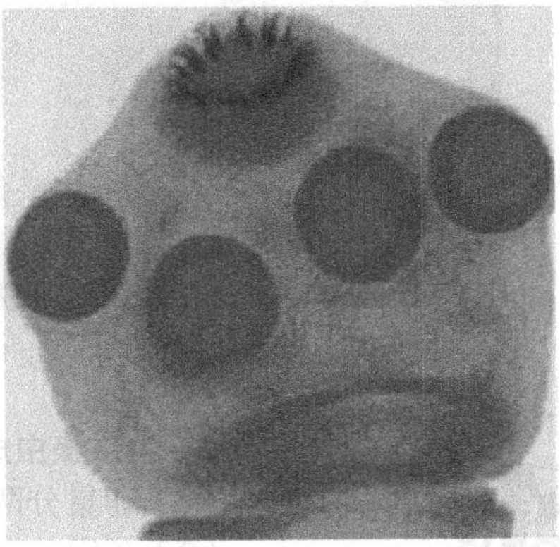

图 5-65　猪带绦虫头节

（1）节片内具雌雄生殖器官各一套，睾丸 150～200 个，分布于节片背侧。

（2）各输出管汇集在节片中央成输精管，向一侧弯曲横行，在纵排泄管外侧经阴茎囊开口于生殖腔。

（3）阴道近端接卵膜，沿输卵管后方侧行开口于生殖腔。

（4）卵巢在节片后 1/3 的中央，分左右两大叶和中央一小叶。

（5）卵黄腺位于节片后部中央。子宫沿节片中线向前延伸，为盲囊。

6. 猪带绦虫妊娠节片（玻片标本）　肉眼观察内容如下。

（1）节片呈长方形，肉眼可见呈树枝状的子宫分支。

（2）猪肉绦虫子宫一侧分枝为 7～13 支（图 5-66）。

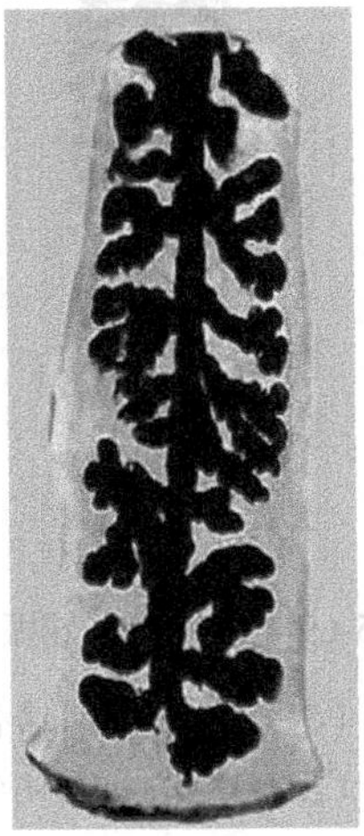

图 5-66　猪带绦虫妊娠节片

二、牛 带 绦 虫

（*Taenia saginata*）

【实验目的】

（1）掌握牛带绦虫的头节、成熟节片及妊娠节片等构造特点，与猪带绦虫相鉴别。

（2）了解牛带绦虫的诊断方法。

【实验材料】

（1）牛带绦虫成虫大体标本。

（2）牛带绦虫头节玻片标本。

（3）牛带绦虫成熟节片玻片标本。

（4）牛带绦虫妊娠节片玻片标本。

二维码 5-44
牛带绦虫形态

【实验方法】

1. **牛带绦虫成虫**（大体标本） 肉眼观察内容如下。

（1）虫体为乳白色、带状、长 4～8m，节片较厚、不透明。

（2）头节呈方形，有 4 个吸盘，无顶突及小钩（图 5-67）。

2. **牛带绦虫头节**（玻片标本） 显微镜下观察：关节呈近方形，具有 4 个杯状吸盘，无顶突及小钩（图 5-68）。

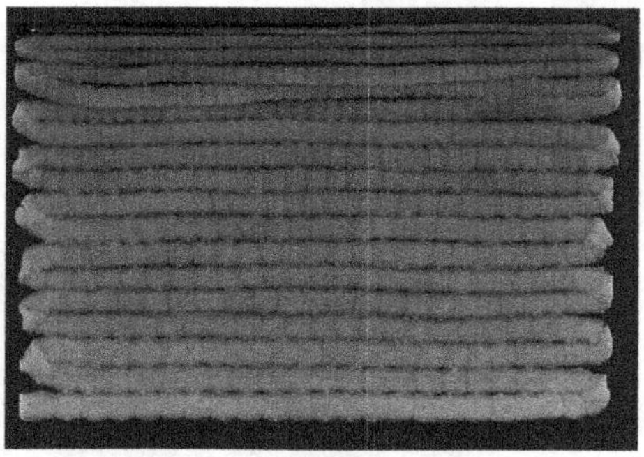

图 5-67 牛带绦虫成虫

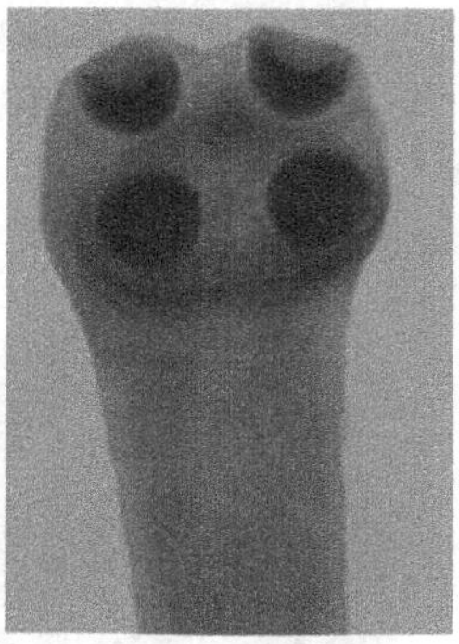

图 5-68 牛带绦虫头节

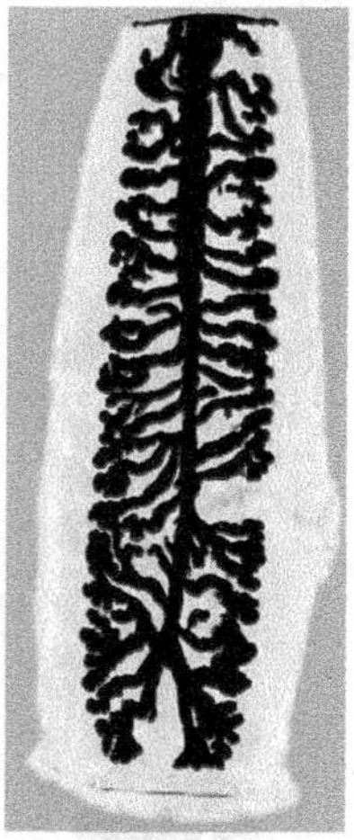

图 5-69 牛带绦虫妊娠节片

3. **牛带绦虫成熟节片**（玻片标本） 显微镜下观察内容如下。

（1）卵巢分两叶。

（2）子宫前端可见短小的分支。

4. **牛带绦虫妊娠节片**（玻片标本） 肉眼观察：妊娠节呈长方形，孕节内充满虫卵的子宫向两侧分支，分支较整齐，两侧各 15～30 支，末端多分叉（图 5-69）。

【实验操作】

1. **带绦虫虫卵的检查** 参见第 2 篇第 5 章实验 4（蛲虫）。

2. **带绦虫头节、妊娠节片的检查** 收取患者的全部粪便，用水淘洗，发现粪便中有长方形、球形等乳白色的组织时，用镊子取出，生理盐水洗净，置于两张载玻片之间轻轻压平，先肉眼观察，后显微镜下观察。

二维码 5-45
案例分析

【思考题】

（1）带绦虫虫卵有哪些特点？

（2）怎样鉴别猪带绦虫和牛带绦虫之成虫？猪带绦虫和牛带绦虫的生活史有何异同？

（3）猪带绦虫和牛带绦虫的致病作用有何不同？

三、细粒棘球绦虫

（*Echinococcus granulosus*）

【实验目的】

了解细粒棘球绦虫棘球（蚴）砂形态特点。

【实验材料】

（1）细粒棘球绦虫棘球（蚴）砂大体标本。

（2）细粒棘球绦虫棘球（蚴）砂玻片标本。

【实验方法】

二维码 5-46 细粒棘球绦虫形态

1. 细粒棘球绦虫棘球（蚴）砂（大体标本）　肉眼观察内容如下。

（1）可见圆形的囊状体，大、小不等。

（2）囊壁乳白色、半透明（图 5-70）。

图 5-70　细粒棘球绦虫棘球（蚴）砂大体标本

2. 细粒棘球绦虫棘球（蚴）砂（玻片标本）　显微镜下观察内容如下。

（1）棘球砂呈椭圆形，无色透明。

（2）头节向内翻转，内陷的顶突、小钩及吸盘（图 5-71）。

二维码 5-47　案例分析

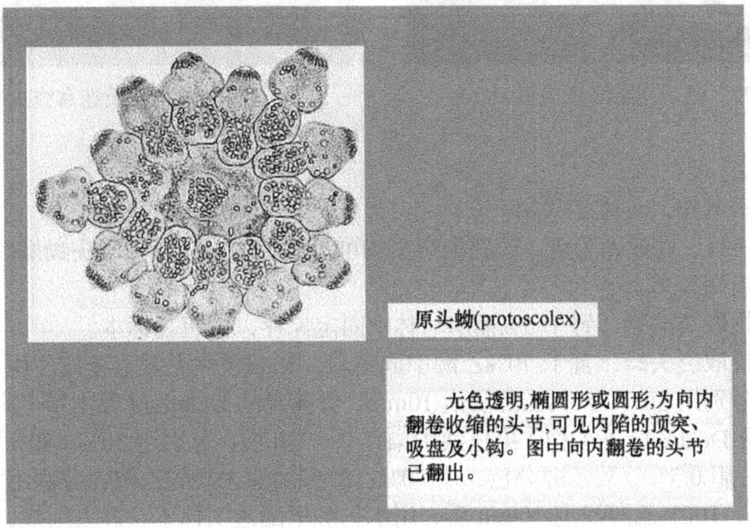

图 5-71　细粒棘球绦虫棘球（蚴）砂

【思考题】

棘球蚴感染人体的主要部位在何处?

四、曼氏迭宫绦虫

(*Spirometra mansoni*)

【实验目的】

了解曼氏迭宫绦虫裂头蚴形态特点。

【实验材料】

(1)曼氏迭宫绦虫成虫大体标本。

(2)曼氏迭宫绦虫裂头蚴玻片标本。

【实验方法】

1. 曼氏迭宫绦虫成虫(大体标本) 肉眼观察内容如下。

(1)成虫长60~100cm,头节细小呈指状。

(2)颈部细长,链体有近千个节片。

(3)节片中部有突起的子宫(图5-72)。

2. 曼氏迭宫绦虫裂头蚴(玻片标本) 显微镜下观察内容如下:

(1)裂头蚴呈长带形,白色。头端膨大中央有凹陷。

(2)体不分节,有不规则横皱褶,后端多钝圆形(图5-73)。

二维码5-48

曼氏迭宫绦虫形态

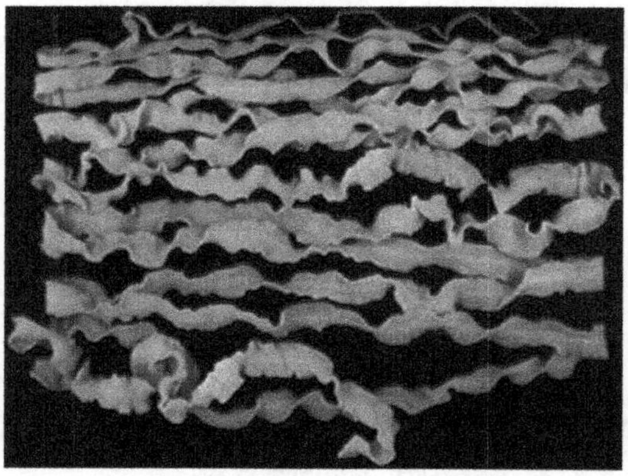

图5-72 曼氏迭宫绦虫成虫

图5-73 曼氏迭宫绦虫裂头蚴

【实验操作】

裂头蚴的标本制作,具体步骤如下。

(1)取青蛙一只,处死剥去皮,若感染裂头蚴可见细长、白线形的裂头蚴蠕动,以蛙的大、小腿肌肉表面、肌肉间较多。

(2)用镊子挑取裂头蚴,置于5%福尔马林中固定保存,做瓶装标本。

(3)用镊子挑取裂头蚴,置于70%乙醇中固定后,在载玻片上盖上盖玻片用浸湿的细线绑定分别用30%、50%乙醇浸泡10min,置稀释的Delafield苏木精(3份30%乙醇、1份Delafield苏木精)染色液中染色2~22h后,分别用30%、50%乙醇浸泡10min,用0.5%盐酸乙醇分色,用70%乙醇多次洗去盐酸乙醇,分别用70%、80%、90%、100%乙醇浸泡30min后,用水杨酸甲酯透明标本,拆去细线,用树胶滴在盖玻片的周边,封固标本。

二维码5-49

案例分析

【思考题】

人体是怎样感染裂头蚴的？

（万京桦）

实验 7　昆　虫　纲

一、蚊

（mosquito）

【实验目的】

（1）掌握蚊虫生活史各期的形态特征及三属蚊形态的主要鉴别特征。

（2）熟悉蚊虫刺吸式口器的构造。

（3）了解蚊与人体疾病有关的结构。

二维码 5-50
实验视频

【实验材料】

（1）蚊卵玻片标本。

（2）蚊蛹玻片标本。

（3）三属蚊针插标本。

（4）蚊口器玻片标本。

二维码 5-51
蚊形态

【实验方法】

1. **蚊卵**（玻片标本）　显微镜观察：从卵的外形来鉴别三属蚊卵。

2. **蚊蛹**（玻片标本）　显微镜观察：蛹形似逗点，体分为头胸、腹两部分。

3. **成蚊**（三属蚊针插标本）　放大镜观察内容如下。

（1）区别雌雄：雄蚊触角的轮毛长而密，雌蚊的轮毛短而稀。

（2）三属蚊形态特征：按蚊体灰褐色，雌蚊触须与喙几乎等长，常有白环，翅上多有黑白斑；库蚊体棕黄色，雌蚊触须较喙短，多无白环，翅上无斑；伊蚊体大多黑色，体有白斑，雌蚊触须较喙短，无白环，足有白环，翅上无斑（图 5-74）。

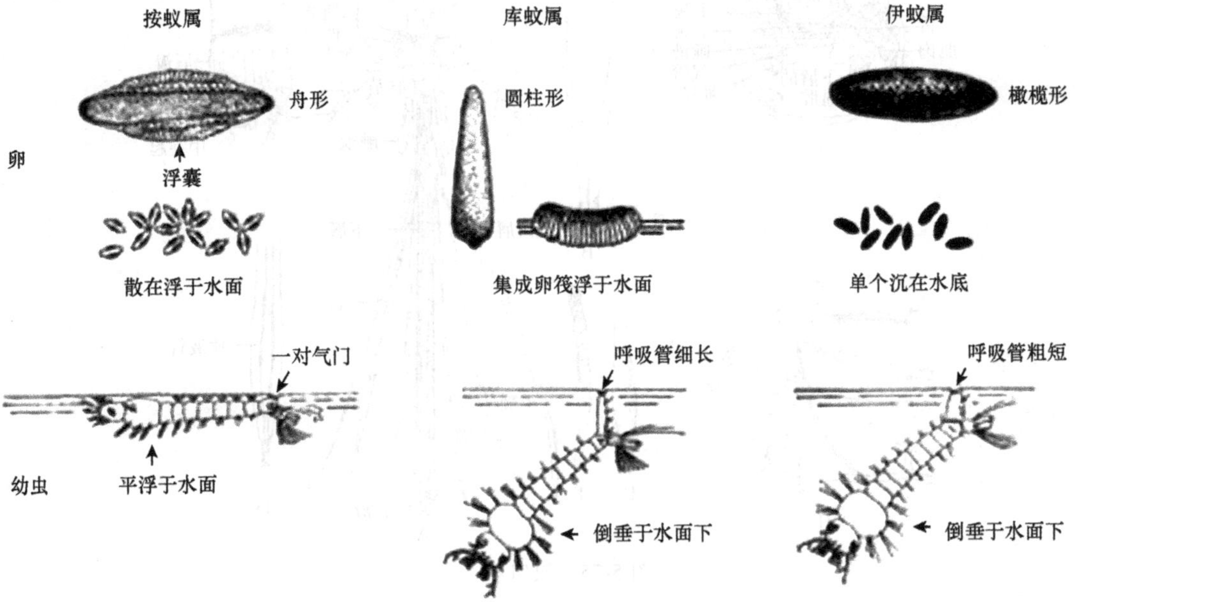

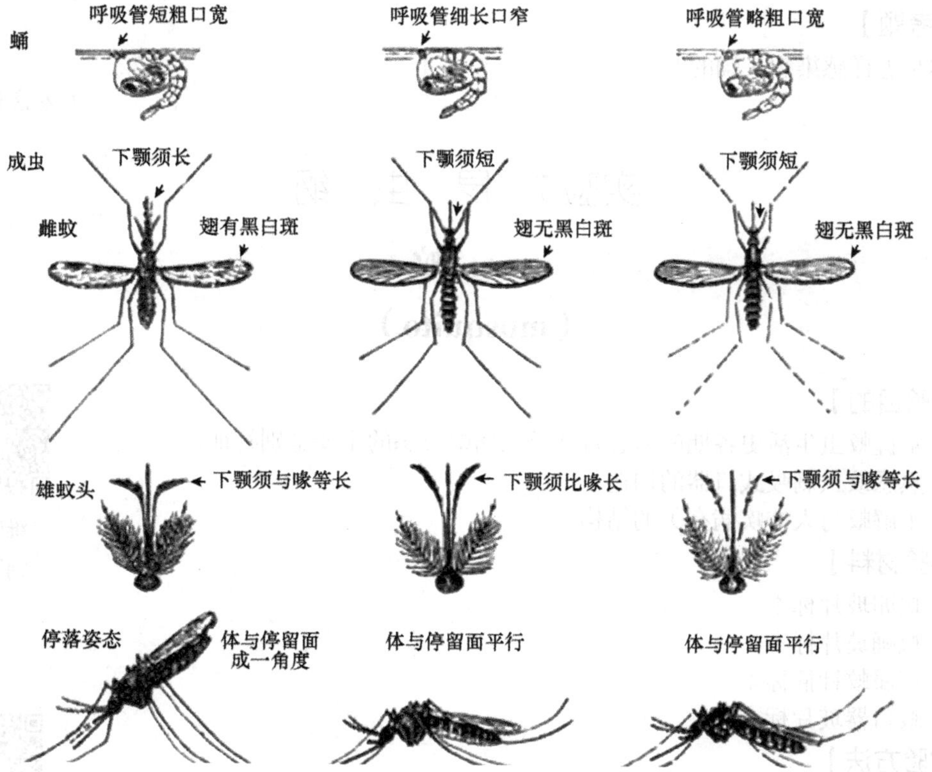

图 5-74　三属蚊形态特征

4. **蚊口器**（雌蚊玻片标本）　显微镜观察内容如下。

（1）复眼、触须、触角各 1 对，上内唇和舌各 1 个，上颚、下颚（上颚的锯齿细密、下颚的锯齿粗稀）各 1 对，由 6 根针状刺器组成。

（2）蚊喙从头部前下方伸出，为典型的刺吸式口器（图 5-75）。

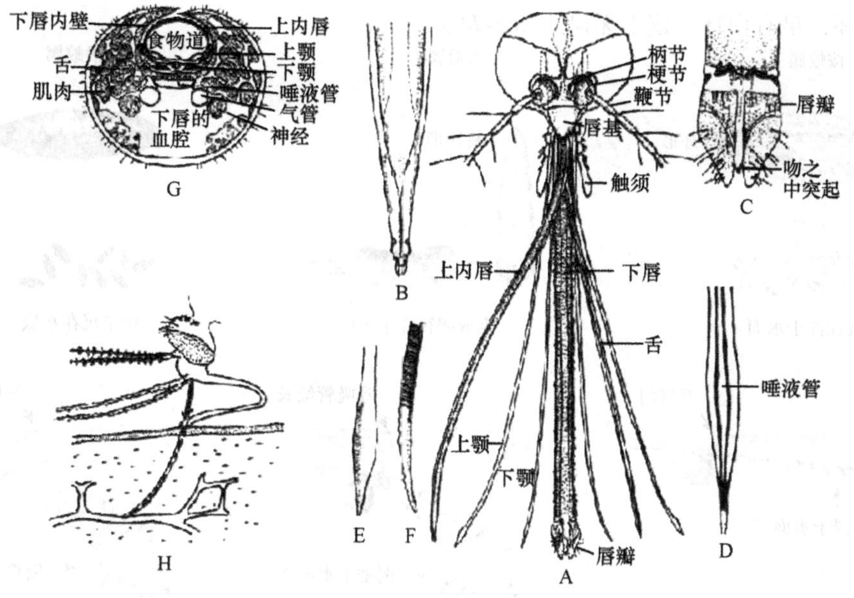

图 5-75　蚊口器

【实验操作】

1. 成蚊整体制片法　将干燥保存的蚊浸泡于 70%乙醇中固定，水洗后置 10%氢氧化钾中浸泡数小时，吸出氢氧化钾，水洗 3 次，每次 0.5h。经 30%、50%、60%、70%、80%、90%、100%乙醇，每级乙醇 45min 脱水后，用水杨酸甲酯透明，将标本置于载玻片上滴一滴树胶，用解剖针调整虫体使其侧面向上，盖上盖玻片封固。

2. 蚊头部及口器制片法　将经 70%乙醇浸泡的蚊用解剖针在蚊颈处切下头部，置 10%氢氧化钾溶液中浸泡数小时至蚊复眼呈橘黄色，多次水洗后经 30%、50%、60%、70%、80%、90%、100%乙醇，每级乙醇 45min 脱水，浸泡于水杨酸甲酯中，用解剖针使蚊唇的上、下颚、上内唇与舌等结构分开。将标本置于载玻片上用解剖针调整好标本，滴一滴树胶，盖上盖玻片封固。

【思考题】

（1）列表比较三属蚊卵、幼虫、蛹成蚊在形态上的主要区别。

（2）三属蚊虫可传播哪些疾病?

二、蝇
（fly）

【实验目的】

（1）掌握蝇生活史各期的形态特征。

（2）熟悉蝇舐吸式口器的构造。

（3）了解蝇与人体疾病有关的结构。

【实验材料】

（1）蝇卵瓶装标本。

（2）蝇幼虫瓶装标本。

（3）蝇蛹瓶装标本。

（4）蝇成虫大体标本。

（5）家蝇头部玻片标本。

（6）蝇口器玻片标本。

（7）蝇爪玻片标本。

二维码 5-52
蝇形态

【实验方法】

1. 蝇卵（瓶装标本）　肉眼观察：虫体呈长椭圆形或香蕉形，乳白色，长约 1mm。

2. 蝇幼虫（瓶装标本）　肉眼观察：为灰白色，圆柱状，头端尖细，后端呈截断状。后端截面上有棕黄色气门 1 对。

3. 蝇蛹（瓶装标本）　肉眼观察：呈长椭圆形，棕褐色或黑色。表面可见幼虫期遗留下来的分节痕迹。

4. 蝇成虫（大体标本）　放大镜观察内容如下。

（1）成虫分头、胸、腹三部分，周身布满毛（或细弱或粗壮）。

（2）中胸有翅 1 对，翅脉不分支。腹分节。足 3 对，分节。

5. 家蝇头部（玻片标本）　显微镜观察内容如下。

（1）顶部中央有透亮单眼 3 个。两侧复眼 1 对。

（2）基喙上有触须 1 对，触须上有触角芒。唇瓣发达分为二叶（图 5-76）。

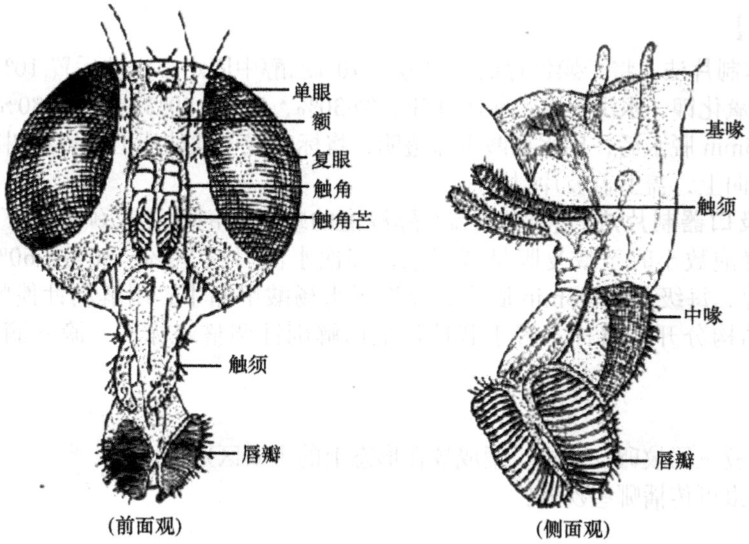

图 5-76　家蝇头部及蝇口器

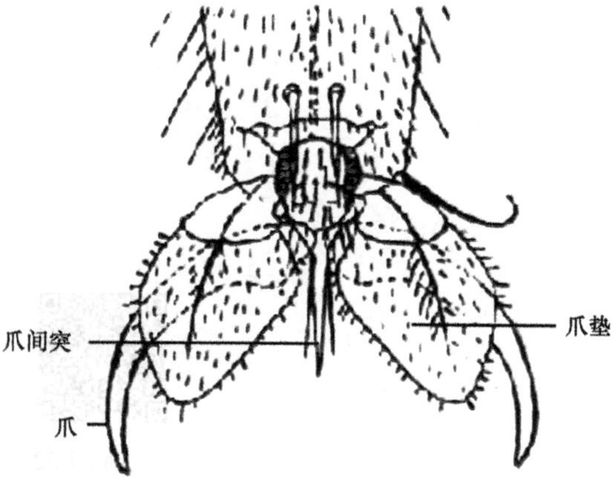

图 5-77　蝇爪

6. **蝇口器**（玻片标本）　显微镜观察内容如下。

（1）为舐吸式口器，由基喙、中喙和唇瓣三部分组成。

（2）基喙上有触须一对，触须上有触角芒。

（3）唇瓣膨大，腹面有许多凹沟，舔食时，食物经凹沟吸入（图 5-76）。

7. **蝇爪**（玻片标本）　显微镜观察内容如下。

（1）末端有爪及爪垫 1 对，爪间有爪间突 1 个。

（2）爪垫发达，密布细毛，可以分泌黏液，是携带病原体的重要结构（图 5-77）。

二维码 5-53
案例分析

【思考题】

（1）蝇的哪些形态结构与传播疾病有关？

（2）蝇通过生物性方式传播哪些疾病？

三、蚤

（flea）

【实验目的】

（1）熟悉蚤与人体疾病有关的结构。

（2）了解蚤生活史各期的形态特征。

【实验材料】

（1）蚤卵玻片标本。

（2）蚤幼虫玻片标本。

（3）蚤成虫玻片标本。

二维码 5-54
蚤形态

（4）蚤蛹玻片标本。

【实验方法】

1. **蚤卵**（玻片标本）　放大镜观察：卵呈椭圆形，为暗黄色，长 0.4～2.0mm，无盖。

2 **蚤幼虫**（玻片标本）　显微镜观察：幼虫为白色，形似蛆，体细长，无足无眼，口器为咀嚼式。

3. **蚤成虫**（玻片标本）　显微镜观察：为棕褐色，两侧扁平。

（1）头部：触角藏于触角窝内，分为 3 节；触须为 4 节。头前下方有刺吸式口器。

（2）胸部：分 3 节，无翅；有 3 对足，长而发达有分节。

（3）腹部：有 10 节，有臀前鬃（图 5-78）。

4. **蚤蛹**（玻片标本）　显微镜观察：头、胸、腹及足已形成。

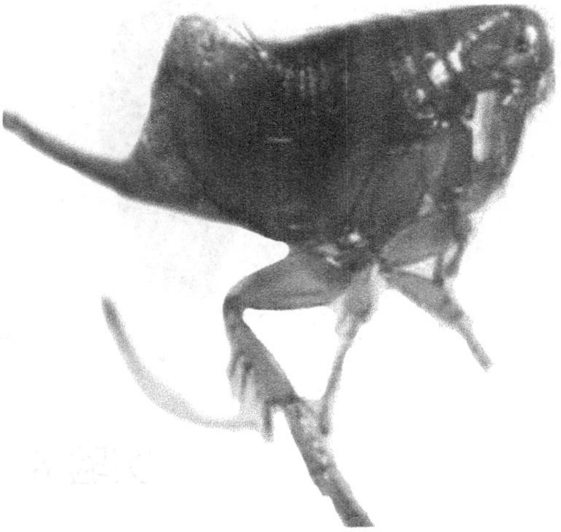

图 5-78　蚤成虫

【思考题】

（1）蚤的哪些生理生态特征与鼠疫的传播有关?

（2）蚤传播哪些疾病?

四、虱

（louse）

【实验目的】

（1）熟悉人虱与疾病有关的结构。

（2）了解虱生活史各期的形态特征。

二维码 5-55
虱形态

【实验材料】

（1）人虱玻片标本。

（2）耻阴虱玻片标本。

图 5-79　人虱

【实验方法】

1. **人虱**（玻片标本）　显微镜观察：背腹扁平，灰白色，体狭长。

（1）头部：菱形，触角分 5 节，眼明显，有刺吸式口器。

（2）胸部：3 节融合，无翅，足粗壮，3 对。

（3）足部：末节有爪 1 个，与上一节末端相对形成抓握器。

（4）腹部：分节明显，8 节，雌虱末端分两叶呈“W”形凹陷，雄虱腹部末端钝圆有一交合刺（图 5-79）。

2. **耻阴虱玻片标本**　显微镜观察：灰白色，体宽短似蟹。

（1）头部：人体虱。

（2）腹部：两侧有 4 对突起，足 3 对，爪非常发达（图 5-80）。

【思考题】

虱传播哪些疾病?

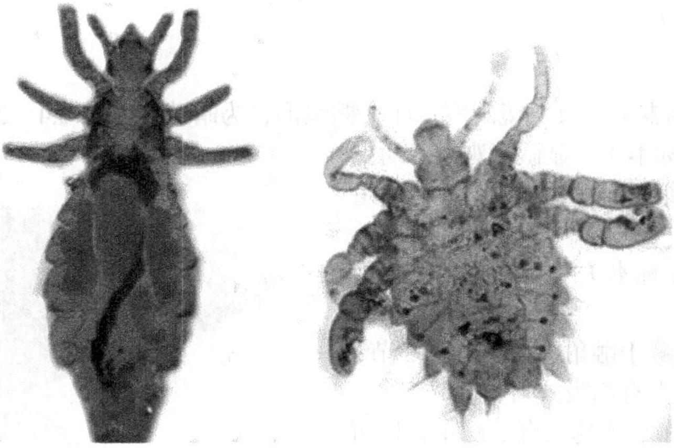

图 5-80 耻阴虱

（万京桦）

实验 8 蛛 形 纲

一、蜱

（tick）

【实验目的】

（1）掌握硬蜱（hard tick）与软蜱（soft tick）的区别。

（2）了解硬蜱生活史各期的形态特点。

二维码 5-56
实验视频

【实验材料】

（1）硬蜱（hard tick）大体标本。

（2）软蜱（soft tick）大体标本。

（3）硬蜱玻片标本。

（4）软蜱玻片标本。

【实验方法】

二维码 5-57
蜱形态

1. 硬蜱（以全沟蜱为代表，大体标本） 肉眼观察：呈椭圆形，皮革质，为褐色。背腹扁平，背部可见颚体体盾牌。足 4 对，分节。

2. 软蜱（大体标本） 肉眼观察：背部无颚体盾牌。

3. 硬蜱（以全钩硬蜱为代表，玻片标本） 显微镜观察内容如下。

（1）卵：呈卵圆形，棕黄色，半透明，胶囊状。

（2）幼虫：体小，3 对足，盾板只占躯体前端一部分。

（3）若虫：有足 4 对，形似成虫，唯生殖器官尚未发育成熟，缺乏生殖孔。

（4）成虫：雌蜱体型较大，背面盾板覆及前 1/3，颜色略深；雄蜱体型较小，整个背面除边缘外都被盾板覆盖。

（5）假头：即颚体由四部分组成。螯肢呈杆状，1 对，由颚基背面中央伸出，其顶端有 1 对尖利的钩齿。口下板由颚中腹面正中向前伸出，位于螯肢腹面，口下板腹面有发达的逆齿。触须：1 对，分 4 节，位于螯肢外侧。

（6）躯干部：体表光滑，背部有盾牌。足 4 对，第 4 对足后方两侧各有一气门板，其中央为气门（图 5-81）。

4. 软蜱（玻片标本） 显微镜观察：色棕褐，基本形态与硬蜱相似。

（1）假头：即颚体基较小，位于躯体腹面，从背面不能看到，逆齿不发达。

（2）躯干部：体表多皱纹、颗粒。气门位于第 4 对足基的前外侧。两性外观相似，不易识别。

躯体无盾板（图 5-82）。

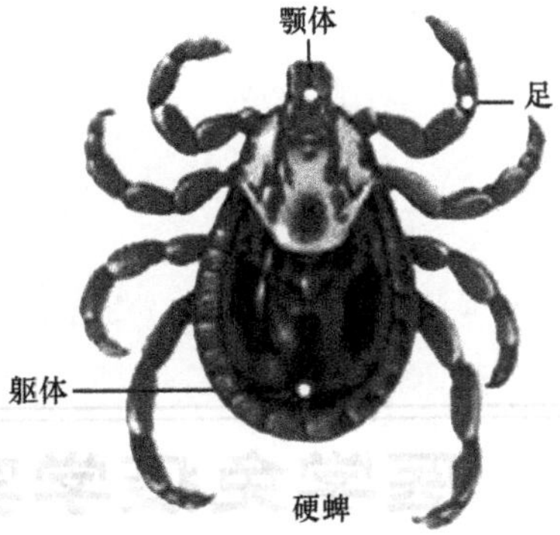

图 5-81　全沟硬蜱

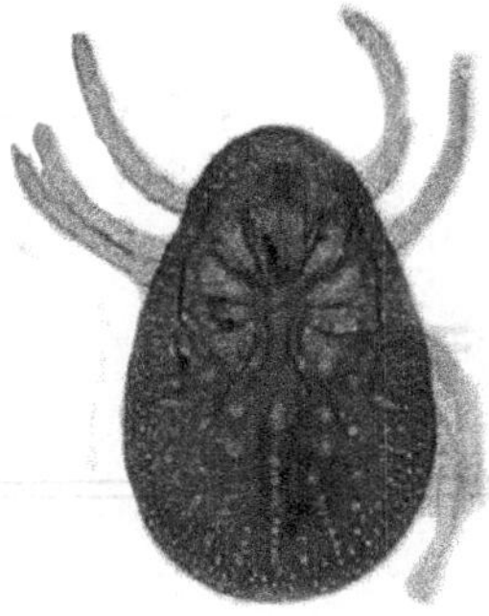

图 5-82　软蜱

【思考题】

（1）简述硬蜱与软蜱形态的主要区别。

（2）蜱传播哪些疾病?

二维码 5-58
案例分析

二、疥　螨
（scab mite）

【实验目的】

（1）掌握疥螨成虫的形态特征。

（2）了解疥螨的诊断方法。

【实验材料】

疥螨玻片标本

【实验方法】

二维码 5-59
疥螨形态

疥螨成虫（玻片标本）　显微镜观察：虫体近圆形。

（1）头部：颚体短小，螯肢钳状，尖端有小齿。

（2）躯干部：躯体背面有皮棘、成对的粗刺及刚毛。

（3）足 4 对，分为前后 2 对，前 2 对足端部有一带柄的吸垫。

（4）雌虫后 2 对足末端具长鬃，雄虫第 4 对足末端具带长柄的吸垫（图 5-83）。

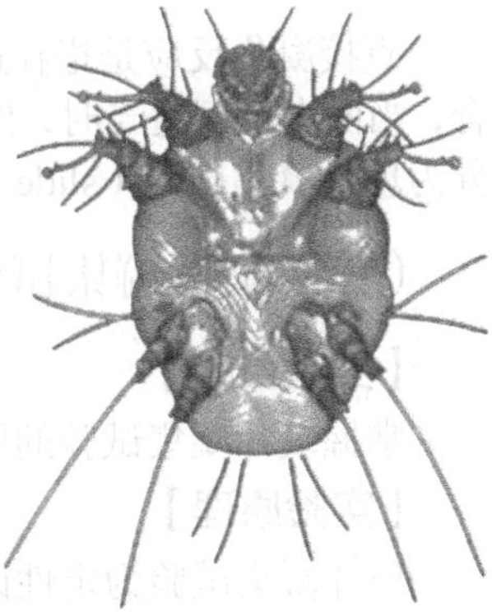

图 5-83　疥螨成虫

【实验操作】

1. 针挑法　用一次性 6 号针头，针口斜面向上与皮肤表面成 10～20° 挑破隧道末端的白色虫点，在距离虫点约 1mm 处垂直于隧道长轴进针，直至虫点底部并绕过虫体，将针杆与皮肤表面成 5～10° 转动一下，疥螨即落入针口槽中，退出针头，与载玻片上的香柏油混合，镜检。

二维码 5-60
案例分析

2. 刮片法　取材部位为不易发现虫点的躯干和四肢近端的疥螨。取少许矿物油滴于炎症血疹的表面，用消毒外科刀片平刮数下至油滴内有小血点为宜，以刮取丘疹（新发的、无搔抓、无结痂）顶部的角质层。连续刮取 6～7 个丘疹后，与载玻片上的香柏油混合，镜检。

【思考题】

疥螨的主要危害有哪些?

（万京桦）

第 6 章

医学免疫学实验

实验1 凝 集 反 应

凝集反应（agglutination reaction）是指在适当条件（适宜的温度、酸碱度和电解质等）下，完整的细菌、红细胞等颗粒性抗原或者吸附有可溶性抗原的非免疫相关颗粒与相应抗体在比例恰当时出现肉眼可见的凝集物的现象。参与反应的抗原称为凝集原（agglutinogen），抗体称为凝集素（agglutinin）。凝集反应包括直接凝集反应（direct agglutination reaction）和间接凝集反应（indirect agglutination reaction）。

一、直接凝集反应

直接凝集反应是指在适当条件下，颗粒性抗原（如细菌、红细胞等）直接与相应抗体特异性结合，当两者比例适当时，出现肉眼可见的凝集物的现象。根据检测方法的不同，直接凝集反应又可分为玻片凝集试验（slide agglutination test）和试管凝集试验（tube agglutination test）。

（一）玻片凝集试验

二维码 6-1
实验视频

【实验目的】

掌握玻片凝集试验的原理及常用方法。

【实验原理】

玻片凝集试验为定性试验，通常用已知抗体作为诊断试剂，与待检颗粒性抗原（如细菌或红细胞）悬液在玻片上进行反应，出现凝集现象则为阳性反应。反之，则为阴性反应。

【实验材料】

1. **实验试剂** 生理盐水、诊断血清（沙门菌属 A-F 多价血清、志贺菌属多价血清）、待检细菌（肖氏沙门菌、福氏志贺菌 18～24h 营养琼脂培养物）。

2. **实验器材** 玻璃蜡笔、载玻片、接种环、酒精灯、火柴。

【实验方法】

（1）取洁净载玻片 2 张，各用玻璃蜡笔划分成三等份，并在载玻片左上角分别标记 1 和 2（图 6-1）。

（2）用无菌接种环分别取生理盐水、沙门菌属 A-F 多价血清、志贺菌属多价血清各 2～3 环，按图 6-1 加在载玻片上。

注意：接种环在取血清时要烧灼消毒，以免污染血清。

（3）用无菌接种环分别挑取肖氏伤寒沙门菌涂于 1 号载玻片生理盐水、沙门 A-F 多价血清、志贺菌多价血清处，涂匀呈乳状。

二维码 6-2
实验流程

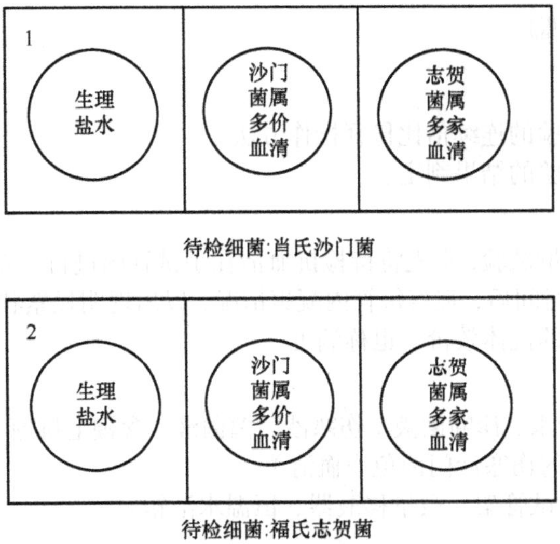

图 6-1 玻片凝集试验鉴定细菌

（4）同上，用无菌接种环分别挑取福氏志贺菌涂于 2 号载玻片生理盐水、沙门 A-F 多价血清、志贺菌多价血清处。

（5）轻轻摇动载玻片，2～8min 后肉眼或置于显微镜低倍镜下观察是否有乳白状凝集物形成。

【实验结果】

周围液体变清，并有乳白色凝集物出现者为阳性；与生理盐水对照相同，液体仍然混浊，无凝集物出现者，为阴性（图 6-2）。

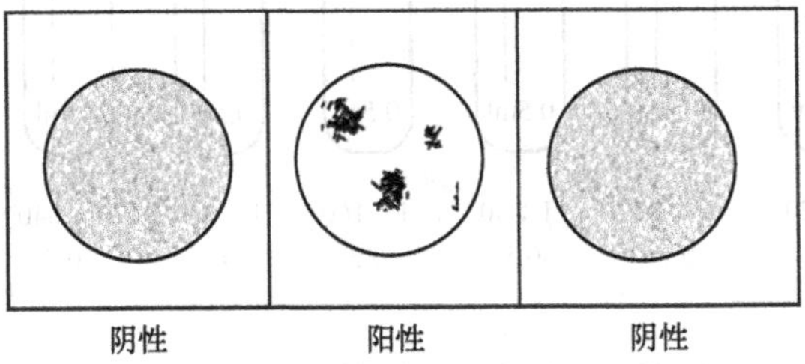

图 6-2 玻片凝集试验鉴定细菌结果示意图

二维码 6-3
实验流程

本方法为定性试验，是菌种鉴定和 ABO 血型鉴定的常规实验。

【注意事项】

（1）每一待检细菌均须做生理盐水对照，如生理盐水对照出现凝集现象则表示该细菌可自凝，试验结果无效。

（2）细菌涂片面积不要摊开过大，判断结果时，必须防止干燥。

（3）细菌鉴定时，特别是肠道菌种的沙门菌属或志贺菌属，原则上先用多价诊断血清检测，如为阳性，再用单价诊断血清进行分群或定型。

（4）观察结束后的载玻片置于消毒缸中消毒。

（5）血型鉴定，室温要保持在 20℃左右，若低于 10℃以下，易出现冷凝集现象而造成假阳性的错误判断。

二维码 6-4
知识拓展

【思考题】

简述玻片凝集试验的原理、特点及用途。

（二）试管凝集试验

【实验目的】

（1）掌握试管凝集试验的连续倍比稀释操作方法。

（2）熟悉试管凝集试验的结果判定。

【实验原理】

试管凝集试验为半定量试验，常先将待检抗血清在小试管内进行一系列稀释，再加入已知抗原进行混匀，37℃温育一定时间后，观察每管内凝聚情况，以出现明显絮状或颗粒状凝集现象的最高血清稀释度为待检抗血清的抗体效价，也称滴度。

【实验材料】

1. 实验试剂　生理盐水、诊断菌液（伤寒沙门菌菌液，含鞭毛抗原，即 H 抗原）、待检血清（按 1∶10 稀释的伤寒沙门菌免疫血清）。

2. 实验器材　试管、试管架、微量移液器、恒温水浴箱。

二维码 6-5
实验流程

【实验方法】

（1）排管并做标记：准备小试管 7 支，排列于试管架上，标明序号。

（2）用微量移液器向每管内加入 0.5ml 生理盐水。

（3）稀释被检血清（图 6-3）

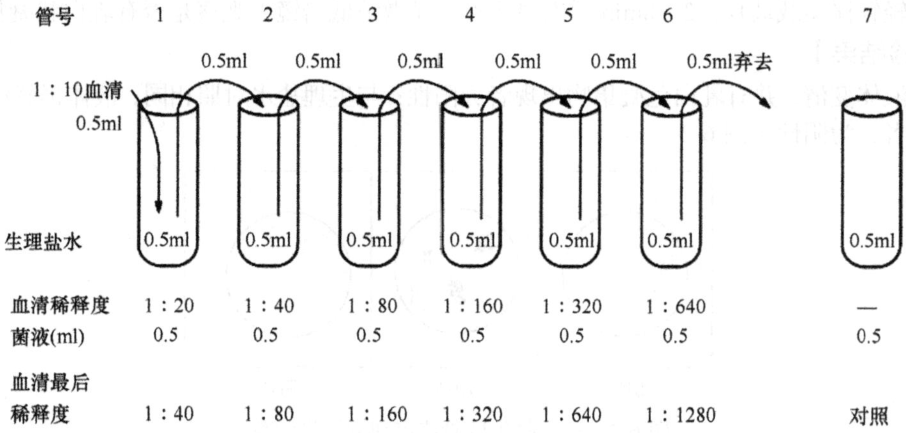

图 6-3　连续倍比稀释法

1）吸取 1∶10 待检血清 0.5ml 加入第 1 管中，充分混匀，使血清稀释成 1∶20。

2）吸取上述 1∶20 血清稀释液 0.5ml，放入第 2 管中，充分混匀，使血清稀释成 1∶40。

3）吸取上述 1∶40 血清稀释液 0.5ml，放入第 3 管中，充分混匀，使血清稀释成 1∶80。

4）如此连续稀释到第 6 管，使血清最终稀释为 1∶640。再从第 6 管中吸取 0.5ml 血清稀释液弃掉。

5）第 7 管不加血清，作为生理盐水对照。

6）稀释后，第 1 管至第 6 管的血清稀释度依次为 1∶20、1∶40、1∶80、1∶160、1∶320、1∶640。

（4）加入诊断菌液将稀释后的诊断菌液分别加于每一试验管及生理盐水对照管，每管 0.5ml。此时第 1 管至第 6 管的血清因加入等量菌液而又稀释一倍，血清最后稀释度为 1∶40、1∶80、1∶160、1∶320、1∶640、1∶1280。

（5）将所有试管振摇、混匀后，置 37℃水浴过夜。

【实验结果】

（1）首先观察生理盐水对照管，此管应无凝集现象，为阴性反应。但放置时间过长，细菌会堆积于管底呈小圆点状。

（2）试验管从第 1 管开始观察，如有凝集时则管底会有不同大小的圆片状边缘不整齐的凝集物出现，液体则澄清透明或不同程度浑浊。凝集的强弱可用“+”号表示如下。

“++++”：凝集程度很强，上清液完全透明，细菌全部形成凝集物，沉于管底。

“+++”：凝集程度强，上清液透明度达 75%（微混浊），大部分细菌形成凝集物，沉于管底。

“++”：凝集程度中等强，上清液透明度达 50%（较混浊），约 50%细菌形成凝集物。

“+”：凝集程度弱，上清液透明度只达 25%（混浊），仅有小部分细菌形成凝集。

“–”：不凝集，液体呈均匀混浊状。轻轻摇动试管，细菌分散。

效价结果判定：出现明显凝集“++”现象的最高血清稀释倍数作为该血清凝集效价。如血清的最低稀释度（即第 1 管 1∶40）仍无凝集，应报该血清效价低于 1∶40。如血清的最高稀释度（即第 6 管）仍显完全凝集现象，应报该血清效价高于 1∶1280。

【注意事项】

（1）水浴时水面勿高于试管内液面，这样便于试管内液体的对流，增加抗原与抗体的接触机会。

（2）观察结果前切勿摇动试管，以免凝集物分散。

（3）判断结果时，应在暗背景下透过强光逐管检查。

（4）抗原抗体比例必须适当，才能出现肉眼可见的反应。如果抗体浓度过高，会出现前带现象，要对抗体进一步稀释，需要与阴性加以鉴别。

二维码 6-6
知识拓展

【思考题】

（1）试管凝集试验中为什么要将抗体稀释成不同浓度？

（2）试管凝集试验和玻片凝集试验有什么区别？

二、间接凝集反应

间接凝集反应是指用人工方法将可溶性抗原（或抗体）吸附在或偶联在与免疫无关的颗粒性载体表面（如红细胞、活性炭颗粒、胶乳颗粒等），形成颗粒性抗原（或抗体），然后再与相应的抗体（或抗原）在适当的条件下进行特异性结合反应，颗粒性载体被动发生凝集，出现肉眼可见的凝集物的现象。根据反应方式的不同，间接凝集反应又可分为正向间接凝集反应（positive indirect agglutination）、反向间接凝集反应（reverse indirect agglutination）、间接凝集抑制反应（indirect agglutination inhibition）和协同凝集反应（synergetic agglutination）。

（一）正向间接凝集试验

【实验目的】

掌握正向间接凝集试验的原理及方法。

【实验原理】

用人工方法将可溶性抗原吸附在或偶联在与免疫无关的颗粒性载体表面（如红细胞、活性炭颗粒、胶乳颗粒等），形成颗粒性抗原。然后在适当条件下，再与相应的抗体进行特异性结合反应，颗粒性载体被动发生凝集，出现肉眼可见的凝集物的现象（图 6-4）。

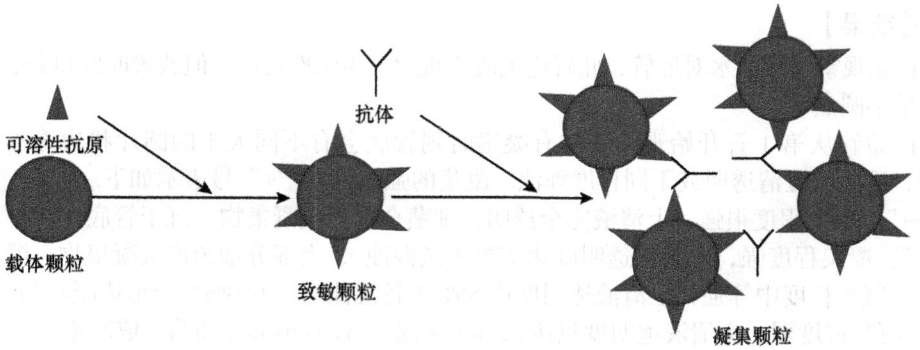

图 6-4　正向间接凝集反应原理示意图

以类风湿因子免疫胶乳试验为例：类风湿因子是一种自身变性 IgG 的抗体，也称为抗球蛋白抗体，具有与人变性 IgG 结合的能力。利用人 IgG 致敏的胶乳与患者的血清反应，若标本中含有类风湿因子，则其与 IgG 致敏的胶乳作用，出现凝集现象。反之，则不会出现凝集现象。

【实验材料】

1. 实验试剂　生理盐水、类风湿胶乳诊断试剂（吸附了人变性 IgG 的聚苯乙烯乳胶）、待检血清、阳性对照血清、阴性对照血清。

2. 实验器材　黑色方格反应板、牙签、吸管。

【实验方法】

（1）将待检血清用生理盐水按 1∶20 稀释。

（2）分别滴加稀释的待检血清、阳性对照血清、阴性对照血清各 1 滴（约 50μl）于黑色方格反应板。

二维码 6-7
实验流程

（3）每格均滴入 1 滴人 IgG 致敏胶乳试剂（类风湿胶乳诊断试剂）。

（4）用牙签轻轻搅动反应液，充分混匀。

（5）5min 内观察是否出现凝集现象。

【实验结果】

若出现均匀的乳白色凝集物为阳性，无凝集物出现则为阴性。

【注意事项】

（1）使用前应使试剂接近室温并摇匀。

（2）实验结果观察应在 5min 内观察，反应太久可能出现假阳性。

（3）日光灯光线不利于结果观察。

二维码 6-8
知识拓展

【思考题】

简述间接凝集试验的原理。

（二）反向间接凝集试验

【实验目的】

掌握反向间接凝集试验的原理及方法。

【实验原理】

用人工方法将抗体吸附在或偶联在与免疫无关的颗粒性载体表面（如红细胞、活性炭颗粒、胶乳颗粒等），形成免疫微球（致敏微球）。然后在适当的条件下，再与相应的可溶性抗原进行特异性结合反应，颗粒性载体被动发生凝集，出现肉眼可见的凝集物的现象（图 6-5）。

以甲胎蛋白（AFP）检测为例，将 AFP 抗体吸附于红细胞来检测 AFP 可溶性抗原。临床上常作为原发性肝细胞癌的辅助诊断。

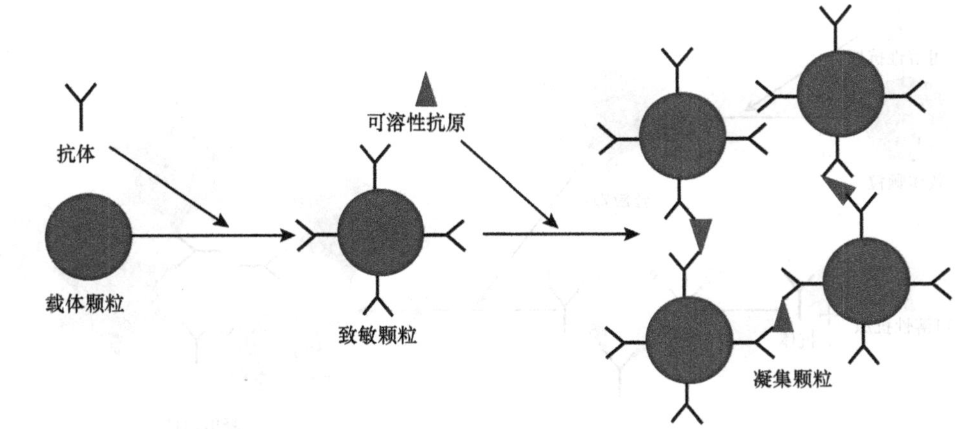

图 6-5 反向间接凝集反应原理示意图

【实验材料】

1. **实验试剂** 生理盐水、AFP 诊断血球（吸附了抗 AFP 的红细胞）、待检血清、阳性对照血清、阴性对照血清。

2. **实验器材** 微量血凝板、试管、微量移液器。

二维码 6-9
实验流程

【实验方法】

（1）将阳性对照血清、阴性对照血清和待检血清分别用生理盐水按 1：10、1：100、1：1000 稀释。

（2）在微量血凝板上编号，用微量移液器分别吸取 50μl 上述三种不同稀释度的阳性对照血清、阴性对照血清和待检血清于对应微量血凝板孔中，同时设生理盐水空白对照。

（3）上述各孔中均滴入稀释的致敏血球 1 滴。

（4）微量振荡器上充分摇匀，置 37℃温箱中反应。

（5）30min 后观察结果。

【实验结果】

阴性：血球沉于孔底，呈致密圆点状。

阳性：孔内半数以上血球均匀平铺孔底，呈中等以上面积的均匀薄膜。

【注意事项】

（1）诊断试剂使用前必须摇匀。

（2）所有实验材料均需洁净，所有试剂均须避免 AFP 或杂菌污染。

【思考题】

（1）正向间接凝集试验和反向间接凝集试验的原理各是什么？

（2）反向间接凝集反应有什么用途？

二维码 6-10
知识拓展

（三）间接凝集抑制试验

【实验目的】

掌握间接凝集抑制反应的基本原理及操作方法。

【实验原理】

将可溶性抗原吸附在非免疫相关载体颗粒上做成致敏载体后，与相应抗体结合会出现凝集现象。但是，如先使可溶性抗原与相应抗体充分结合，再加入此抗原的致敏载体后，因抗体已被可溶性抗原结合，故不能与致敏载体表面的抗原结合出现凝集现象，这类试验称为间接凝集抑制试验（图 6-6）。

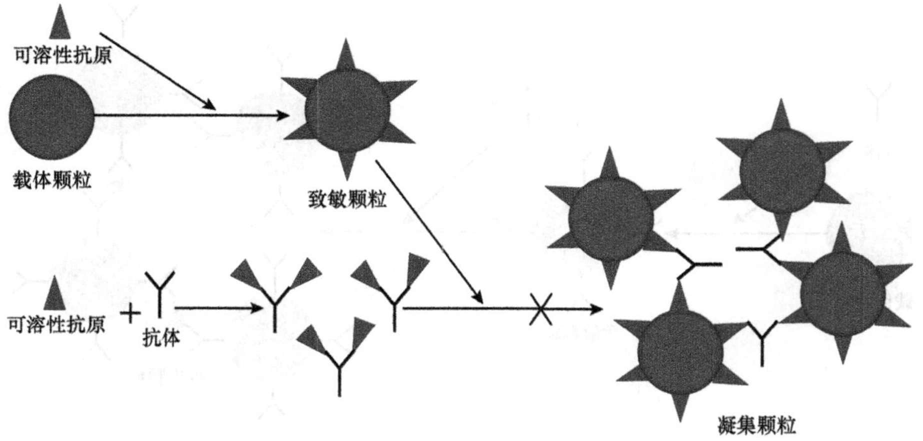

图 6-6　间接凝集抑制反应原理示意图

人绒毛膜促性腺激素（human chorionic gonadotrophin，HCG）是一种可溶性抗原，在妊娠尿中含量显著增高。如尿中有 HCG 与相应抗体（抗-HCG）结合后，加入吸附 HCG 的致敏载体时，不会出现凝集现象，呈均匀乳液；如尿中无 HCG 存在，抗体没有被可溶性抗原结合，再加入相应抗原的致敏载体时，即出现肉眼可见的凝集（即凝集未被抑制）。

【实验材料】

1. 实验试剂　生理盐水、HCG 致敏的聚苯乙烯乳胶颗粒、兔抗人 HCG 免疫血清、待测尿样、孕妇尿（HCG 阳性对照）、正常尿（HCG 阴性对照）。

2. 实验器材　载玻片、移液器、移液器头、蜡笔。

二维码 6-11
实验流程

【实验方法】

（1）将所需试剂提前置于室温预热。

（2）取洁净玻片 1 张，用蜡笔划分为 A、B 和 C 三等份，并在玻片左上角注明班级学号和姓名。

（3）用移液器分别取孕妇尿液（HCG 阳性）、待测尿液和正常尿液（HCG 阴性）各 50μl 滴于每块玻片 A、B 和 C 格内。

（4）每格中再各加 50μl 兔抗人 HCG 血清，并轻轻吹打彻底混匀，静置 1～2min。

（5）每格中再加入 50μl HCG 乳胶抗原（HCG 致敏载体），并轻轻吹打彻底混匀，静置 2～3min 后肉眼或置于显微镜低倍镜下观察是否有乳白状凝集物出现。

【实验结果】

（1）正常尿液格中出现均匀白色细小颗粒状凝集物，有凝集现象（HCG 阴性）。若无明显凝集现象，则可视为试剂有问题或实验操作有误，需重新试验。

（2）妊娠尿液格中呈均匀浑浊乳状，无凝集现象（HCG 阳性）。若出现凝集现象，则可视为试剂有问题实验操作有误，需重新试验。

（3）待测尿液格观察结果若与妊娠尿液格相同或相似，则妊娠阳性，若与正常尿液格相同或相似，则妊娠阴性。

【注意事项】

（1）试验操作时室温应高于 15℃，温度太低，需延长抗原抗体结合时间。

（2）待测尿液应取晨尿（HCG 含量最高），并及时送检或置于冰箱冷藏（保存时间若超过 24h，需要冷冻保存，使用前先 37℃孵育加热并充分混匀）。

（3）尿液标本与抗血清或 HCG 乳胶抗原混匀时尽量避免产生气泡，否则影响结果观察。

（4）若标本中出现细菌污染、红细胞或蛋白质较多时不宜继续使用。

【思考题】

（1）间接凝集抑制试验可用于哪些类别抗原的测定？

（2）如何确保间接凝集抑制试验结果有效？

（银国利）

二维码 6-12
知识拓展

实验 2　沉 淀 反 应

沉淀反应（precipitation reaction）是指在一定条件（适量电解质、适宜 pH 和温度）下，可溶性抗原（如血清蛋白、细菌外毒素、细菌浸出液等）与相应特异性抗体相遇后，当两者比例适当时形成肉眼可见的沉淀物的现象。

根据沉淀反应发生的介质和检测方法的不同，可将其分为凝胶内沉淀反应和液体内沉淀反应等。凝胶内沉淀反应又可分为单向琼脂扩散试验（single agar diffusion test）、双向琼脂扩散试验（double agar diffusion）、火箭免疫电泳（rocket immunoelectrophoresis，RIEP）和对流免疫电泳（counter immunoelectrophoresis，CIEP）等。

一、单向琼脂扩散试验

【实验目的】

（1）掌握单向琼脂扩散试验的基本原理和方法。

（2）熟悉单向琼脂扩散试验结果的分析。

（3）了解单向琼脂扩散试验的临床用途。

【实验原理】

单向琼脂扩散试验是单向免疫扩散试验（single immunodiffusion test）中的一种定量试验。在含有一定浓度抗体的琼脂板中打孔，并在孔中加入一定量的抗原。抗原在含抗体的琼脂板中向四周扩散，在两者比例适合处即出现由免疫复合物形成的白色沉淀环，沉淀环直径大小与抗原浓度呈正相关。同时用标准抗原制成标准曲线，即可用以定量未知标本的抗原浓度（mg/ml 或 U/ml）。

【实验材料】

1. 实验试剂　生理盐水、标准抗原、待测样本抗原 1 和 2、抗标准抗原的抗体、琼脂、pH8.2 的 0.1mol/l 巴比妥缓冲液。

2. 实验器材　单扩板、微量移液器、打孔器（直径 3mm）、恒温箱、湿盒、半对数坐标纸。

【实验方法与步骤】

1. 制备 1.2%巴比妥缓冲琼脂　在 50ml 生理盐水中加入 1.2g 琼脂，煮沸融化，再加入 50ml 巴比妥缓冲液继续煮沸至澄清，然后置 56℃水浴中备用。

2. 制备含抗体（抗标准抗原）的琼脂凝胶板　按血清效价将抗标准抗原的抗体与上述备用巴比妥缓冲琼脂混合，然后浇注于玻璃板上制板，使琼脂胶厚度约为 2mm，室温冷却凝固。

二维码 6-13
实验流程

3. 打孔　用 3mm 打孔器在琼脂板上打孔，孔间距为 1.2～1.5cm，挑出孔内琼脂，要求孔应圆整、光滑，不能破裂。

4. 加样　用微量移液器吸取 10μl 样本抗原 1 和 2、不同浓度的标准抗原和生理盐水加入对应孔中（图 6-7），室温放置 15min 后转移至湿盒内。

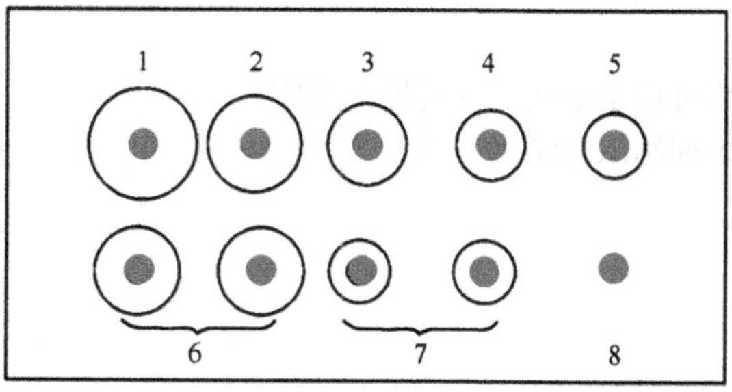

图 6-7 单向琼脂扩散试验结果示意图

1～5 号孔为不同稀释度的标准抗原；6、7 号孔为待测血清（每份设复孔）；8 号孔为生理盐水对照

5. 扩散 将湿盒转移至 37℃恒温箱内孵育 24h。

6. 观察 检查有无沉淀环形成，如有则测量各孔沉淀环直径。依据标准抗原形成的沉淀环直径制作标准曲线，以沉淀环的直径为横轴，相应孔中抗原量为纵轴，在半对数坐标纸上绘制标准曲线。

【实验结果】

依据测量到的待测抗原样本沉淀环直径数值，从标准曲线上查出所含抗原的含量。

【注意事项】

（1）琼脂质量、浓度及加样孔大小对实验结果有较大影响，尽可能在统一条件下操作，减少实验误差。

（2）进行定量检测时，标准对照每次都需要设置。

（3）所用器材必须清洁无油污。

【思考题】

单向琼脂扩散试验有哪些影响因素？

二维码 6-14
知识拓展

二、双向琼脂扩散试验

【实验目的】

（1）掌握双向琼脂扩散试验的基本原理和方法。

（2）熟悉双向琼脂扩散试验结果的分析。

（3）了解双向琼脂扩散试验的临床用途。

二维码 6-15
实验视频

【实验原理】

双向琼脂扩散试验是双向免疫扩散试验（double immunodiffusion test）中最常用的一种试验。将可溶性抗原和抗体分别加入琼脂板上相对应的孔中，两者各自向四周扩散并相遇。如果抗体与抗原相对应，则在两者浓度比例合适处形成肉眼可见的白色沉淀线。本法常用于抗原或抗体的定性检测分析。

【实验材料】

1. 实验试剂 生理盐水、琼脂、已知抗体及待测抗原。

2. 实验器材 载玻片、打孔器、吸管、微量加样器、塑料吸头、湿盒、恒温箱。

【实验方法与步骤】

1. 盐水琼脂的制备 用生理盐水配制 1.5%的盐水琼脂。

2. 琼脂板的制备 将载玻片置于水平实验台面，用粗孔吸管吸取熔化的 1.5%盐水琼脂 4～5ml，倾注于载玻片上，使其自然流成水平面。待冷却凝固后（要求均匀、平整、无气泡）用 3mm 直径打孔器打孔（图 6-8），孔距为 12～15mm。

二维码 6-16
实验流程

3. 加样　用微量加样器向中央孔加入抗体，向周围 1～5 孔加入待测抗原，6 孔中加入生理盐水作阴性对照，每种体积 15μl。

4. 扩散　将琼脂板放入湿盒内置于 37℃恒温箱中 24h 后取出观察结果。

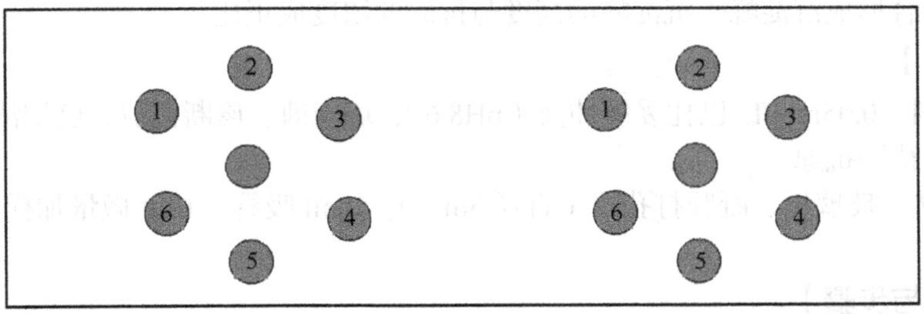

图 6-8　双向琼脂扩散试验打孔图

【实验结果】

（1）如果凝胶中出现白色沉淀线，说明抗原与抗体相对应。若抗原与抗体只含单一的对应成分，则形成一条沉淀线；若含多种对应成分，可形成多条沉淀线。沉淀线的位置因抗原和抗体的相对分子质量、浓度比例、扩散速度等因素的不同而异。另外，若相邻抗原浓度相等，可出现对称相融的沉淀线；若相邻抗原浓度不同，沉淀线移向低浓度一边。

（2）在梅花型孔中，若相邻两条沉淀线完全融合，说明两孔内抗原完全相同；若相邻沉淀线部分融合，说明两抗原部分相同；若相邻沉淀线发生交叉，说明两抗原完全不同（图 6-9）。

（3）阳性结果多在 24h 以内出现，48h 不出现沉淀线可判为阴性结果。放置过久可使沉淀线消失。

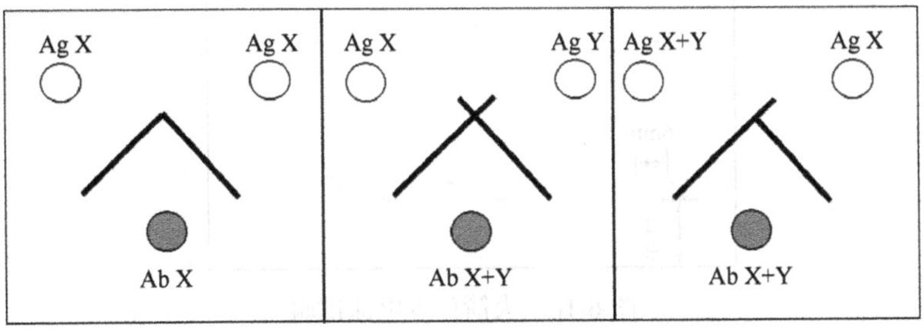

图 6-9　双向琼脂扩散试验结果示意图

【注意事项】

（1）载玻片要洁净，不然难以制备琼脂板。

（2）打孔或加样时要小心，勿使琼脂层脱离载玻片或琼脂板底层开裂，以免加样时顺裂缝或底部散失，影响沉淀线的形成。

（3）加样时不同浓度抗体和抗原不要混淆，影响试验结果分析。

（4）试验前应做预试验，确定抗体的稀释度。

【思考题】

（1）说明凝集反应与沉淀反应的区别？

（2）为什么抗原与抗体比例要适当才能出现沉淀线？

二维码 6-17
知识拓展

三、火箭免疫电泳

【实验目的】

（1）掌握火箭免疫电泳的基本原理和方法。

（2）熟悉火箭免疫电泳的临床用途。

【实验原理】

火箭免疫电泳是把单向免疫扩散技术与电泳技术结合起来的实验方法。抗原在含有抗体的琼脂糖凝胶中电泳时，在电场的作用下，抗原向一个方向移动并逐步与凝胶中的相应抗体结合形成沉淀峰。沉淀峰的高度与抗原的浓度成正比。

二维码 6-18
实验视频

【实验材料】

1. **实验试剂** 0.05mol/L 巴比妥缓冲液（pH8.6）、琼脂糖、诊断血清、已知浓度标准阳性抗原、待测抗原。

2. **实验器材** 玻璃板、凝胶打孔器（直径 3mm）、10ml 吸管、10μl 微量加样器、水浴箱、电泳仪、电泳槽。

【实验方法与步骤】

1. **制备 1.5%巴比妥缓冲琼脂** 在 50ml 巴比妥缓冲液中加入 0.75g 琼脂糖，煮沸融化，然后置 56℃水浴中备用。

2. **制备含标准抗原抗体的琼脂凝胶板** 取上述备用巴比妥缓冲琼脂与抗标准抗原的抗体按血清效价要求稀释，然后浇注于玻璃板上制板，使琼脂胶厚度约为 2mm，室温冷却凝固。

二维码 6-19
实验流程

3. **打孔** 待凝胶凝固后按图 6-10 打孔（直径 3mm）。

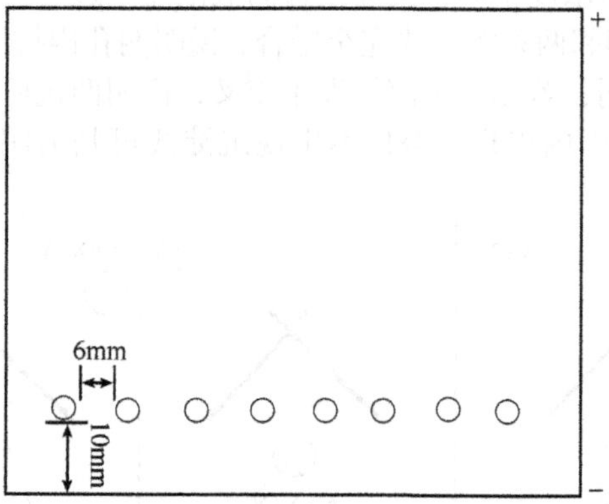

图 6-10 火箭免疫电泳试验

4. **加样** 将系列稀释的标准抗原和待检抗原分别加到凝胶孔中，每孔 10μl。

5. **电泳** 将样品孔靠近电泳槽负极端，用双层滤纸与电泳槽相连。在 4～6V/cm（玻璃片长）电场中电泳 1～2.5h。

6. **观察** 实验结果。

【实验结果】

根据标准稀释抗原的峰高（或面积）绘制标准曲线，测量待测抗原所形成的沉淀峰的高度（或面积），然后从标准曲线中查出相应的抗原含量。

【注意事项】

（1）加样前需先搭好桥并启动电源，在低电压下加样，避免造成基部峰形过宽。搭桥时，桥宽应与琼脂板大小一致，并完全紧密接触。

（2）在一定条件下，电泳时间要根据峰的形成情况而定。如峰呈尖角形，表示已无游离抗原；如呈钝圆形，且有云雾状，表示还没达到沉淀峰终点。

（3）抗原、抗体的用量应当进行预实验判定。抗原太浓，在一定时间内不能达到最高峰；抗体太浓，则沉淀峰太低而无法测量。沉淀峰的合适高度为 2～5cm。

【思考题】

（1）火箭电泳试验中为什么会产生火箭峰？

（2）在测定未知样品时，为何要与标准样品放在同一凝胶板上检测？

二维码 6-20

知识拓展

四、对流免疫电泳

【实验目的】

（1）掌握对流免疫电泳的基本原理和方法。

（2）熟悉对流免疫电泳的临床用途。

【实验原理】

对流免疫电泳试验是把双向免疫扩散技术与电泳技术结合起来形成的定向加速免疫扩散技术。在偏碱性的缓冲液环境和适当的直流电场中，大部分抗原带负电荷，向阳极移动。抗体大部分是IgG，其等电点与缓冲液中的 pH 接近，极性基团解离很少，且由于其相对分子量大，加上电渗作用使其缓慢向阴极移动。蛋白质抗原、抗体在电场中做定向加速度免疫双扩散，从而加速沉淀线的形成。

【实验材料】

二维码 6-21

实验流程

1. 实验试剂　生理盐水、75%乙醇、1.2%琼脂糖（生理盐水配制），已知抗体、标准阳性抗原，阴性抗原、待测抗原。

2. 实验器材　玻璃板、凝胶打孔器（直径 3mm）、10ml 吸管、水浴箱、微量加样器、电泳仪、电泳槽。

【实验方法与步骤】

（1）玻璃板用水冲洗干净，再用少量 75%乙醇冲洗，晾干后置水平台备用。

（2）将 1.2%琼脂糖融化，56℃水浴中保温。

（3）用吸管吸取琼脂糖铺于玻璃板上，厚约 1.5mm，制成所需凝胶板。

（4）等待琼脂糖凝固后，按图 6-11 用打孔器打孔。

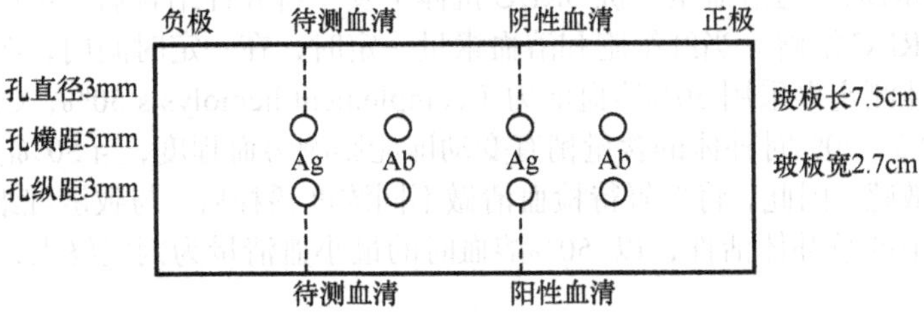

图 6-11　对流免疫电泳试验

（5）在对应孔中分别加入抗原和抗体，每孔 5μl。

（6）在 4～6v/cm（玻璃片长）电场中电泳 45～60min 后关闭电泳并观察结果（具体时间随实验条件调整，出现白色沉淀线时停止电泳）。

【实验结果】

（1）在两孔间出现白色沉淀线的为阳性结果，抗原与抗体相对应；反之，为阴性。

（2）如在抗体的另一侧形成沉淀线的也为阳性结果，而出现此结果只是由于抗原过量。

【注意事项】

（1）抗原抗体的比例：抗原抗体比例适应时容易出现沉淀带，反之不易出现。

（2）电泳搭桥时应注意与凝胶接触紧密，否则会使电流不均匀，致使沉淀线歪斜、不均匀。

（3）电压电流增大时，电泳时间可更短。但电压过高则孔径变形，电流过大抗原抗体蛋白易变性，干扰实验结果。

（4）电泳完毕，先关闭电泳仪电源，再取出电泳板。

（5）本方法以高电渗为其特点，但电渗作用过强会使多数蛋白质向阴极移动，因此不宜使用电渗作用过强的琼脂做载体。

（6）如果抗原也是免疫球蛋白，或者抗原抗体的扩散率比较接近，会导致电泳时抗原抗体向同一个方向移动，不能形成对流效应，这种情况下不宜做对流免疫电泳。

二维码 6-22
知识拓展

【思考题】

（1）在对流免疫电泳中，抗体为什么会向阴极泳动？

（2）对流免疫电泳与双向免疫扩散相比，有什么异同点和优点？

（银国利）

实验 3　补体测定技术

补体（complement）是由补体固有组分、调节分子及补体受体等组成的一个完整系统，是机体免疫系统的重要组成部分。活化的补体系统不仅可产生膜攻击复合物和裂解的小分子，介导靶细胞溶解、免疫调理吞噬、免疫黏附等效应，还能够影响自身免疫病的发生与发展。因而，对于补体总活性、各组分活性及含量的检测不仅可反应体内的补体及机体免疫功能的状态，对相关免疫性疾病的诊断等也有重要意义。

二维码 6-23
实验视频

一、补体总活性的测定

【实验目的】

掌握补体总活性测定（CH_{50}测定）的原理及方法。

【实验原理】

绵羊红细胞（SRBC）与溶血素（抗 SRBC 抗体）发生特异性结合后，可以激活补体系统（经典途径），从而使 SRBC 溶解。当红细胞和溶血素量一定时，在一定时间内，溶血程度与补体量呈正相关。补体总活性测定多采用50%溶血活力（complement hemolysis 50%，CH_{50}）测定，主要是因为溶血程度为30%～70%时补体的含量稍有变动即能影响溶血程度，当50%溶血时，其溶血程度与补体含量关系最敏感。因此，将新鲜待检血清做不同浓度稀释后，与致敏红细胞反应，根据溶血程度判断受检血清中的总补体活性，以 50%溶血时的最小血清量为判定终点，可测知补体总溶血活性。

【实验材料】

1. **实验试剂**　新鲜待检血清、溶血素（抗 SRBC 抗体）、pH7.4 巴比妥缓冲液、2%SRBC 悬液。
2. **实验器材**　离心机、试管、移液器、恒温水浴箱、分光光度计、比色杯。

【实验方法】

（1）50%溶血标准管配制：取 2%SRBC 悬液 0.5ml 置于刻度离心管内，加 2ml 蒸馏水，将 SRBC 全部溶解，制成 100%溶血管。再加入 2×巴比妥缓冲液 2.5ml，制成 50%溶血标准管。

（2）按说明书将商品化溶血素稀释至 2U/ml。

（3）取洁净试管 10 支做好标记后排放在试管架上。

（4）取待检血清 0.2ml 于 3.8ml pH7.4 巴比妥缓冲液中，稀释成 1∶20 的浓度。

（5）按表 6-1 所示加入各成分，振荡混匀。将试管置 37℃水浴 30min。其中，第 10 管为不溶血对照管。

二维码 6-24
实验流程

表 6-1　补体总活性测定各管加入的成分　（单位：ml）

试管	1	2	3	4	5	6	7	8	9	10
pH7.4 巴比妥缓冲液（ml）	1.40	1.35	1.30	1.25	1.20	1.15	1.10	1.05	1.00	1.50
2%SRBC 悬液（ml）	0.50	0.50	0.50	0.50	0.50	0.50	0.50	0.50	0.50	0.50
2U/ml 溶血素（ml）	0.50	0.50	0.50	0.50	0.50	0.50	0.50	0.50	0.50	0.50
1：20 待检血清（ml）	0.10	0.15	0.20	0.25	0.30	0.35	0.40	0.45	0.50	0.00

（6）将各试管在 2000×g/min 转速下离心 5min，然后与 50%溶血标准管比较，观察溶血程度。

【实验结果】

将各反应管分别与 50%溶血标准管比较，然后选取与 50%溶血标准管接近的两管，用分光光度计在波长 542nm 下测定其光密度值。确定最接近 50%溶血标准管光密度的管号，并查出该管中加入的待检血清量，按下列公式计算补体活性单位。补体的含量用下式计算，以单位（U/ml）表示。

CH_{50}（U/ml）=血清稀释倍数/50%补体溶血时血清用量

【注意事项】

（1）待检血清必须新鲜，如放置室温 2h 以上，可使补体活性下降。

（2）待检血清标本应无溶血、无污染等。

（3）试验器材应清洁，残留的酸碱等化学物质均影响结果准确性。

（4）测定需在 0～4℃进行，试管需预冷，以便保持补体活性。

（5）SRBC 等试剂均应新鲜配制。

（6）本法虽然简便快速，但是敏感性较低，且不能测定补体蛋白的绝对值。

二维码 6-25
知识拓展

【思考题】

为什么血清总补体测定多采用 50%溶血活力测定？

二、溶血试验

【实验目的】

掌握溶血试验的原理及结果判断。

【实验原理】

溶血试验（hemolysis test）是指在合适的条件下，红细胞与相应抗体结合形成免疫复合物时，若加入新鲜动物血清，则血清中的补体系统可被免疫复合物激活，导致红细胞溶解，产生溶血现象。溶血试验经常被作为补体总活性测定的一部分，用来指示结果判定。

【实验材料】

1. **实验试剂**　2%SRBC、溶血素（抗 SRBC 抗体）、待检新鲜血清、生理盐水。
2. **实验器材**　试管、移液器、恒温水浴箱、试管架等。

二维码 6-26
实验流程

【实验方法】

（1）按说明书将商品化溶血素稀释至 2U/ml。

（2）取 4 支小试管，标记管号，置于试管架上。按下表（表 6-2）加样。

表 6-2 溶血试验加样表

试管	1	2	3	4
生理盐水	0.50	1.00	1.00	1.50
2U/ml 溶血素	0.50	0.50	—	—
2% SRBC	0.50	0.50	0.50	0.50
待检血清	0.50	—	0.50	—

（3）将试管中的反应液摇匀后置 37℃水浴，15～30min 后取出观察有无溶血现象。

【实验结果】

溶血：液体呈红色、透明，即为阳性结果。

不溶血：液体呈混浊状态或管底有红细胞沉淀而上层为透明无色，即为阴性结果。

【注意事项】

（1）待检血清必须新鲜，如放置室温 2h 以上，可能会使补体活性下降。

（2）SRBC 等试剂均应新鲜配制。

（3）观察结果时应轻拿轻放。

二维码 6-27
知识拓展

【思考题】

如何解释溶血试验结果？

（银国利）

实验 4　免疫标记技术

免疫标记技术（immunolabelling technique）是指用酶、荧光素、放射性核素、胶体金等标记的抗原或者抗体作为检测剂，检测样本中对应抗体或抗原的技术，由于标记物对抗原抗体反应具有放大效应，且可用仪器精确测定，故免疫标记技术灵敏度较高，可进行定性、定量和定位检测，是目前应用最广泛的免疫学检测技术。

一、酶联免疫吸附试验

（一）直接法——人血清 IgG 检测

【实验目的】

了解酶联免疫吸附试验直接法的原理和应用。

【实验原理】

酶联免疫吸附试验（enzyme linked immunosorbent assay，ELISA）是一种固相酶免疫检测方法。其基本原理是，先将已知抗原或者抗体结合在某种固相载体表面，再加入已预先与某种酶交联的对应抗体或抗原，形成“酶标记抗原-抗体”复合物，再加入酶反应底物和显色剂，在酶催化底物反应后出现显色反应。显色的深浅与酶标记抗原-抗体复合物含量成正比，借此可进行定性或定量检测。常见的 ELISA 方法有直接法、间接法和夹心法。

其中直接法是将抗原直接固定于固相载体上，加入酶标记的一级抗体，即可测定抗原总量。其优点是操作手续简短，因无须使用二级抗体可避免交互反应；缺点是试验中的一级抗体都得用酶标记，但不是每种抗体都适合做标记，费用相对提高（图 6-12）。

【实验材料】

（1）抗原标本纯化人 IgG。

（2）包被液：pH9.6 碳酸盐缓冲液，0.05mol/L。

（3）洗涤液：pH 7.4 PBS 缓冲液，0.02mol/L + 0.05% Tween 20。

（4）酶标抗体稀释液洗涤缓冲液 + 0.2% 牛血清白蛋白（BSA）。

（5）HRP 标记的抗人 IgG 抗体按商品说明书适当稀释。

（6）底物缓冲液：pH 5.0 柠檬酸-磷酸氢二钠。

（7）HRP 底物显色工作液取 0.5ml 2mg/ml 四甲基联苯胺（TMB）无水乙醇溶液，加 10ml 底物缓冲液，与 32μl 30% H_2O_2 混合，现用现配。

（8）终止液：2mol/L H_2SO_4。

（9）酶标孔（板）、移液器、移液器头、吸水纸、37℃水浴锅。

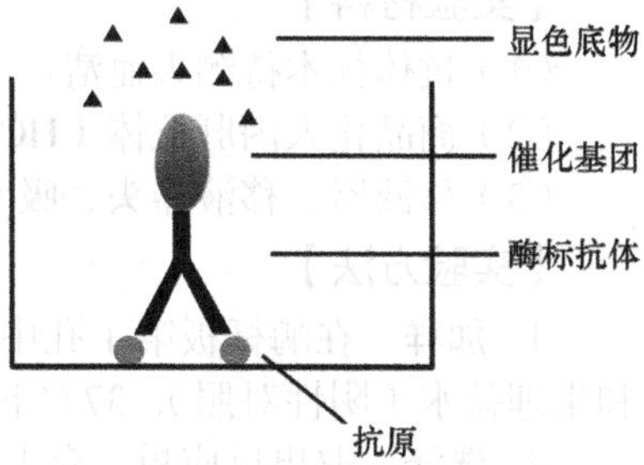

图 6-12 ELISA 直接法

【实验方法】

1. 包被 将抗原标本依次倍比稀释为四种不同浓度，分别为 1∶2500、1∶5000、1∶10000、1∶20000，各取 100μl 加入酶标孔中，并在第 5 孔中加入 100μl 包被液作为阴性对照，37℃下反应 4h 或 4℃过夜。

二维码 6-28 实验流程

2. 洗涤 取出反应板，弃去孔中液体，加满洗涤液，轻轻震荡 1min，弃去孔中洗涤液，重复 3 次后在吸水纸上拍干。

3. 加入酶结合物 按酶标抗体说明书将酶结合物加入反应孔，37℃反应 30min。

4. 洗涤 取出反应板，弃去孔中液体，加满洗涤液，轻轻震荡 1min，弃去孔中洗涤液，重复 3 次后在吸水纸上拍干。

5. 显色 每孔加入 100μl 现配的 HRP 底物显色工作液，37℃避光孵育 15min。

6. 终止 每孔加入 50μl 终止液终止反应，观察结果。

【实验结果】

可于白色背景上，直接用肉眼判定结果。反应孔有明显变色为阳性，否则为阴性。也可用酶标仪于 450nm 处检测各孔 OD 值以做定量检测。

【注意事项】

（1）洗涤时动作应轻柔，注意不要将洗涤液溢出，造成交叉污染。

（2）加样时移液器头不要接触孔壁和孔底，并避免出现气泡。

（3）酶标仪检测必须在加入终止液后 15min 内完成。

【思考题】

TMB 在 ELISA 中起到什么作用？

（二）间接法——人血清丙肝抗体（HCV-Ab）检测

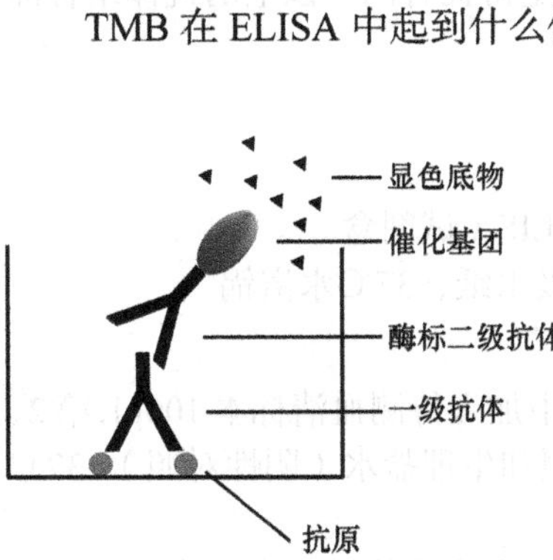

图 6-13 ELISA 间接法

【实验目的】

了解酶联免疫吸附试验间接法的原理和应用。

【实验原理】

此测定方法与直接法类似，差别在于一级抗体并没有酶标记，而改用酶标记的二级抗体去结合一级抗体来测定抗原量。其优点是二级抗体可以加强信号，而且有多种选择能做不同的测定分析。不加酶标记的一级抗体则能保留它最多的免疫反应性；缺点则是交互反应发生的概率较高（图 6-13）。

【实验材料】

（1）抗体标本待测人血清。

（2）商品化人丙肝抗体（HCV-Ab）ELISA 测定试剂盒。

（3）移液器、移液器头、吸水纸、37℃水浴锅。

【实验方法】

1. **加样** 在酶标板第 1 孔中加入待测血清标本 100μl，第 2、3 孔中分别加入 100μl 阳性对照和生理盐水（阴性对照），37℃下放 30min。

2. **洗涤** 取出反应板，弃去孔中液体，加满洗涤液，轻轻震荡 1min，弃去孔中洗涤液，重复 3 次后在吸水纸上拍干。

3. **加入酶结合物** 按酶标抗体说明书将酶结合物加入反应孔，37℃反应 30min。

4. **洗涤** 取出反应板，弃去孔中液体，加满洗涤液，轻轻震荡 1min，弃去孔中洗涤液，重复 3 次后在吸水纸上拍干。

5. **显色** 按说明书加入显色液 A 和 B，避光显色 10min。

6. **终止** 每孔加入 50μl 终止液终止反应，观察结果。

【实验结果】

可于白色背景上，直接用肉眼判定结果。反应孔有明显变色为阳性，否则为阴性。也可用酶标仪于 450nm 处检测各孔 OD 值，以做定量检测。

【注意事项】

（1）洗涤时动作应轻柔，注意不要将洗涤液溢出，造成交叉污染。

（2）加样时移液器头不要接触孔壁和孔底，并避免出现气泡。

（3）酶标仪检测必须在加入终止液后 15min 内完成。

【思考题】

相比直接法检测，为何间接法省略了“包被”这一步骤？

（三）双抗体夹心法——人血清甲胎蛋白（AFP）的检测

【实验目的】

了解酶联免疫吸附试验双抗体夹心法的原理和应用。

【实验原理】

被检测的抗原包被在两个抗体之间，其中一个抗体将抗原固定于固相载体上，即捕捉抗体。另一个则是检测抗体，此抗体可用酶标记后直接测定抗原的量；或不标记，再透过酶标记的二级抗体来测定抗原的量。这两种抗体必须小心选取，才可避免交互反应或竞争相同的抗原结合部位。其优点是优势：高灵敏、高专一性，抗原无须事先纯化；缺点是抗原一定得拥有两个以上的抗体结合部位（图 6-14）。

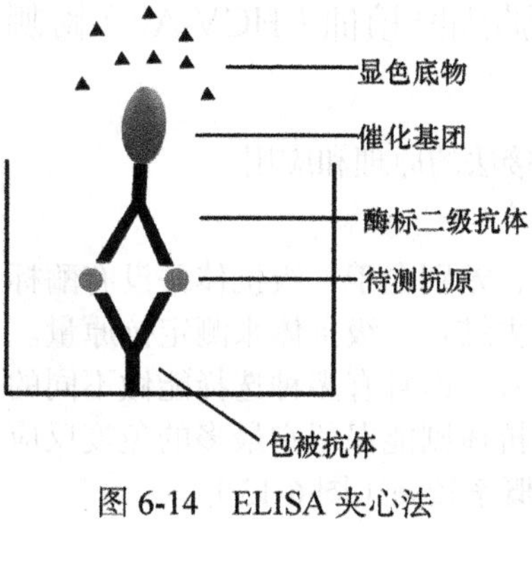

图 6-14 ELISA 夹心法

【实验材料】

（1）抗体标本待测人血清。

（2）商品化人 AFP 检测 ELISA 试剂盒。

（3）移液器、移液器头、吸水纸、37℃水浴锅。

【实验方法】

1. **加样** 在酶标板第 1 孔中加入待测血清标本 100μl，第 2、3 孔中分别加入 100μl 阳性对照和生理盐水（阴性对照），37℃下放 30min。

2. **洗涤** 取出反应板，弃去孔中液体，加满洗涤液，轻轻震荡 1min，弃去孔中洗涤液，重复 3 次后在吸水纸上拍干。

3. **加入酶结合物**　按酶标抗体说明书将酶结合物加入反应孔，37℃反应 30min。

4. **洗涤**　取出反应板，弃去孔中液体，加满洗涤液，轻轻震荡 1min，弃去孔中洗涤液，重复 3 次后在吸水纸上拍干。

5. **显色**　按说明书加入显色液 A 和 B，避光显色 10min。

6. **终止**　每孔加入 50μl 终止液终止反应，观察结果。

【实验结果】

可于白色背景上，直接用肉眼判定结果。反应孔有明显变色为阳性，否则为阴性。也可用酶标仪于 450nm 处检测各孔 OD 值，以做定量检测。

【注意事项】

（1）洗涤时动作应轻柔，注意不要将洗涤液溢出，造成交叉污染。

（2）加样时移液器头不要接触孔壁和孔底，并避免出现气泡。

（3）酶标仪检测必须在加入终止液后 15min 内完成。

【思考题】

ELISA 双抗体夹心法与间接法在原理上有何区别？

二维码 6-29
知识拓展

二维码 6-30
实验视频

二、免疫胶体金试验

【实验目的】

掌握免疫胶体金试验的原理、操作及注意事项。

【实验原理】

免疫胶体金技术（immune colloidal gold technique）是以胶体金作为示踪标记物应用于抗原抗体检测的一种新型免疫标记技术。其原理是氯金酸（$HAuCl_4$）在还原剂如白磷、柠檬酸钠、抗坏血酸、鞣酸等作用下聚合为特定大小的金颗粒，这种金颗粒呈暗红色，并在静电作用下呈一种稳定的胶体状态，即胶体金。胶体金在弱碱性环境下带负电荷，可与蛋白分子的正电荷基团形成牢固地结合，这种结合属于静电结合，不影响蛋白质的化学性质。胶体金标记技术由于标记物的制备简便，无须放射性核素、也不需要荧光显微镜的特点，广泛应用于各种液相免疫测定和固相免疫分析，尤其适用于急性检测。但这类试验不能准确定量，且敏感度低于其他免疫标记技术，经银加强染色后可增强其敏感度。

本实验介绍应用胶体金免疫层析法（早早孕试纸）测定样本中人绒毛膜促性腺激素（HCG），该蛋白是由受孕妇女胎盘产生的一种糖蛋白类激素，非妊娠妇女尿中几乎不含 HCG，因此被作为判定是否妊娠的可靠指标。如图 6-15 所示，检测试纸条依次为吸水滤纸区、胶体金标记区（胶体金标记的小鼠抗人 HCG 单克隆抗体）、特异性抗体区（T 区，抗-HCG 抗体）、质控抗体区（C 区，羊抗鼠 IgG 多克隆抗体）、吸水滤纸区。当试纸条下端浸入待测样品中时，下端吸水材料吸取液体向上流动，经过胶体金抗体区时样品中的 HCG 即与体标抗体结合，并带动其继续向上渗移，在 T 区形成双抗体夹心，出现红色条带。多余的金标 HCG 抗体继续向 C 区渗移，出现红色条带（图 6-15）。

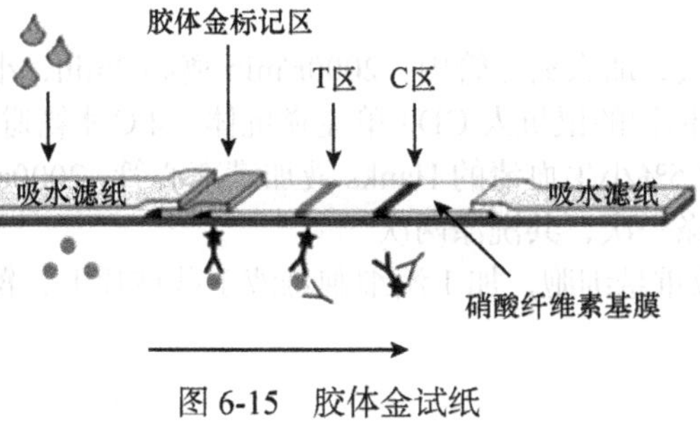

图 6-15　胶体金试纸

【实验材料】

（1）标本待测尿液（孕妇及正常妇女）。

（2）早早孕试纸。

二维码 6-31
实验流程

【实验方法】

（1）将试纸条下端放入待测尿液中 15s 左右。

（2）取出后平放，室温等待 3min。

（3）肉眼观察结果。

【实验结果】

在 T 区和 C 区各出现一条红色条带，表示标本含 HCG（即妊娠）；只在 C 区出现一条红色条带，表示标本不含 HCG（未妊娠）；C 区未出现条带，表示试纸失效。

【注意事项】

（1）应使用新鲜尿液样本，避免长期储存引起的蛋白降解。

（2）若样本中 HCG 含量较多，则可能质控线不出现或极淡，此时应稀释后再测。

【思考题】

试纸上 C 区的设计意义是什么？

二维码 6-32
知识拓展

三、荧光免疫技术

【实验目的】

掌握免疫荧光标记的原理及其在细胞检测中的应用。

【实验原理】

荧光免疫技术（immunofluorescence technique）是在特异性检测抗体上标记荧光素，制成荧光标记抗体。荧光标记抗体可用于对待测细胞、组织切片或其他标本中的抗原进行鉴定和检测。结果可在荧光显微镜下直接观察，称为荧光免疫显微技术；或应用流式细胞仪进行自动分析检测，称为流式荧光免疫技术。目前常用的荧光素包括异硫氰酸荧光素（fluorescein isothiocyanate，FITC）、藻红蛋白（phycoerythrin，PE）、别藻蓝蛋白（allophycocyanin，APC）和罗丹明（rhodamine）等。

CD3 是 T 淋巴细胞膜上特征性表达的分子，用直接免疫荧光法可以通过对 CD3 分子的标记鉴定 T 淋巴细胞。用 FITC 标记的抗人 CD3 分子抗体，在一定条件下与淋巴细胞混合，即与 T 淋巴细胞表面的 CD3 分子结合，在荧光显微镜下即可观察到 T 细胞膜上呈黄绿色荧光。

【实验材料】

（1）样本：人外周血单个核细胞（PBMC）悬液：制备方法参见实验 6，用 Hanks 液配成 1×10^{6}/ml 的细胞悬液。

（2）抗体：FITC 标记的鼠抗人 CD3 单克隆抗体。

（3）离心管、试管、载玻片、盖玻片等。

（4）正置荧光显微镜、离心机、移液器、移液器头。

【实验方法】

（1）取 1ml PBMC 悬液，加入离心管内，2000r/min 离心 3min，小心弃去上清液，加入 50ml 预配好的 FITC 标记的鼠抗人 CD3 单克隆抗体，4℃冰箱避光孵育 30min。

二维码 6-33
实验流程

（2）取出离心管，用含 5%小牛血清的 Hanks 液加满离心管，2000r/min 离心 3min，小心弃去上清液，此为洗涤一次，共洗涤两次。

（3）用 100μl Hanks 液重悬细胞，加 1 滴细胞悬液于载玻片上，覆以盖玻片，正置荧光显微镜下观察。

【实验结果】

荧光显微镜观察，落射激发光下 CD3 阳性细胞可见环状或斑点状荧光。用普通光源计数同一视野中总细胞数，然后用荧光光源计数荧光阳性细胞，计算其百分率。

【注意事项】

（1）荧光抗体应避光保存，整个染色过程亦应尽量低温避光。

（2）染色后应及时观察，以免荧光衰减。

【思考题】

常用荧光染料对应的检测波长分别是什么？

二维码 6-34
知识拓展

（姚韵靓）

实验 5 吞噬细胞功能测定

体内具有吞噬功能的细胞大致分为两大类，即小吞噬细胞和大吞噬细胞。其中小吞噬细胞一般指血液中的中性粒细胞，而大吞噬细胞主要指单核/巨噬细胞。吞噬细胞通过趋化、调理、吞入和消化等步骤，能有效地消灭外来异物。

一、中性粒细胞吞噬功能试验

【实验目的】

熟悉中性粒细胞吞噬作用检测的原理和方法。

【实验原理】

中性粒细胞具有吞噬细菌和异物颗粒的能力。在体外将中性粒细胞与细菌或异物颗粒共同孵育后，即可被中性粒细胞吞噬、摄入，染色后显微镜观察可见中性粒细胞内有细菌或异物颗粒。

【实验材料】

（1）标本人抗凝血。

（2）金黄色葡萄球菌、斜面或肉汤培养基、瑞氏染液、无菌生理盐水。

（3）柠檬酸钠抗凝管、试管、胶头吸管、载玻片、恒温箱、显微镜等。

【实验方法】

（1）金黄色葡萄球菌接种于斜面或肉汤培养基中 18h，置 4℃备用。

（2）取 0.5ml 人抗凝血加入 1.5ml EP 管中。

（3）在抗凝血中加入 1～2 滴金黄色葡萄球菌悬液，混匀。

（4）置 37℃水浴锅中孵育 15min，中途混匀一次。

（5）用吸管取 1 滴血-菌混合液滴于载玻片上，用另一玻片推成薄血片。

（6）血片自然干燥后用瑞氏染液染色。

（7）显微镜油镜观察。

二维码 6-35
实验流程

【实验结果】

油镜检查：若染色正确，可见细胞核及被吞噬的细菌染为紫色，细胞质则为淡红色。

计数：吞噬百分率（%）=吞噬细菌的中性粒细胞总数/计数的总中性粒细胞数×100%

吞噬指数=被吞噬的总细胞数/总中性粒细胞数

【注意事项】

抗凝剂的选择：肝素抗凝时白细胞着色不佳，经瑞氏染液染色后易出现深蓝色背景；EDTA 影响白细胞的吞噬功能；柠檬酸钠抗凝最合适。

【思考题】

中性粒细胞检测有何临床意义？

二、巨噬细胞吞噬功能试验

【实验目的】

熟悉巨噬细胞吞噬作用检测的原理和方法。

【实验原理】

巨噬细胞有很强的吞噬功能，可非特异性地吞噬大颗粒异物，称为大吞噬现象。将待测巨噬细胞与某种可被吞噬且易于计数的儿颗粒物（如鸡红细胞或葡萄球菌等）混合孵育一段时间后，颗粒物质可被吞噬。

【实验材料】

（1）动物：6～8 周龄昆明种或其他品系小鼠。

（2）8%淀粉溶液、5%鸡红细胞（5ml 肝素抗凝鸡血+95ml 生理盐水）、瑞氏染液、无菌生理盐水。

（3）剪刀、镊子、注射器、胶头吸管、试管、载玻片、恒温箱、显微镜等。

【实验方法】

（1）实验前 72h，于小鼠腹腔内注射 8%淀粉溶液 1ml。

（2）实验当天，小鼠腹腔内注射 5%鸡红细胞 1ml，并轻柔其腹部。

（3）注射后 30min，脱颈椎处死小鼠。

（4）仰面固定小鼠，常规消毒腹部皮肤，剪开腹部皮肤，暴露腹膜。提起腹膜，剪开一小口，用胶头吸管收集腹腔液。

二维码 6-36
实验流程

（5）用吸管取 1 滴腹腔液滴于载玻片上，用另一玻片推成薄血片。

（6）血片自然干燥后用瑞氏染液染色。

（7）显微镜油镜观察。

【实验结果】

油镜检查：若染色正确，油镜下巨噬细胞和鸡红细胞核均染成蓝色，巨噬细胞质呈浅红色。

计数：

吞噬百分率（%）=吞噬细菌的中性粒细胞总数/计数的总中性粒细胞数×100%

吞噬指数=被吞噬的总细胞数/总中性粒细胞数

【注意事项】

（1）剖开小鼠腹腔时应该避免剪破腹腔血管。

（2）涂片厚度应适当，太薄或太厚都会影响计数。

二维码 6-37
知识拓展

【思考题】

实验前 72h 为何要在小鼠腹腔注射 8%淀粉溶液？

（姚韵靓）

实验6　外周血单个核细胞（PBMC）分离方法

二维码 6-38
实验视频

【实验目的】

（1）掌握密度梯度离心法分离单个核细胞的原理。

（2）熟悉人外周血单个核细胞（PBMC）分离方法的操作过程。

【实验原理】

外周血单个核细胞（peripheral blood mononuclear cells，PBMC）包括血液中的淋巴细胞和单核细胞，其常用的分离方法是聚蔗糖-泛影葡胺（Ficoll-Hypaque，又称淋巴细胞分层液）密度梯度离心法。常规的 Ficoll 分层液是由 2 份 6%的聚蔗糖蒸馏水溶液和 1 份 34%的泛影葡胺生理盐水溶液混合而制成。它具有相对分子量大、无化学活性、对细胞无毒的特性。单个核细胞的体积、形态和比重与外周血其他细胞不同，PBMC 的比重约为 1.075，而红细胞和粒细胞的比重约为 1.092，血小板的比重约为 1.030，因此利用比重为（1.077±0.002）近于等渗的 Ficoll 分层液做密度梯度离心，使一定比重的血细胞按相应密度梯度进行重新分布，可将各种血细胞与 PBMC（主要为淋巴细胞）分离开来。

【实验材料】

（1）肝素。

（2）Hanks 液，pH7.2～7.6。

（3）Ficoll 分层液。

（4）含 10%小牛血清的 RPMI-1640 培养液。

（5）0.4%锥虫蓝染液。

（6）无菌注射器、吸管、离心管、试管、水平转子离心机、血细胞计数板、显微镜等。

【实验方法】

二维码 6-39
实验流程

（1）无菌抽取 2ml 静脉血样品，注入含有肝素的无菌试管中（每毫升全血用 0.1ml 125～250U/ml 肝素溶液抗凝），混匀，加入 2ml Hanks 液进行等量稀释，混匀。

（2）吸取 2ml Ficoll 分层液置于离心管中，然后将离心管倾斜 45°角。用吸管吸取稀释血液，在距分层液上约 1cm 处，沿管壁缓慢加入离心管中。沿管壁流下的稀释血液叠加在 Ficoll 分层液的表面，并与分层液形成清晰的界面（图 6-16）。

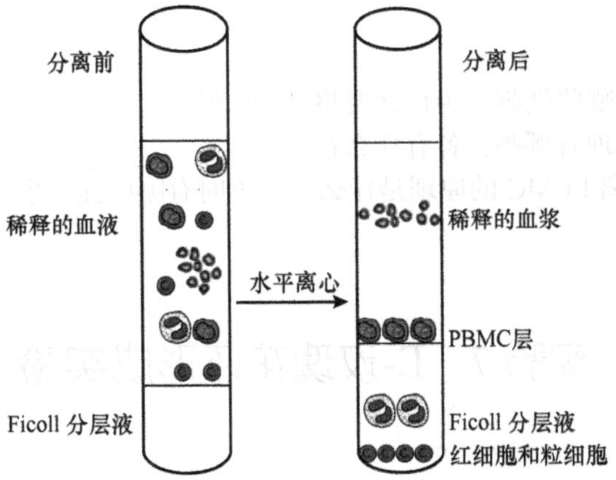

图 6-16　外周血单个核细胞（PBMC）分离示意图

（3）水平转子离心机以 2000rpm 离心 20min，小心取出离心管。

（4）离心后，可见溶液分成多层，最下层是红细胞，中间层是分层液，最上层是血浆。用吸管小心吸取上层血浆和分层液之间一薄层较致密的灰白色层，即为 PBMC 层。

（5）将得到的单个核细胞加入至含 5ml Hanks 液的另一试管中，用吸管轻柔吹打混匀，1000rpm 离心 10min，洗涤 2 次。

（6）弃去上清，加含 10%小牛血清的 RPMI-1640 培养液 1ml，混匀，取少量细胞进行计数及活力测定。

取 25μl 细胞悬液，与 0.4%锥虫蓝染液等量混合，在 3min 之内置于血细胞计数板上压片，静置片刻，在高倍镜下分别计数 4 个大方格内的未染色细胞（活细胞）与染成蓝色的细胞（死细胞），按下列公式计算出单个核细胞浓度和存活率。

$$\text{单个核细胞浓度(细胞数/ml)}=\frac{\text{4个大方格内细胞总数}}{4}\times 10\,000\times\text{稀释倍数}$$

$$\text{单个核细胞存活率(\%)}=\frac{\text{200个单个核细胞中活细胞数}}{\text{200个单个核细胞}}\times 100\%$$

（7）用含 10%小牛血清的 RPMI-1640 培养液将单个核细胞悬液配成相应的细胞浓度备用。

【实验结果】

水平离心后，观察离心管中会出现几个不同层次的液体和细胞带。由于红细胞和粒细胞比重大于 Ficoll 分层液，同时因红细胞在分层液中凝聚成串而沉于管底，血小板则因比重小而悬浮于血浆中，唯有与分层液密度相当的单个核细胞密集在血浆层和分层液的界面之中，呈灰白膜状，为 PBMC 层。

本法分离的单个核细胞纯度可达 95%，淋巴细胞约占 90%以上（同时细胞存活率应大于 90%），其中的粒细胞占 0～5%，血小板小于 0.5%，红细胞占 0～7%。

【注意事项】

（1）抽血后应在 2h 内使用。一般情况下，是现采血，马上进行分离，保持单个核细胞的活性是非常重要的。

（2）动作要轻柔小心，将稀释后的血液缓慢地沿管壁加在分层液液面上，尽量不要把界面搅混浊、不要摇动，否则分离效果不好。也可以将分层液加入到血液的上层。

（3）在收集 PBMC 时，将吸管缓慢地插入 PBMC 层，沿管壁轻轻地旋转吸取细胞，尽量不要吸到分层液。

（4）经过分层液分离的淋巴细胞层，实际上是单个核细胞层，包括单核细胞，不包括粒细胞。欲分离出纯的淋巴细胞，则应继续按其他分离法除去单核细胞，或收获单核细胞。

二维码 6-40
知识拓展

【思考题】

（1）免疫细胞都包括哪些细胞？为什么要将其分离纯化？

（2）将细胞分离的原理有哪些？各有什么特点？

（3）Ficoll 分离法分离 PBMC 的原理是什么？分离时有哪些注意事项？

（陈　慧　胡　琪）

实验 7　E-玫瑰花环形成实验

【实验目的】

（1）掌握 E-玫瑰花环形成实验的原理及结果判断。

（2）熟悉检测人外周血 T 淋巴细胞的操作过程。

【实验原理】

人 T 淋巴细胞表面有绵羊红细胞（SRBC）受体，即为 E 受体（ER），又命名为 CD2 分子。SRBC 表面有 CD2 的配体，即 CD58 分子。将人 T 淋巴细胞与 SRBC 按一

二维码 6-41
实验视频

定比例混合后，在一定条件下 T 淋巴细胞的 CD2 可与 SRBC 表面的 CD58 结合，形成一个 T 淋巴细胞结合多个 SRBC 的玫瑰花一样的花环，即 E-花环，称为 E 玫瑰花环实验（erythrocyte-rosette formation test）。E-花环的形成是人 T 淋巴细胞的独特标志。该实验常用于临床检测人外周血 T 淋巴细胞的数量和比例，由此可间接反映机体的细胞免疫功能，判断疾病的预后和考核药物疗效等。

取样品染色涂片、镜检计数可得花环形成率。如置 4℃至少 2h 或过夜，所检出的 E-花环称为总 E-花环形成率（Et）。如减少淋巴细胞与 SRBC 的比例，经短时间的温育即可取样涂片镜检，仍可见部分 E-花环，称为活性-E 花环形成率（Ea）。前者是测定外周血中总 T 细胞的百分率；后者是测定功能活跃的 T 细胞的百分率，能更敏感地反映机体的细胞免疫水平。

【实验材料】

（1）肝素。

（2）淋巴细胞分层液。

（3）Hanks 液，pH7.2～7.6。

（4）SRBC。

（5）胎牛血清。

（6）0.8%戊二醛溶液。

（7）亚甲蓝染液。

（8）离心管、试管、吸管、水平转子离心机、水浴箱、冰箱、载玻片、显微镜等。

【实验方法】

二维码 6-42 实验流程

（一）总 E-玫瑰花环试验

（1）取 1ml 肝素抗凝血，加入 1ml Hanks 溶液等量稀释后，沿离心管管壁缓慢将稀释的血液加入到 2ml 淋巴细胞分层液的表面，2000rpm 水平离心 20min。

（2）用吸管小心吸取分层液界面灰白色的淋巴细胞层，用 5ml Hanks 溶液洗涤，1000rpm 离心 10min，洗涤 2 次。弃去上清，用 Hanks 溶液调整细胞浓度至 2×10^6/ml（参见第 2 篇第 6 章实验 6 外周血单个核细胞分离方法）。

（3）1% SRBC 悬液的制备：用 Hanks 溶液洗涤绵羊外周血，1000 rpm 离心 10min，洗涤 3 次。弃去上清，将压积 SRBC 用 Hanks 溶液配制成 1% SRBC 悬液。

（4）吸收灭活胎牛血清的制备：胎牛血清经 56℃ 30min 灭活补体后，每毫升胎牛血清中加入 0.1ml 洗涤过的压积 SRBC，充分混匀，置于 37℃孵育 30min，再经 2000 rpm 离心 20min，取上清液即成。

（5）取 0.1ml 淋巴细胞悬液，加入 0.1ml 已吸收灭活的胎牛血清，再加入 1% SRBC 悬液 0.1ml，充分混匀，置于 37℃水浴 5min，500rpm 低速离心 5min。然后置于 4℃冰箱，2h 或过夜。

（6）吸去部分上清（约 0.1ml），轻柔旋转悬起细胞，沿管壁加 1 滴 0.8%戊二醛混匀后固定细胞 10min，再加入 1 滴亚甲蓝染液混匀后染色 1min。

（7）轻轻吸取 1 滴滴片，盖上盖玻片，高倍镜下观察计数总 E-花环形成率（图 6-17）。

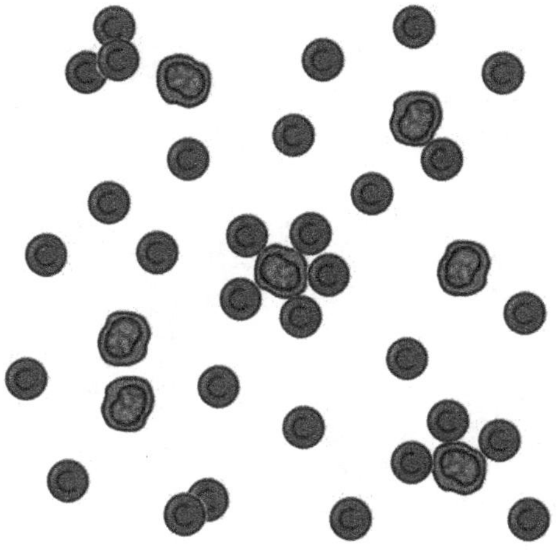

图 6-17 E-玫瑰花环示意图

（二）活性 E-玫瑰花环试验

（1）取上述淋巴细胞悬液 0.1ml，加入 0.1ml 已吸收灭活的胎牛血清，再加入 1% SRBC 悬液 0.1ml，充分混匀，置于 37℃水浴 30min，500rpm 低速离心 5min。

（2）吸去部分上清（约 0.1ml），轻柔旋转悬起细胞，沿管壁加 1 滴 0.8%戊二醛混匀后固定细胞 10min，再加入 1 滴亚甲蓝染液混匀后染色 1min。

（3）轻轻吸取 1 滴滴片，盖上盖玻片，高倍镜下观察计数活性-E 花环形成率。

【实验结果】

凡受检细胞周围黏附有 3 个或 3 个以上 SRBC 者，判为花环形成细胞，即为 E-花环阳性。计数 200 个淋巴细胞中形成的花环数，按下列公式计算出 T 淋巴细胞百分率。

$$\text{E花环形成率}(\%)=\frac{\text{200个淋巴细胞中形成花环的淋巴细胞数}}{\text{200个淋巴细胞}}\times 100\%$$

正常参考值：Et 为 60%～80%，少于 50%为降低。Ea 仅为 Et 的 1/3～1/2，为 20%～40%。

【注意事项】

（1）最好用新鲜的 SRBC，一般采血后保存 2 周内使用，且要注意有否溶血，超过 2 周则与淋巴细胞的结合能力显著下降。

（2）CD2 分子易于自行脱落，因此被检血样必须新鲜、无菌，采血后要求在 4h 内进行检验，否则由于淋巴细胞的死亡，受体脱落，影响检查结果。同时可用锥虫蓝检查活力，活细胞应不少于 95%。

（3）控制好反应温度、时间等条件对玫瑰花环形成率有较大影响。如在 37℃作用时间较长，可见玫瑰花环发生变形，结合部位松弛、拉开，甚至解离。

（4）计数前应将沉于管底的细胞重悬，但操作要轻柔，不能过猛或强力吹打，否则会使 CD2 分子丢失或减少。

（5）SRBC 与淋巴细胞结合形成花环后，操作要更轻柔，否则花环容易脱落。

二维码 6-43
知识拓展

【思考题】

（1）淋巴细胞有哪几类细胞？能用形态学的方法加以区别吗？

（2）什么是总花环、活性花环？为什么测活性花环比测总花环更有参考意义？

（陈　慧　胡　琪）

第3篇 综合性实验

第7章 医学微生物学实验

实验1 水的卫生细菌学检验

【实验目的】

（1）掌握水的卫生细菌学检验的方法。

（2）熟悉水样标本中大肠菌群数的检测程序，并能准确地做出检验报告。

（3）了解水中细菌取样方法。

二维码 7-1
实验视频

【实验原理】

大肠菌群的定义是指一群好氧和兼性厌氧、革兰阴性、无芽胞的杆状细菌，并能在乳糖培养基中经37℃ 24～48h培养能产酸产气。我国规定在每100ml饮用水中大肠菌群不得超过3个。检测大肠菌群的方法有稀释培养法和膜滤法两种，其中稀释培养法是标准分析法，为我国大多数卫生单位和水厂所使用。它包括初发酵试验、平板分离和复发酵试验三部分。

【实验材料】

1. 器材 生化培养箱LRH-250A、超净工作台、显微镜CX21、干烤箱、高压蒸汽灭菌器、天平、电炉、菌落计数仪、无菌吸管（10ml，1.0ml）、酒精灯、接种环、接种针等。

2. 标本 自来水水样。

3. 培养基 乳糖胆盐发酵管（单料及双料）、伊红亚甲蓝琼脂（EMB）平板、乳糖发酵管。

【实验方法】

二维码 7-2
实验流程

1. 采样 取100ml磨口带塞玻璃瓶，包扎后干热灭菌备用。取自来水水样时，至少应先放水5min，先冲净龙头口所带的微生物，获得主流管中有代表性的水样。取样时，用右手握瓶，左手启开瓶塞，用覆盖瓶口的纸托住瓶塞。收集样品后，连同覆盖纸一起将瓶口塞好，并用线绳在原处扎好。注意手指不得触及瓶口内部。在静水中取样时，先用右手揭去塞子，瓶口朝下浸入水下约30cm处，然后将瓶子反转过来，待水注满后，取出塞好瓶口。如果水在流动，瓶口必须迎着水流，以免手上的细菌被水冲进瓶子。

2. 水样 放置过程中，内含的细菌数目和类型会发生变化，所以水样品应于6～10℃储存，并不超过6h。

3. 初发酵试验 吸取待检样品接种于乳糖胆盐发酵管内，10ml接种量采用双料发酵管，而1ml及1ml以下接种量采用单料管。每一接种量接种3管，置于35～37℃培养（24±2）h。将产酸、产气的发酵管按下列程序继续进行检验。

4. 在指示性培养基上分离培养 将产气的发酵管中的发酵液在EMB平板上划线分离，置于35～37℃培养18～24h。

5. 革兰染色及镜检 于上述平板上长出的菌落中挑取 1～2 个大肠菌群可疑菌落进行革兰染色和镜检。

6. 复发酵试验 将上述镜检之菌落同时接种于乳糖发酵管，置于 35～37℃培养（24±2）h，观察产气情况。

实验流程见图 7-1。

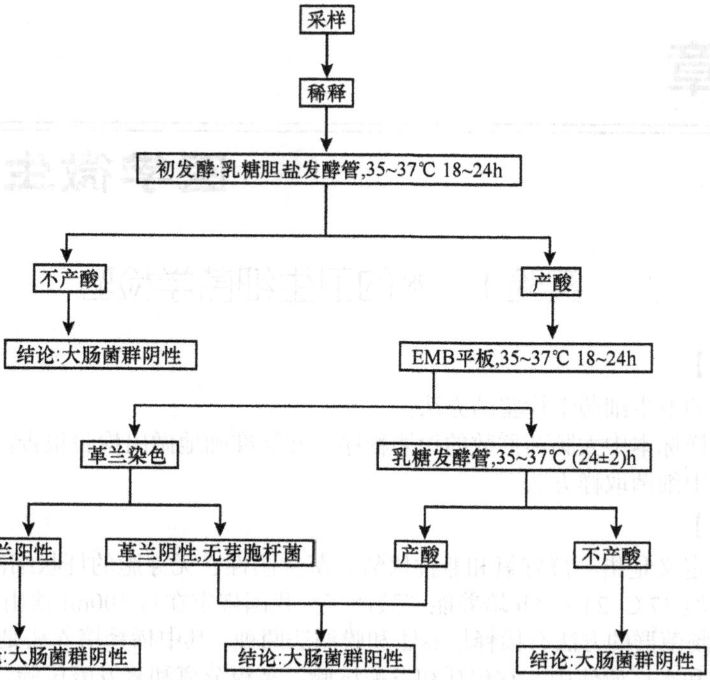

图 7-1　水的卫生细菌学检验流程图

【结果判断】

凡是在乳糖胆盐发酵管产酸、产气，在指示性培养基上能生长的、革兰染色为阴性的无芽胞杆菌，在复发酵管中产酸、产气的，即说明有大肠菌群的细菌存在—大肠菌群阳性；有一项不符的，即说明无大肠菌群的细菌存在—大肠菌群阴性。

根据有大肠菌群细菌存在的初发酵管的管数，查相应的大肠菌群检索表(表 7-1)，报告每 100ml 待检样品中大肠菌群细菌的最近似数。

表 7-1　大肠菌群最可能数（MPN）检索表

阳性管数			MPN	阳性管数			MPN
1ml×3	0.1ml×3	0.01ml×3	个/dl	1ml×3	0.1ml×3	0.01ml×3	个/dl
0	0	0	＜30	0	2	1	90
0	0	1	30	0	2	2	120
0	0	2	60	0	2	3	160
0	0	3	90	0	3	0	90
0	1	0	30	0	3	1	120
0	1	1	60	0	3	2	160
0	1	2	90	0	3	3	190
0	1	3	120	1	0	0	40
0	2	0	60	1	0	1	70
1	0	2	110	2	2	1	280
1	0	3	150	2	2	2	350
1	1	0	70	2	2	3	420

续表

阳性管数			MPN	阳性管数			MPN
1ml×3	0.1ml×3	0.01ml×3	个/dl	1ml×3	0.1ml×3	0.01ml×3	个/dl
1	1	1	110	2	3	0	290
1	1	2	150	2	3	1	360
1	1	3	190	2	3	2	440
1	2	0	110	2	3	3	530
1	2	1	150	3	0	0	230
1	2	2	200	3	0	1	390
1	2	3	240	3	0	2	540
1	3	0	160	3	0	3	950
1	3	1	200	3	1	0	430
1	3	2	240	3	1	1	750
1	3	3	290	3	1	2	1200
2	0	0	90	3	1	3	1600
2	0	1	140	3	2	0	930
2	0	2	200	3	2	1	1500
2	0	3	260	3	2	2	2100
2	1	0	150	3	2	3	2900
2	1	1	200	3	3	0	2400
2	1	2	270	3	3	1	4600
2	1	3	340	3	3	2	11000
2	2	0	210	3	3	3	>24000

【结果报告】

（1）根据上述方法及步骤检查所给水样中大肠菌群细菌的含量。

（2）测定水中大肠菌群数有什么实际意义？为什么选用大肠菌群作为水的卫生指标？

二维码 7-3
知识拓展

【思考题】

（1）饮用水样中大肠菌群数的标准如何？大肠菌群数超标说明什么？

（2）如何判断水样中有大肠菌群的细菌存在？

（徐水凌）

实验 2　脓汁标本中病原菌的分离鉴定

【实验目的】

（1）掌握脓汁标本中病原性球菌的检查程序、分离鉴定方法和鉴定意义；病原性球菌的形态、染色特点和培养特征。

（2）熟悉化脓性感染的常见病原菌。

【实验原理】

化脓性感染可由一种或多种细菌所致，病原性球菌，又称化脓性球菌，是引起化脓性感染的常见细菌。据革兰染色性不同，分为革兰阳性的葡萄球菌、链球菌等和革兰阴性的脑膜炎奈瑟菌、淋病奈瑟菌等，这些细菌在形态、染色性、排列方式、菌落特征及营养需求上各不相同，可作为鉴别的依据。

二维码 7-4
实验视频

化脓性感染检测标本常见的有脓汁、咽拭子、痰液、血液等。本试验是以脓汁标本进行病原性球菌的分离鉴定。

【实验材料】

（1）脓汁标本。

（2）各种病原性球菌培养物、血琼脂平板、肉汤培养基、甘露醇发酵管、菊糖发酵管等。

（3）革兰染液、新鲜兔血浆、生理盐水、抗生素滤纸片等。

（4）无菌棉拭、玻片、恒温箱、接种环、酒精灯、试管、油镜等。

（5）示教片：葡萄球菌、链球菌、肺炎链球菌、脑膜炎奈瑟菌。

（6）血琼脂平板培养物：葡萄球菌、链球菌、肺炎链球菌、脑膜炎奈瑟菌。

【实验方法】

二维码 7-5
实验流程

一、示教部分

（一）病原性球菌形态和染色特点

显微镜油镜下，观察并比较各菌的形态、排列、结构、染色性。

1. 葡萄球菌 G^+，球形或椭圆形，呈葡萄串状排列，亦有单个散在分布。无芽胞，无荚膜，致病性葡萄球菌菌体较小，直径为 0.5～1μm。

2. 链球菌 G^+，圆形或卵圆形，呈链状排列。

3. 肺炎链球菌（小鼠肺印片，HiSS 染色） G^+球菌，矛头状，成双排列，平端相对，尖端相背。荚膜染色片中，菌体呈红色，菌体周围的荚膜呈淡红色或无色。

4. 脑膜炎奈瑟菌（脑脊液涂片） G^-球菌，肾形，成双排列，凹面相对，菌体呈浅蓝色，多位于中性粒细胞质内，胞质外也有少数散在分布。

（二）病原性球菌的培养物

肉眼观察病原性球菌在血琼脂平板上的生长情况，观察比较单个菌落的形态、大小、边缘、湿润度、透明度、颜色及溶血环等特征。

1. 葡萄球菌 血琼脂平板上培养 18～24h，形成圆形凸起，表面光滑、湿润、边缘整齐，不透明菌落。金黄色葡萄球菌菌落呈金黄色，可产生透明溶血环；表皮葡萄球菌呈白色、无溶血环；腐生葡萄球菌呈白色或柠檬色，无溶血环。

2. 链球菌 血琼脂平板上培养 18～24h，形成灰白色、圆形凸起、半透明或不透明的细小菌落。甲型溶血性链球菌不完全溶血，在菌落周围形成草绿色溶血环；乙型溶血性链球菌完全溶血、形成透明溶血环；丙型链球菌无溶血环。

3. 肺炎链球菌 血琼脂平板上培养 18～24h，形成细小、灰白色、扁平、半透明的菌落，周围有草绿色溶血环，其与甲型溶血性链球菌相似，培养 2～3 天后，因菌体发生自溶，菌落中央下陷呈“脐状”。

4. 脑膜炎奈瑟菌 在巧克力（色）琼脂平板上置 5% CO_2、37℃培养 24h，形成圆形光滑隆起透明似“露滴状”的菌落，无溶血环。

二、操作部分

（一）标本采集

（1）开放性感染：分泌物或脓液常先用无菌生理盐水冲洗表面，用 2 支无菌棉拭子取溃疡深处的脓液及分泌物送检，一支为涂片检查用，另一支为培养用。

（2）封闭性脓肿：常于局部消毒后，用无菌注射器抽取脓液置于无菌试管送检，或连同注射器一起送检。应注意严格无菌操作。

（3）如疑为脑膜炎奈瑟菌和淋病奈瑟菌，则采集标本后应立即床边接种，或保暖、保湿并立即送检。疑为厌氧菌感染时，当即做床边接种或置于厌氧培养基内送检。

（二）分离与鉴定（图 7-2）

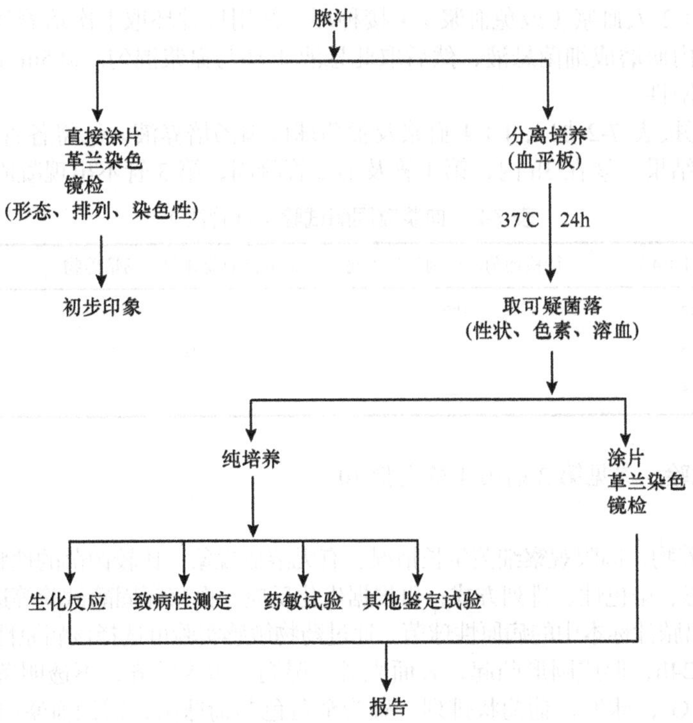

图 7-2　脓汁标本的检验程序

1. 涂片染色镜检

（1）涂片标本制备：参见第 2 篇第 4 章实验 3。

（2）革兰染色：参见第 2 篇第 4 章实验 3。

2. 血平板分离培养　在进行革兰染色的同时做脓汁标本的分离培养。通过在平板上划线，将混杂的细菌在琼脂平板表面充分地分散开，得到逐步稀释，从而使单个细菌能固定于一点上生长繁殖，形成单个菌落，以达到分离纯种的目的。

操作方法参见第 2 篇第 4 章实验 5。具体划线方法可根据标本中含菌量的多少采用三区划线法、四区划线法或五区划线法，但大多采用四区划线法。

3. 耐热核酸酶试验

（1）原理：耐热核酸酶（thermonuclease）是由致病性葡萄球菌产生的，此酶能耐受 100℃、加热 15min 或 60℃ 2h 不被破坏。对 RNA、DNA 有较强的降解能力，可使 RNA 或 DNA 长链水解成寡核苷酸链。根据 DNA 长链可被酸沉淀，寡核苷酸可溶于酸的特点，来判断是否有核酸酶将 RNA、DNA 降解。

葡萄球菌中只有金黄色葡萄球菌产生此酶，在临床上可作为鉴别致病性葡萄球菌的重要指标之一。

（2）方法（玻片法）：①取 3ml 甲苯胺蓝-DNA 琼脂平铺于载玻片上制成标本片。②待琼脂凝固后，在琼脂上打成直径 2mm 的小孔（每个载玻片 10～12 个），抽出小洞中的琼脂块。③加入约 0.01ml 加过热（在水浴中煮沸 15min）的细菌培养物至所制备载玻片上的小孔中。④将载玻片置湿盒中，于 37℃培养 3h。⑤观察结果，产生耐热核酸酶的金黄色葡萄球菌呈阳性反应，在小孔周围形成至少扩展约 1mm 的浅粉红色的晕圈。

4. 血浆凝固酶试验

（1）原理：致病性葡萄球菌能产生血浆凝固酶（plasma coagulase），使含有抗凝剂的人或动物血浆发生凝固。因此，测定血浆凝固酶的有无是鉴定葡萄球菌致病性的重要依据。

（2）方法及结果

1）玻片法：①取干净玻片一块，用记号笔将玻片划成左右两格，其中一格加 5 接种环的生理盐水，另一格加 1∶2 人血浆（或兔血浆）4 接种环。②用接种环取上次培养物（葡萄球菌）的菌落少许在生理盐水内研磨成细菌悬液，然后取此悬液 1 环与血浆混匀。③5min 以内观察结果，若有凝块出现，即为阳性。

2）试管法：①按表 7-2 加入 1∶4 血浆及葡萄球菌肉汤培养液。②将各管置 37℃水浴中，每隔 30min 观察一次结果。③在 3h 内，第 1 管及第 2 管凝固，第 3 管不出现凝固，为阳性。

表 7-2　血浆凝固酶试验（试管法）　　（单位：ml）

试管	血浆（1∶4）	待检葡萄球菌肉汤培养物	金黄色葡萄球菌肉汤培养物	肉汤	结果
1	0.5	0.5	—	—	—
2	0.5	—	0.5	—	—
3	0.5	—	—	0.5	—

5. 药物敏感试验　参见第 2 篇第 4 章实验 10。

【实验结果】

取出血平板培养物，肉眼观察细菌生长情况，有无溶血现象，比较菌落的性状特征；观察革兰染色油镜下细菌的形态、染色性、排列方式；再根据生化反应、血浆凝固酶试验等进一步鉴定，综合所有结果来分析判断出脓汁标本中的病原性球菌。通过药物敏感实验可选择该病原性球菌的敏感药物。

（1）培养 18～24h，形成圆形凸起，表面光滑、湿润、边缘整齐，不透明菌落，金黄色，有透明溶血环，油镜下 G^+，球形，葡萄状排列，疑为金黄色葡萄球菌，需做血浆凝固酶试验、耐热核酸酶试验和甘露醇发酵试验，如均为阳性，可确诊。

（2）培养 18～24h，形成灰白色、圆形凸起、半透明或不透明的细小菌落，有完全透明溶血环，镜下 G^+，球形，短链状排列，疑为乙型溶血性链球菌，需进一步接种到血清肉汤管培养 18～24h，有沉淀生长，镜下 G^+，球形，长链状排列，可确诊。

（3）培养 18～24h，形成细小、灰白色、扁平、半透明的菌落，在菌落周围形成草绿色溶血环，疑为甲型溶血性链球菌或肺炎链球菌，需做菊糖发酵试验和接种血清肉汤管，如菊糖发酵试验阴性，血清肉汤管培养有部分沉淀生长，上清液略有浑浊，镜下 G^+，球形，链状排列，可确诊为甲型溶血性链球菌。

（4）培养 18～24h，形成细小、灰白色、扁平、半透明的菌落，在菌落周围形成草绿色溶血环，培养 2～3 天后，因菌体发生自溶，菌落中央下陷呈"脐状"。菊糖发酵试验阳性，镜下 G^+，球形，成双排列，荚膜染色见明显荚膜，可确诊为肺炎链球菌。

【注意事项】

（1）如果标本久置，细菌沉于管底，用接种环挑取时，可先轻轻摇匀标本管。

（2）分区划线时，把握好平板位置、划线的角度和力度，以免划破琼脂。

（3）血浆凝固酶试验中，在玻片上滴加生理盐水和血浆，保证液体足够，细菌在液体中研磨均匀，以清楚地观察凝固现象。

（4）实验过程中必须加强无菌观念，严格无菌操作。

【思考题】

（1）比较常见病原性球菌的形态染色特点和培养物特征。

（2）致病性葡萄球菌有哪些主要鉴定指标？

二维码 7-6
知识拓展

（黄升海）

实验 3　粪便标本中病原菌的分离鉴定

【实验目的】

（1）掌握粪便标本中病原菌分离鉴定的原则。

（2）熟悉粪便标本中病原菌分离鉴定的检验程序和方法。

二维码 7-7
实验视频

【实验原理】

综合运用细菌形态学检查、接种培养、无菌操作、生化反应及血清学试验操作等技术，独立完成常见临床标本细菌学检验，为临床医生提供正确微生物检验报告和用药依据。

【实验材料】

1. 器材　生化培养箱 LRH-250A、超净工作台、显微镜 CX21、干烤箱、高压蒸汽灭菌器、天平、电炉、菌落计数仪、玻片、酒精灯、接种环、接种针、记号笔、火柴等。

2. 标本　粪便标本或肛拭子。

3. 培养基　血平板、SS 琼脂平板、麦康凯平板、碱性蛋白胨水、TCBS 平板、副溶血性弧菌选择平板、KIA 培养基、MIU 培养基、GN 增菌液、M-H 培养基等。

4. 试剂　IMViC 实验试剂、触酶试剂、革兰染液、沙门菌诊断血清、志贺菌诊断血清、霍乱弧菌诊断血清、药敏纸片、氧化酶试剂等。

【实验方法】

1. 标本采集

（1）自然排便采集法：自然排便后，挑取脓血、黏膜部分的粪便 2～3g，液体粪便取絮状物置于大便培养管或增菌液中送检。

二维码 7-8
实验流程

（2）直肠肛管法：用大便培养专用的肛管直接插入肛门（成人 4～5cm，幼儿 2～3cm），轻轻在直肠内旋转数次，目的是使直肠表面黏液能通过肛管孔进入肛管内。然后拔出肛管，放入大便培养管中送检。

2. 检验程序　见图 7-3。

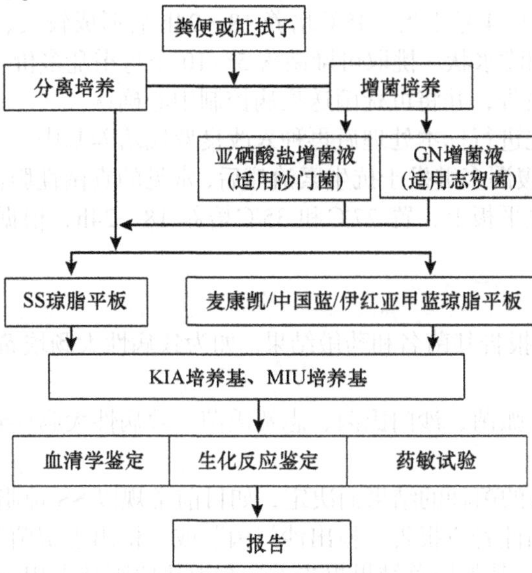

图 7-3　粪便标本中病原菌的分离鉴定

3. 粪便中常见的病原菌　见表 7-3。

表 7-3 粪便中常见的病原菌

革兰阳性菌	革兰阴性菌
	伤寒及其他沙门菌种
金黄色葡萄球菌	志贺菌属菌种
结核分枝杆菌	致病大肠埃希菌（ETEC、EIEC、EHEC、EPEC）
	弧菌属菌种
蜡样芽胞杆菌	气单胞菌属菌种
艰难芽胞梭菌	类志贺邻单胞菌
	小肠结肠炎耶尔森菌
白假丝酵母菌	弯曲菌属菌种

4. 标本处理

（1）涂片检查：粪便标本因各种正常菌群含量甚多而一般不做直接涂片找致病菌，只有怀疑霍乱弧菌、结核分枝杆菌及菌群失调所致腹泻时，才做直接涂片检查。各项涂片检验均按染色法程序进行，但大便检查霍乱弧菌有其规定处理程序：

1）染色检查：将米泔样的标本涂 2 张片用乙醇固定后染色，目的观察弧菌有无呈鱼群状排列。

2）悬滴检查：取患者粪便制成悬滴涂片，霍乱弧菌和 El Tor 弧菌均呈现极活泼的穿梭状运动。

3）制动检验：运动活泼的弧菌涂片加入霍乱弧菌诊断血清后，在显微镜下观察，若原运动活泼的现象停止，为制动试验阳性。

（2）大便标本做细菌学培养目的是分离致病菌或追踪患者有无菌群失调现象，无特殊要求、做一般致病菌培养的标本接种麦康凯平板、SS 琼脂平板各一个。

（3）菌群失调的细菌学检验：选用多种培养基包括 SS 琼脂、麦康凯、血平板、高盐甘露醇盐琼脂平板、Campy-BA 血琼脂平板和沙氏琼脂等，目的是使更多的菌群得到生长，以利于检查肠道的细菌分布情况。

（4）霍乱弧菌的培养：直接取患者米泔样粪便 0.5ml，接种于碱性蛋白胨水增菌液和 4 号平板，35℃培养 6～8h，再转种一只 4 号平板。35℃培养 18～24h 后形成较大、菌落中间为灰黑色、有光泽、隆起、湿润的菌落，如泼水状。挑取可疑菌落 5～10 个与霍乱多价“O”诊断血清做玻片凝集试验，如为阳性，则立即报告，并将可疑菌送疾病控制中心确认。

（5）做结核菌培养应先进行标本处理后再种入改良罗氏培养基中。

（6）真菌培养：真菌性腹泻多继发于抗生素治疗后，常见的真菌性腹泻多由白假丝酵母菌引起。将标本接种于沙氏平板及血平板上，置 27℃和 35℃培养 18～24h，根据形态染色、菌落特征或采用 VITEK- YBC 鉴定。

【结果报告】

（1）查出肠道致病菌，报告其菌名和药敏结果。如为致病性大肠埃希菌必须以血清学诊断试验为鉴定依据。

（2）粪便中培养出霍乱弧菌、沙门氏菌、志贺氏菌、致病性大肠埃希菌时应作为危急值报告，并填写危急值报告单。

（3）报告方式以分离目的菌种的结果而决定，如目前常规以 SS 琼脂和伊红亚甲蓝分离粪便标本中的致病菌，经鉴定，阳性者应报告“检出沙门菌”或“检出志贺菌”，阴性应报告“未检出沙门菌”或“未检出志贺菌”。其他培养结果报告方式与上述原则基本相同。

【注意事项】

（1）无菌操作，注意实验室安全。

（2）肠道内存在大量的正常菌群，除非为了正常菌群的调查和鉴定，一般分离可疑致病菌应使用选择性平板。

（3）最好采集急性期、抗生素使用前的粪便标本，进行床边接种。

（4）除怀疑霍乱弧菌、结核分枝杆菌和菌群失调引起的腹泻外，粪便标本一般不做涂片检查。在以糖类发酵为鉴别依据的培养基上，发酵型菌落进行氧化酶试验时会出现假阴性。在选择性平板上挑取菌落时，应使用接种针从菌落中心挑取，而不应使用接种环刮取菌落。

（5）沙门菌属容易丢失鞭毛抗原，此时要通过诱导使鞭毛恢复，才能鉴定。

二维码 7-9
知识拓展

【思考题】

（1）引起腹泻的常见病原菌有哪些？仅仅使用 SS 琼脂平板是否能全面反应腹泻病原菌的种类？应增加哪些培养基才能提高腹泻病原菌的检出率？

（2）进行粪便标本细菌培养时，应如何选择平板上的菌落才有诊断意义？

（蒋锦琴）

实验 4　药物微生物限度检查

【实验目的】

（1）掌握药物微生物限度检测内容和标准。

（2）熟悉药物微生物限度检测的检验程序和方法。

二维码 7-10
实验视频

【标准和内容】

药品污染是引起药源性感染事件发生的直接原因；药品污染还可以使其霉变、酸败等理化性状改变造成药品失效、变质甚至产生毒素，危害使用者的健康；微生物限度检查同时是对药品生产工艺、生产环境、质量管理及人员素质的综合评价依据之一。据此，制定不同药品微生物限度检查标准须按其使用要求、制剂类型、原料性质及生产条件等综合考虑。对品种繁多的药品来说，各国药典均规定了相关的微生物限度检查标准。①对于规定灭菌的药物，包括注射剂、用于体腔、严重烧伤、溃疡及眼科用药等，必须严格无菌，即在规定检验量的供检样品中不得检出活的微生物。②对于非规定灭菌的药物，包括常用的口服制剂及局部外用制剂等，允许在规定量的样品中，检出一定限量的微生物，但不得检出某些控制菌。通常药品微生物限度检查的检验对象多为此类药物。③辅料、包装材料及生产环境的监测和医用材料、医疗器械等也都制定了相应的微生物限度标准，采用微生物限度检查法检查。

我国微生物限度检查的内容包括：①染菌量检查：测定单位数量（体积或面积）药品中的细菌数、真菌数（霉菌和酵母菌数）。②控制菌检查：测定单位数量（体积或面积）药品中粪便污染指示菌和某些特定菌，如大肠埃希菌、大肠菌群、沙门菌、金黄色葡萄球菌、铜绿假单胞菌、梭菌、螨等，在规定量的样品中不得检出或不超过某限度。

本章节以“口服液中细菌总数检测”为例介绍药物微生物限度检查程序和方法。

【实验原理】

药品细菌数测定是微生物的定量检查，是用来判断药品被细菌污染程度和卫生质量评价的重要指标，也是检测药品质量的重要指标之一。细菌计数是指在一定条件下（如需氧情况、营养条件、pH、培养温度和时间等）每 1g、1ml、10cm^2 供试品经培养后所生长的菌落数，所谓一定条件是按我国药典规定，在需氧条件下，30～35℃，一般培养 48h，在营养琼脂培养基平板上生长的细菌菌落数。药品细菌数测定是活菌计数，测定方法有多种，中国药典收载了平板法和薄膜过滤法，英美药典收载了平板法、薄膜过滤法、涂抹法和试管法（MPN）。最常用的平板法是以平板菌落计数为依据，即每个菌落代表一个菌细胞，也可能是多个菌细胞形成，如双球菌、四联球菌、八叠球菌、葡萄球菌等。故准确地说，细菌数测定值实际上是菌落形成单位数（colony forming units，CFU/cfu）测定。

【实验材料】

1. 供试药品

（1）检验药品的名称：×××口服液（说明生产公司、规格 10ml/支、批号）。

（2）检验药品的来源：市场购买或送检样品。

（3）检验药品的规格批号包装及数量：根据药品包装确定，并记录有关情况。

2. 设备、仪器、试药

（1）设施：细菌数测定全过程应严格遵守无菌操作，在环境洁净度 10 000 级和局部洁净度 100 级单向流空气区域内进行，以防再污染。

（2）设备：无菌室、超净工作台、冰箱、电热恒温干燥箱（250℃）、显微镜（1500×）、微波炉、匀浆仪（4000～10000r/min）、康氏振荡器、电热手提式压力蒸汽灭菌器（使用时要进行灭菌效果验证并应定期请有关部门检定）、电热恒温培养箱（30～35℃）、恒温水浴、菌落计数器、电子天平（感量 0.1g）、pH 计。

（3）仪器：烧杯、量筒（100ml）、试管（18mm×180mm）、锥形瓶（250～300ml）、培养皿（ϕ90mm）、刻度吸管（1ml、5ml、10ml）、载玻片、玻璃或搪瓷或不锈钢消毒缸（带盖）。

大、小橡皮乳头（置干净带盖的容器中并应定期用 5%来苏水溶液浸泡），无菌衣、帽、口罩、手套（洗净后用布袋或牛皮纸包严）灭菌，备用。也可使用一次性无菌衣、帽、口罩。接种环（白依金或镍铬合金）、酒精灯、酒精棉球或碘伏棉球、试管架、手术剪、手术镊、砂轮、搪瓷托盘、双碟、不锈钢药匙、试管架、火柴、记号笔等。

玻璃器皿用前应洗涤干净，无残留抗菌物质。距吸管上端 0.5cm 处塞入约 2cm 的疏松棉花，装入吸管筒内或牛皮纸包扎灭菌。锥形瓶、量筒、试管塞等玻璃器具口应采用硅氟塑料塞封口，再用牛皮纸包扎灭菌。使用的器皿应采用经验证合格的方法进行灭菌。

（4）试药：除另有规定外一般使用营养琼脂培养基，可按处方配制亦可采用干燥脱水培养基。

主要稀释剂有 pH 7.0 无菌氯化钠-蛋白胨缓冲液（供试品稀释用），0.9%无菌氯化钠溶液（对照菌液稀释用）。

二维码 7-11
实验流程

【实验方法】

平板菌落计数法是国内外细菌数测定中最常用的方法。使用一定培养基在规定条件下培养后在固体平板上呈现可见菌落，按规定方法计数，报告。

1. 药物细菌总数测定检验程序　见图 7-4。

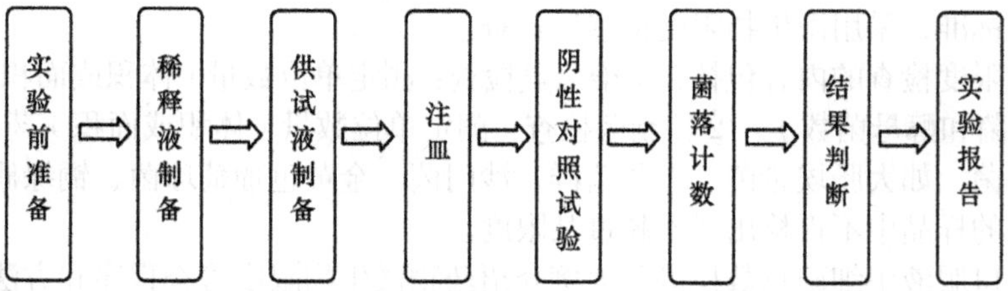

图 7-4　药物细菌总数测定检验程序

2. 实验步骤

（1）实验前准备

1）将试验用灭菌的器皿、稀释剂及供试品外包装去掉，内包装消毒后移至无菌室内。每次试验所用物品必须事先计划周密，准备足够用量，避免操作中出入操作间。

2）开启无菌室紫外线杀菌灯和空气过滤装置并使其工作 30min 以上。人员进入无菌室操作时，应关闭紫外线灯。

3）操作人员用肥皂洗手，进入缓冲间，换工作鞋。再用消毒液洗手，穿戴无菌衣、帽、口罩、手套。

4）用碘伏棉球或酒精棉球擦拭供试品瓶、盒、袋等的开口处周围，待干后，用灭菌的手术剪刀将供试品启封。

（2）供试液制备：根据供试品的理化特性与生物学特性，采取适宜的方法制备供试液。供试液从制备至加入检验用培养基，不得超过1h。

取供试品10ml，加pH7.0无菌氯化钠—蛋白胨缓冲液至100ml，混匀，作为1∶10的供试液。根据药品微生物限度要求或对供试品污染程度的估计，10倍递增稀释法制备适宜的、连续2～3个稀释级的供试液。

用1ml灭菌吸管吸取1∶10供试液1ml，沿管壁徐徐注入装有9ml稀释液的试管中（注意吸管尖不要触及管内稀释液），摇匀，制备成1∶100的供试液，另取1支吸管同法操作制备1∶1000的供试液。

（3）注皿：分别用1ml灭菌吸管吸取不同稀释级供试液各1ml，注入平皿中央，每个稀释级做2～3个平皿，每皿加入15～20ml已熔化并保温至45℃的营养琼脂培养基，快速转动平皿，使供试液与培养基混匀，放置，待凝，倒置培养。除另有规定外，一般在30～35℃培养48h。若污染细菌生长缓慢可延长培养时间。

（4）阴性对照试验：为确定试验全过程的无菌性（包括稀释剂、玻璃器皿等）应做阴性对照试验。

试验方法：取试验用的稀释剂1ml，置无菌平皿中，每次试验做2个平皿，按上述细菌计数方法进行操作。阴性对照平板不得有菌生长。

（5）菌落计数：从平板的背面直接以肉眼用标记笔点计，以透视光衬以暗色背景，仔细观察，计数。必要时借助于放大镜观察。点计菌落数后，计算稀释级的平均菌落数，若相同稀释级的两个平板的菌落平均数不小于15，则两平板菌落数不能相差1倍或以上。

细菌菌落形态特征：常为白色、灰白色或灰色，亦有淡褐色、淡黄色、红色（如培养基中加入0.1%TTC试剂）。

菌落边缘整齐或不整齐，有放射状、树枝状、锯齿状、卷发状。菌落表面光滑、粗糙、皱折、突起或扁平。

菌落大小差别很大，同一平板上可出现针尖大小至直径大于10mm菌落。外观多样，小而突起或大而扁平，或云雾状，不规则。

【实验结果】

1. 菌落报告规则　宜选取细菌平均菌落数小于300 cfu，作为菌数报告（取两位有效数字）的依据。以最高的平均菌落数乘以稀释倍数的值报告1g、1ml或10cm^{2}供试品中所含的菌数。如各稀释级的平板均无菌落生长，或仅最低稀释级的平板有菌落生长，但平均菌落数小于1时，以小于1乘以最低稀释倍数的值报告菌数。

2. 结果判断

（1）一般营养琼脂培养基用于细菌计数；玫瑰红钠琼脂培养基用于霉菌及酵母菌数；酵母浸出粉-胨-葡萄糖琼脂培养基用于酵母菌计数。在特殊情况下，若营养琼脂培养基上生长有霉菌和酵母菌，其数量多于玫瑰红钠琼脂培养基上生长的霉雾和酵母菌，或玫瑰红钠琼脂培养基生长的细菌菌落数多于营养琼脂培养基上细菌数。以菌数多的培养基上的菌数报告结果。

（2）在进行菌落计数时，应仔细观察。勿漏计细小的、琼脂内和平皿边缘生长的菌落，同时应注意细菌菌落与供试品中颗粒、沉淀物、气泡等的鉴别。必要时用放大镜或低倍显微镜直接观察或挑取可疑物涂片镜检。如仍难区别，可延长培养时间5～7天，细菌菌落常会生长增大而加以鉴别。

（3）如同一稀释度两个平板菌落数差别超出1倍以上，不应计数，菌落蔓延成片也不应计数。

（4）如平板上生长的细菌菌落数在15个以下时，按菌落计数的Poisson分布均数的95%可信限计。两个平板最大差值分别在0～4、1～7、2～9、3～10、4～12、5～14、6～15，以上各数分别为菌落平均值1.5、3.5、5、6.5、7.5、9、10的上限及下限，超出以上限度，视为操作误差。

（5）供试品如为微生物制剂，应将有效微生物菌落排除，不可计在菌数内。排除的方法需按该制剂微生物品种而定，必要时用显微镜鉴别。

（6）若供试品测定。其菌数结果超过标准限度规定时，应从同一批样品中随机取样，独立复试两次，以 3 次测定结果的平均值报告结果。

【注意事项】

（1）在培养中，一些生长鞭毛的细菌具有动力，可因培养基湿度过高给动力菌造成泳动的条件，促使一些菌落蔓延生长，干扰细菌计数。可在培养基中加入 0.001%TTC（tripheny ltetrazolium chloride，氯化三苯四氮唑），抑制菌落蔓延生长或将已凝固的琼脂平板开盖，置 100 级层流下 1～2h 或置换经干热灭菌的陶瓦盖替代原平皿盖，可降低培养皿内水分，减少菌落蔓延生长。

（2）供试液中常会有不溶性颗粒或沉淀物存在，有时很难与菌落区分，必要时可使用放大镜或显微镜进行观察，如仍难区分，可延长培养时间或在未加 TTC 的营养琼脂培养基平板上加入 0.001%TTC 5～10ml，30min 后菌落即染成深红色，可与其他有形物进行鉴别。

（3）供试品检验全过程必须符合无菌技术要求。使用酒精灯时，切勿在火焰正上方操作，以免将供试品内细菌杀死。

（4）在做 10 倍递增稀释时，每一稀释级应换 1 支吸管，吸管插入稀释液内不低于 2.5cm，反复冲洗数次，吸液高于吸管上部刻度少许，然后提起吸管贴于容器内壁吸取 1ml。靠近液面管壁（但勿接触液面），缓慢地吹出全部供试液至第 2 个容器中（第一级稀释液所用吸管勿接触第二级稀释液）。将吸管放入消毒筒内。

（5）注皿时培养基温度控制在约 45℃，用水浴保温效果较好。

（6）从供试液制备至倾注培养基，全部操作应在 1h 内完成。避免由于时间过长造成人为的污染，细菌繁殖或死亡。稀释液加至培养皿后，长时间未倾注培养基，稀释液边缘干涸，倾注的培养基不能与稀释液混均匀，影响菌落计数。

（7）平板法菌落计数，是受一定条件的限制：如供试液是否均质，供试液中的细菌是否充分分散；培养基的质量、培养温度及培养时间的影响；有繁殖能力的菌细胞才能形成菌落，死菌及某些受损伤的细菌或营养要求苛刻的细菌在规定的培养基上不能生长，因而不被计数。在试验操作中应考虑到这些问题。

二维码 7-12
知识拓展

【思考题】

（1）简述确定菌悬液浓度（cfu/ml）的方法。

（2）简述药物细菌总数测定的意义。

（蒋锦琴）

实验 5　病毒的鸡胚培养法

【实验目的】

（1）掌握病毒的鸡胚培养法的原理。

（2）熟悉病毒的鸡胚培养法的 4 种接种途径。

二维码 7-13
实验视频

【实验原理】

鸡胚培养法（chicken embryo culture）是常用的病毒培养法之一，操作简便，来源容易，本身携带病毒的情况极为少见。鸡胚组织分化程度低，病毒易于增殖，可选用不同日龄和接种途径，感染部位的组织和液体中可获得大量病毒。主要有 4 种途径接种存在活细胞的不同部位，即绒毛尿囊膜、尿囊腔、羊膜腔、卵黄囊等。

【实验材料】

（1）受精鸡卵一般用壳薄而白净的来亨受精卵。

（2）病毒乙型脑炎病毒液、单纯疱疹病毒液、新城鸡瘟病毒稀释液。

（3）器材灭菌的手术刀、镊子、剪刀、平皿。1ml 注射器及 6 号针头、12 号针头、磨蛋机、透明胶纸、碘酒、酒精消毒棉球、蛋架、检卵灯、橡皮乳头。

二维码 7-14 实验流程

【实验方法】

1. 鸡胚准备 用毛刷在清水中刷净，拭干，置于 38～39℃孵箱，相对湿度 45%～60%孵育，第 3 日后，每日翻动 1～2 次。

2. 接种前处理 选用适龄的鸡胚，先用检蛋灯观察鸡胚的活动（可见鸡胚眼睛黑点的移动），气室的界限和胚胎的位置。

3. 鸡胚接种途径（图 7-5）

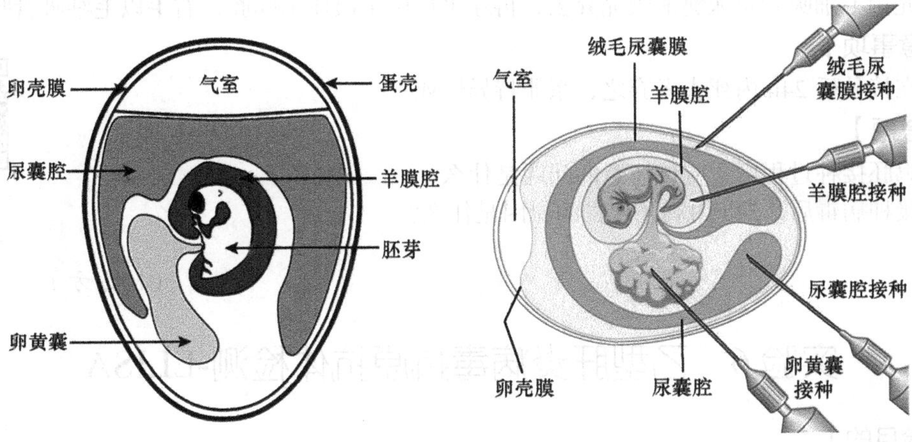

图 7-5 鸡胚接种

（1）绒毛尿囊膜接种（chorionic allantoic membrane inoculation）：取 10～12 日龄鸡胚，在检卵灯上用铅笔划出气室及绒毛尿囊膜（可见到红色血管）位置。然后用碘酒消毒、待干。用烧灼灭菌的钻子在绒毛尿囊膜上的卵壳轻钻磨一小窗口，不要伤及卵膜。并在气室处钻一稍大的小孔，钻通卵膜，然后在绒毛尿囊膜的卵壳小窗口上滴加灭菌生理盐水 1 滴，用橡皮乳头在气室小孔上吸气，使盐水进入卵壳中，同样再滴入 1 滴灭菌盐水后，用灭菌小镊子将壳剥开约 1/2，再剥去卵膜，即见有血管丰富生长的绒毛尿囊膜。用注射器滴入 0.2～0.5ml 单纯疱疹病毒悬液，使散布于绒毛尿囊膜表面，消毒胶纸封口。

（2）尿囊腔接种（inoculation of the allantoic cavity）：取 10～12 日龄鸡胚，在检卵灯上用铅笔划出气室，在鸡胚旁绒毛尿囊膜区无大血管处画一记号，以碘酒消毒气室端蛋壳，然后用灭菌钻子在气室卵壳上打一小孔，穿破卵膜，用注射器吸取新城鸡瘟病毒，刺入小孔向已画有记号的无大血管的绒毛尿囊膜下面注入 0.2ml，（亦可不通过气室直接在画记号处先用钻子打一小孔，再注入病毒）。消毒胶纸封口。

（3）卵黄囊接种（yolk sac inoculation）：取 6～8 日龄鸡胚，在检卵灯上用铅笔划出气室和胎位，垂直放于蛋架上，使气室一端向上。待碘酒消毒气室一端后，用钻子打一小孔，用 1ml 注射器吸取乙型脑炎病毒悬液 0.5ml，沿气室端与胚胎位置对侧方向刺入，避免刺伤鸡胚，进针 3cm 左右。

（4）羊膜腔接种（amniotic cavity inoculation）：取 10～12 日龄鸡胚，在检卵灯上用铅笔划出气室及胚胎位置，沿天然气室边缘和附靠胎位处开一约 1cm^2 的小窗，撕去壳膜，再用灭菌吸管滴 2 滴灭菌液状石蜡于下层壳膜上，使膜透明，将鸡胚直立于检卵灯上，可清楚看到整个鸡胚。用注射器抽取病毒液，针头自窗口对着鸡胚直下，穿过绒毛尿囊膜、羊膜，进入羊膜腔，针头达到鸡胚的颈下、胸前或脚翅膀的下部，轻拨此处以确定是否已刺入羊膜腔内，然后注入病毒悬液 0.2ml。消毒胶纸封口。

4. 培养及观察 接种病毒后，将鸡胚放入 35～36℃孵箱中培养，每日取出在检卵灯上观察鸡胚死活。在接种后 24h 内死去者弃去不要，系非特异性死亡。根据各种不同病毒和不同接种途径，需要培养的日数也不同，一般是2～7日收获。

【实验结果】

将鸡胚竖立在蛋座上，气室朝上，碘酒消毒。用灭菌镊子除去气室端卵壳，勿伤其内层卵膜。依病毒种类和接种途径不同，需要收获的材料也不同。

（1）绒毛尿囊膜：剖卵后，以灭菌小镊子轻轻夹起绒毛尿囊膜，用剪刀将整个绒毛尿囊膜剪下，放在加有灭菌生理盐水的平皿内，将膜张开，观察斑疱等病变。

（2）卵黄囊，用无菌操作法剖卵取卵黄囊。

（3）尿囊液及羊水：收获前，将该鸡卵置于4℃冰箱中半日或一夜，然后剖卵。收获尿囊液时可用小镊子撕破卵膜，再以灭菌毛细吸管吸取尿囊液；收获羊水时，在用小镊子撕破卵膜及绒毛尿囊膜后，先用毛细吸管将尿囊液吸完弃去，再左手持镊子镊住羊膜腔，右手以毛细吸管吸取羊水。

【注意事项】

鸡胚在接种后24h内死去者弃之，系非特异性死亡。

【思考题】

（1）鸡胚接种过程中，应该注意的问题是什么？

（2）接种病毒后，24h内鸡胚死亡的原因是什么？

二维码 7-15
知识拓展

（陶方方）

实验6　乙型肝炎病毒抗原抗体检测-ELISA

【实验目的】

（1）掌握用酶联免疫吸附试验中双抗原夹心法测定乙型肝炎病毒表面抗体。

（2）熟悉酶联免疫吸附试验的实验原理。

【实验原理】

酶联免疫吸附试验（ELISA）是将已知的抗原或抗体吸附于固相载体（聚苯乙烯微量反应板）表面，包被抗原或抗体后，通过抗原抗体反应使酶标抗体/抗原结合到载体上，通过洗涤将结合的酶标抗体/抗原和游离的酶标抗体/抗原分离，加入底物显色，根据颜色深浅定性或定量。ELISA具有快速、敏感、简便、易于标准化等优点，有夹心法、间接法、竞争法、捕获法、生物素-亲和素ELISA等。

二维码 7-16
实验视频

本次实验以夹心法检测 HBsAb 为例，采用 HBsAg 包被反应板，加入待测标本，同时加入HBsAg-HRP，当标本中存在 HBsAb 时，与包被 HBsAg 结合并与 HBsAg-HRP 结合形成HBsAg-HBsAb-HBsAg-HRP复合物，加入TMB底物产生显色反应，反之则无显色反应。

【实验材料】

（1）待测标本：临床患者待检血清。

（2）试剂：乙型肝炎病毒表面抗原抗体诊断试剂盒、无菌0.01mol/L PBS溶液、无菌蒸馏水。

（3）器材：微量移液器、无菌吸嘴、吸水纸、封口膜、无菌滴管、记号笔。

（4）仪器：酶标仪、恒温水浴箱。

【实验方法】

1. 实验流程　见图7-6。

2. 实验步骤

（1）包被：用0.05M pH9.0碳酸盐包被缓冲液将HBV表面抗原稀释至蛋白质含量为1～10μg/ml。在每个酶标反应孔中加0.1ml，封口膜封板后4℃过夜。乙型肝炎病毒表面抗原诊断试剂盒里酶标反应孔已事先包被过HBV表面抗原。

二维码 7-17
实验流程

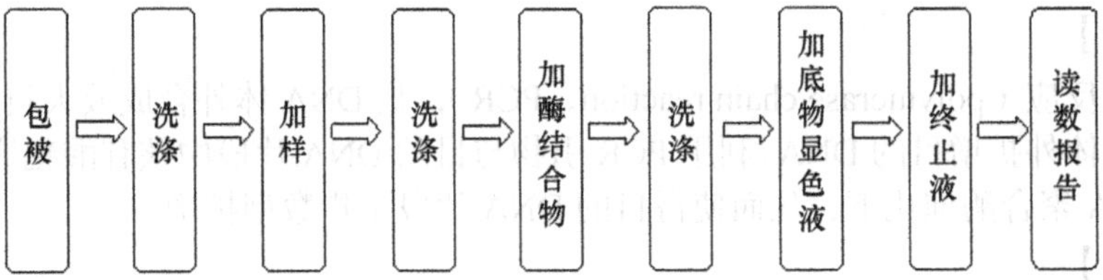

图 7-6 实验流程

（2）洗涤：包被过夜的反应孔弃去孔内溶液，用无菌滴管每孔加 2 滴 0.01mol/l PBS 洗涤液，摇匀，3min 后弃去。反复洗涤 3 次，弃去洗涤液后用吸水纸吸干（倒扣在吸水纸上吸干）。如用 HBV 表面抗原诊断试剂盒则省略第 1 步骤、第 2 步骤，直接加样。

（3）加样：将包被孔编号，分别加入阴性对照、阳性对照、待检血清各 100μl，留 1 孔加灭菌蒸馏水，作为空白对照。封口膜封板后放置 37℃恒温水浴箱孵育 30min。

（4）洗涤：迅速弃去酶标板孔内液体，然后用无菌滴管每孔加 2 滴 0.01mol/L PBS 洗涤液，摇匀，静置 3min 后弃去。反复洗涤 3 次，弃去洗涤液后用吸水纸吸干。

（5）加酶结合物：每孔滴加酶结合物 2 滴，封口膜封板后放置 37℃恒温水浴箱孵育 15min。

（6）洗涤：重复步骤 4，洗涤 3 次后吸水纸吸干。

（7）加底物显色液：每孔加 A、B 显色液各 1 滴，37℃水浴 15min。

（8）加终止液：每孔滴加 1 滴终止液，终止反应。

（9）读数报告：酶标仪上，选择波长 450nm（若以 ABTS 显色，则 410nm），以空白对照孔调零后测各孔 OD 值。

【结果报告】

（1）酶标仪读数，若检测孔的 OD 值大于规定的阴性对照 OD 值的 2.1 倍，即为阳性。

（2）若不使用酶标仪检测 OD 值，则根据肉眼观察检测孔颜色判断样品阳性还是阴性。若待检孔显色浅于或等于阴性对照判定为阴性；若待检孔显色深于或等于阳性对照孔则判定为阳性；若待检孔显色介于阴性对照孔和阳性对照孔之间则判定为弱阳性。

【注意事项】

（1）酶标板反应孔加样时应加在板孔的底部，避免产生气泡并迅速完成。

（2）每次加样更换样品时应更换吸嘴，避免样品间交叉污染。

（3）洗涤步骤必须彻底，避免因洗涤不干净产生假阳性。

（4）各个步骤孵育的时间及温度需严格控制，不得随意更改孵育时间，否则影响实验结果。

（5）弃去反应孔内溶液时动作需迅速，弃去之后用吸水纸吸干，避免各个孔之间交叉污染。

【思考题】

（1）简述酶联免疫吸附试验的实验原理。

（2）酶联免疫吸附试验的特点有哪些？

二维码 7-18 知识拓展

（蒋锦琴）

实验 7 PCR 检测支原体

【实验目的】

（1）掌握运用 PCR 原理、引物设计、支原体目的基因、DNA 提取、凝胶电泳等技术。

（2）了解临床标本中常见支原体的鉴定，并按步骤学会 PCR 检测支原体的鉴定。

【实验原理】

聚合酶链式反应（polymerase chain reaction，PCR），是 DNA 体外合成放大技术，能特异敏感地在体外扩增目的 DNA。利用 PCR 引物与目的 DNA 片段中核苷酸靶序列互补性，在 DNA 聚合酶催化下，从而使得目的 DNA 片段呈指数型扩增。

二维码 7-19
实验视频

【实验材料】

1. **PCR 引物** 肺炎支原体 16s rRNA 基因上游引物：5'-GTA ATA CTT TAG AGG CGA ACG-3'，下游引物：5'-TAC TTC TCA GCA TAG CTA CAC-3'，产物长度为 225bp。溶脲脲原体尿素酶基因上游引物：5'-TCT GCT CGT GAA GTA TTA C-3'；下游引物：5'-ACG ACG TCC ATA AGC AAC T-3'，产物长度为 429bp。

2. **试剂** 细菌 DNA 提取试剂盒、双蒸水、TAE 溶液、琼脂凝胶、溴乙啶、上样缓冲液。

3. **仪器及耗材** 无菌棉拭子、无菌 1.5ml 试管、微量移液器及无菌枪头、PCR 管、制冰机、台式恒温高速离心机、旋涡振荡器、PCR 仪、微波炉、电泳仪、凝胶成像分析系统。

【实验方法】

1. **标本采集** 用半湿润的无菌棉拭子，采集肺炎支原体感染患者咽拭子、脲原体感染患者尿道或宫颈拭子标本。将棉拭子浸泡于含 1～2ml 灭菌生理盐水试管中 1h，间歇旋涡震荡 3～5 次。将液体移入无菌 1.5ml 试管中，10 000 r/min 转速下 4℃离心 10min，弃上清，沉淀物提取衣原体 DNA。

二维码 7-20
实验流程

2. **DNA 模板制备** 参照 DNA 提取试剂盒说明书，制备含支原体 DNA 溶液模板。

3. **PCR 体系** 在冰上操作，200μl PCR 管中加入 10×PCR 缓冲液 2.5μl、2.5mmol dNTP 2μl、25pmol 上游和下游引物各 2μl、25mmol $MgCl_2$ 1.5μl、2.5U Tag 酶 0.5μl、DNA 模板 5μl，将总体积用双蒸水补足至 25μl，涡旋震荡混匀。

4. **反应参数** 将 PCR 管放入 PCR 仪中，设定为：95℃ 1min（预变性）；95℃ 30s、52℃ 30s、72℃ 1min，35 个循环；72℃ 7min 延伸。

5. **PCR 产物检测** 根据上样缓冲液倍数和琼脂糖凝胶加样槽大小配制上样产物，混匀后加至电泳槽中的琼脂糖凝胶加样槽内，另一加样槽中加入 DNA marker。电泳条件为电压 100V、电流 150mA，至溴乙啶移动至琼脂糖凝胶另一端尚余 1cm 处时停止。

【实验结果】

将电泳后的琼脂糖凝胶放置于凝胶成像分析系统中，参照 DNA marker，观察是否有目的扩增条带，肺炎支原体 16S rRNA 基因条带在 225bp 左右，溶脲脲原体尿素酶基因条带在 429bp 左右。

【注意事项】

（1）肺炎支原体感染患者痰液不多且 PCR 检测阳性率不如咽拭子。故取材以咽拭子居多。

（2）使用后的器材、残余标本应高压蒸汽灭菌。

二维码 7-21
知识拓展

【思考题】

如何根据目的 DNA 设计相应的 PCR 引物？PCR 反应参数应如何摸索确定？

（陶方方）

实验 8 皮肤真菌的检查

【实验目的】

熟悉皮肤真菌的形态特征及基本检查方法。

【实验原理】

浅部感染真菌可分为皮肤癣菌和角层癣菌。皮肤癣菌寄生于皮肤角蛋白组织，有 3 个菌属，即表皮癣菌属、毛癣菌属和小孢子菌属；角层癣菌寄生于皮肤角层或毛干表面，有马拉色菌属、何德毛结节菌和白吉利毛孢子菌。可根据菌落的形态、颜色及其产生的大、小分生孢子来进行初步鉴定。

二维码 7-22
实验视频

【实验材料】

1. **被检标本**　患者病变部位的毛屑、毛发、甲屑等。

2. **试剂**　10% NaOH 或 KOH 溶液、1∶10 000 苯扎溴铵消毒液、乳酸酚棉蓝染色液（苯酚 20g，乳酸 20ml，甘油 40ml，蒸馏水 20ml，加温溶解后，加入棉蓝 0.05g 混匀）。

3. **器材**　沙氏琼脂培养基（SDA）、镊子、剪刀、载玻片、盖玻片、生化培养箱等。

【实验方法】

1. **标本采集**　采集病变部位的标本，如皮肤癣菌可用玻片刮取皮损部位边缘或指（趾）间皮屑；头癣可用镊子拔取病损部位毛发。取标本前应先用 1∶10 000 苯扎溴铵清洗患处，采集完毕后镊子注意烧灼灭菌。

二维码 7-23
实验流程

2. **透明标本法**　将标本置于载玻片上，滴加 2 滴 10% NaOH 或 KOH 溶液。加盖玻片后，稍加热使角质熔化、标本透明。轻压盖玻片，使溶解组织压平分散。注意不要产生气泡。先用低倍镜观察，注意标本中的丝状菌丝。再用高倍镜观察，注意区别菌丝和孢子。

3. **棉蓝染色法**　在有标本的载玻片上，滴加棉蓝染色液 1 滴，加盖玻片后稍加温，注意去除气泡。显微镜下观察，真菌染成蓝色。

4. **培养法**　将标本先用 1∶10 000 苯扎溴铵浸泡数分钟，再用无菌生理盐水冲洗，置 SDA 培养基上，适当压入。将平板置于室温或 28℃培养箱中，每 3 天观察 1 次，经 1～3 周生长出典型菌落。

【实验结果】

（1）表皮癣菌属，菌落最初呈蜡状，继而呈粉末状，从白色变成黄绿色。显微镜下可见菌丝侧壁及顶端形成棍棒状大分生孢子，无小分生孢子。菌丝较细有分隔。

（2）毛癣菌属的不同种属在 SDA 培养基上形状和色泽各异，显微镜下可见细长、壁薄、棒状，且两端钝圆的大分生孢子及侧生散在的小分生孢子。

（3）小孢子菌属在 SDA 培养基上菌落呈粉末状或绒毛状，表面粗糙。显微镜下可见梭形、壁厚的大分生孢子，菌丝侧枝末端有卵圆形的小分生孢子。菌丝有分隔，呈梳状、结节状或球拍状。

（4）马拉色菌属通常为酵母型菌落。显微镜下可见球形或卵圆形的酵母型细胞，菌丝粗短有分隔。

（5）何德毛结节菌，毛发黑色结节内有子囊和子囊孢子，显微镜下可见棕色分隔菌丝和关节孢子。

（6）白吉利毛孢子菌，显微镜下可见芽生孢子、厚壁孢子和关节孢子。

【注意事项】

取标本前应先用 1∶10 000 苯扎溴铵清洗患处，采集完毕后镊子注意烧灼灭菌。

【思考题】

试比较常见皮肤癣菌的结构特征。

二维码 7-24
知识拓展

（陶方方）

第 8 章

人体寄生虫学实验

实验 1　实验动物兔人工感染日本血吸虫实验

【实验目的】

（1）掌握日本血吸虫成虫、幼虫及虫卵的形态。

（2）熟悉日本血吸虫的生活史；日本血吸虫幼虫、成虫及虫卵所致的免疫病理损害机制。

（3）了解病兔肝脏及结肠肠壁病变，观察成虫在肠系膜静脉内的寄生。

【实验原理】

日本血吸虫尾蚴经皮肤感染动物，童虫移行达十二指肠部位，并发育为成虫。血吸虫成虫雌雄合抱，产卵。虫卵可以在肠壁沉积，或随血液到达肝脏等部位。血吸虫成虫可以通过灌洗门静脉获得。

【实验材料】

实验材料包括 2kg 家兔、阳性钉螺、兔板、解剖镜、盖玻片、镊子、三角烧瓶、一次性手套、温箱。

【实验方法】

感染前，准备好装有凉开水的 10ml 三角烧瓶，将备好的阳性钉螺（市售）放于烧瓶中，于 25℃条件下光照 3h，可见尾蚴逸出浮于水面。感染时，将家兔固定于兔板上，剪去腹部体毛，擦湿皮肤，收集尾蚴于盖玻片上，在解剖镜下计数，每张盖玻片上尾蚴总数在 1000 条左右，将附有尾蚴的盖玻片覆盖在家兔的无毛皮肤上，感染 15min。感染完成，弃去盖玻片，将家兔送回动物房喂养，45 天后动物模型建立。

二维码 8-1
实验流程

【实验结果】

实验课当天，将感染 45 天后的家兔剖杀，观察肠系膜静脉内成虫；观察肝脏上的虫卵结节。使用胸主动脉灌注冲虫法，收集成虫；取肝脏组织，分离虫卵。

【注意事项】

尾蚴是日本血吸虫的感染期。逸出尾蚴过程，要小心，不要造成实验室的感染。

【思考题】

试述日本血吸虫虫卵肉芽肿的形成、发展与转归。

（姚　湧）

实验 2　环卵沉淀试验（COPT）

二维码 8-2
实验视频

【实验目的】

（1）掌握日本血吸虫病环卵沉淀试验的方法与结果判断。

（2）熟悉日本血吸虫病环卵沉淀试验的原理。

【实验原理】

环卵沉淀试验（circumoval precipitin test，COPT）是诊断日本血吸虫病特有的免疫学试验，具有较高的敏感性和特异性，适用于血吸虫病的诊断、疗效考核、流行病学调查及疫情监测。日本血吸虫卵内的内容物是毛蚴，卵壳很薄，虫卵内的分泌物，作为抗原，通过卵壳微孔与日本血吸虫患者血清中的相应抗体结合，在显微镜下可见，在虫卵表面形成特异透明泡状或丝状或棒状的免疫复合物沉淀，为阳性反应。在正常人血清中，由于没有相应的抗体存在，虫卵表面没有特异性沉淀物，为阴性反应。

根据环沉率（是指 100 个虫卵中出现沉淀物的虫卵数，即阳性虫卵数/观察虫卵数×100%）可判定待检血清的 COPT 反应是否为阳性，根据所形成的沉淀物大小可判定反应强度。

【实验材料】

实验材料包括（市售）血吸虫干卵、锯平的 7 号注射针头、37℃恒温箱、载玻片、盖玻片、液状石蜡、待测血清。

【实验方法】

在干净的载玻片上滴上 2 滴待测血清（20μl/滴），用锯平的 7 号注射针头挑取血吸虫干卵（100～120 个），混入血清中，盖上盖玻片，用液状石蜡将盖玻片四周密封。将制好的玻片放入湿盒（在有盖盘中预先放置一层湿纱布），置于 37℃恒温箱，48h 后，显微镜下观察结果。

二维码 8-3
实验流程

【实验结果】

阳性反应为虫卵表面形成特异透明泡状或丝状或棒状的免疫复合物沉淀，阴性反应为虫卵周围无沉淀物。观察 100 个虫卵，计算环沉率，即计算 100 个虫卵里多少个虫卵有阳性反应。环沉率≥5%者为阳性（在血吸虫病传播控制或传播阻断地区环沉率≥3%者可视为阳性）。

【注意事项】

用液状石蜡封片，要封好，玻片要在恒温箱放 48h，以防待测血清蒸发，影响结果判断。检查恒温箱温度是否达 37℃，温度不达标，也会影响结果判断。

【思考题】

简述日本血吸虫病的主要诊断方法及其优缺点。

（姚　湧）

实验 3　食用猪肉和淡水鱼的寄生虫学检疫

猪肉和淡水鱼是日常生活中常见的食材。有些人兽共患病是由于食入未烧熟的猪肉而致，常见的有旋毛虫病、猪囊虫病。淡水鱼是华支睾吸虫的第二中间宿主，鱼体内有可能含有华支睾吸虫的囊蚴，如果生食、半生食或误食就有感染华支睾吸虫的可能。所以，猪肉和淡水鱼在出售之前进行检疫是预防猪肉绦虫病、旋毛虫病和华支睾吸虫病的有效手段。

二维码 8-4
寄生虫形态

【实验目的】

（1）掌握从猪肉、鱼肉组织中检查寄生虫的方法。

（2）了解市场猪肉感染旋毛虫或囊虫的情况，调查淡水鱼感染华支睾吸虫囊蚴的情况并学习设计调查方法与撰写调查报告。

【实验原理】

猪囊虫病是由猪囊尾蚴寄生人体引起的猪囊尾蚴病，是人兽共患寄生虫病。猪是最主要的中间宿主。人、猪均可由于食入猪带绦虫卵感染，虫卵在小肠孵出的六钩蚴经肠黏膜血管侵入全身横纹肌，形成猪囊尾蚴，而导致囊虫病。通过肌肉检查猪囊尾蚴，可以进行病原学诊断。

旋毛虫病也是人兽共患寄生虫病，旋毛虫成虫寄生于人和多种哺乳类动物的小肠，旋毛虫幼虫寄生于人和多种哺乳类动物的肌细胞内。猪、鼠是最常见的中间宿主。人常因食入未煮熟肉类里的旋毛虫囊胞而感染。可以通过检查肌肉内旋毛虫囊胞进行病原学诊断。

华支睾吸虫成虫寄生于宿主的肝胆管内，主要引起肝脏损伤。淡水鱼是其第二中间宿主，囊蚴是其感染阶段。通过检查淡水鱼肉中的囊蚴，可进行病原学诊断。

【实验材料】

（1）新鲜猪肉、淡水鱼。

（2）剪刀、小镊子、载玻片、显微镜、记号笔。

二维码 8-5
实验流程

【实验方法】

1. 猪肉压片检查旋毛虫幼虫 用手术镊取猪横纹肌一块（绿豆粒大小）置于两张载玻片之间，用牙签蘸 1 滴甘油滴在肌肉上，稍用力夹紧两张玻片，把肌肉压扁，玻片两端用棉线捆扎，放在低倍镜下检查，注意囊胞的形状和囊内幼虫的形状。

2. 猪囊尾蚴压片检查 用镊子从鲜肉中取一粒囊尾蚴，用镊子将囊壁挑破，然后把囊尾蚴夹于两张载玻片之间，用力把虫体压扁，玻片两端用棉线捆扎，放在低倍镜下检查，注意虫头上有无吸盘和小钩。

3. 鱼肉压片检查肝吸虫囊蚴 一条或一块鲤科淡水鱼放在洁净的器械盘中，用手术刀和镊子刮去脊背处的鱼鳞，撕去鱼皮，从鱼的背部镊取一小块肌肉（绿豆粒大小，绝大部分囊蚴分布在背部及肛区至尾鳍的基部）放在两张载玻片之间，用力压薄，用棉线扎紧玻片两端，放在低倍镜下检查。囊蚴呈椭圆形，可见囊壁和排泄囊，必要时要与其他吸虫的囊蚴（如猫后睾吸虫等）相区别。

【结果报告】

（1）若查出寄生虫，绘制其形态或拍照记录，报告其名称。

（2）统计全班数据，分析调查结果，计算阳性率。

（3）按要求书写实验报告。

【注意事项】

戴手套操作，防止感染；用后的肌肉组织、器械等需经 2%～3%的甲酚皂溶液浸泡或煮沸消毒。

【思考题】

（1）如何诊断旋毛虫感染？如何防治？

（2）人患囊尾蚴病是怎么引起的？其感染阶段是什么？有何危害？

（3）分析肝吸虫病流行的自然因素和社会因素。

二维码 8-6
旋毛虫文献阅读

二维码 8-7
绦虫文献阅读

二维码 8-8
华支睾吸虫文献阅读

（周洪昌）

实验 4　人体感染蠕形螨的检查

【实验目的】

（1）掌握蠕形螨的检查方法。

（2）了解人体（如在校大学生）蠕形螨感染情况。

二维码 8-9
实验视频

【实验原理】

人体蠕形螨（demodicid mite）是永久性寄生螨，带虫者居多。主要寄生于人体的鼻、额、下颌及颊部等，也可寄生于头皮、颈、肩背、胸部等其他部位的毛囊和皮脂腺中。毛囊蠕形螨（*D. folliculorum*）寄生于毛囊，颚体朝向毛囊底部，一个毛囊内一般为 3～6 个。皮脂蠕形螨（*D. brevis*）常单个寄生于皮脂腺和毛囊中。严重者可致痤疮、毛囊炎、酒糟鼻等。蠕形螨对温度较敏感，蠕形螨属于负趋光性，多在夜晚爬出，在皮肤表面交配。成虫对外界有一定的抵抗力，5℃可存活 1 周左右；干燥空气中可存活 1～2 天。可通过透明胶带法和挤压刮片法制作样本玻片，在显微镜下观察。

二维码 8-10
实验流程

【实验材料】

1. 透明胶纸粘贴法　宽 1.2cm 透明胶带、剪刀、载玻片、记号笔、显微镜。

2. 挤压刮片法　弯镊子或曲别针、载玻片、盖玻片、甘油、记号笔、显微镜。

【实验方法】

1. 采样方法

（1）透明胶纸粘贴法：用 4cm×1.2cm 的透明胶纸于晚上睡前，粘贴于面部的额、鼻、鼻沟、颧及颊部等处，至次晨取下，贴于载玻片上，标记待检。采集样本最好在 4h 内送检。

（2）挤压刮片法：采用痤疮压迫器刮取，或用手挤压，或用弯镊子、曲别针等器材刮取受检部位皮肤，将刮出的皮脂分泌物置于载玻片上，加 1 滴 50%甘油，涂开后加盖玻片镜检。

（3）挤粘结合法：在检查部位粘贴透明胶纸后，再用拇指挤压胶纸粘贴部位，取下胶带纸，贴于载玻片上，标记待检。采集样本最好在 4h 内送检。

2. 检查方法　显微镜下观察。

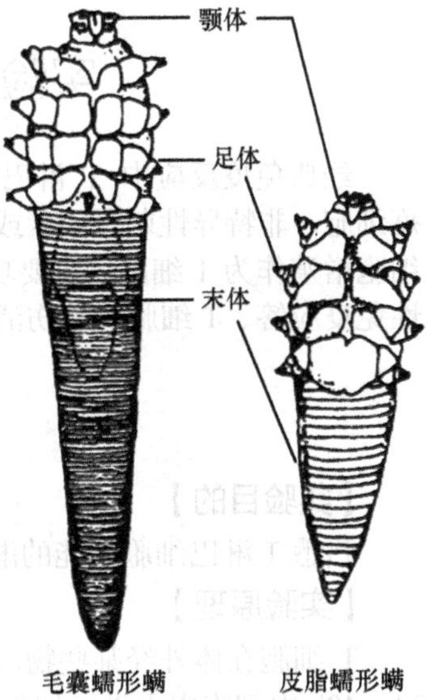

图 8-1　人体蠕形螨

二维码 8-11
蠕形螨形态

【结果报告】

（1）若查出蠕形螨，绘制其形态或拍照记录，报告其名称。

（2）统计全班数据，分析调查结果，计算阳性率。

（3）按要求书写实验报告。

（4）绘制人体蠕形螨形态图（图 8-1）。

【思考题】

（1）两种人体蠕形螨分别寄生于什么部位，其危害是什么？

（2）拟定一个防控蠕形螨感染的方案。

（周洪昌）

二维码 8-12
文献阅读

第 9 章

医学免疫学实验

实验 1　T 淋巴细胞免疫功能的检测

经典免疫反应中 T 淋巴细胞是参与机体细胞免疫反应，并在免疫应答中起重要调节作用的免疫细胞。非特异性刺激因素或特异性抗原的刺激会导致 T 细胞活化，随后活化的 T 细胞发生增殖。细胞增殖作为 T 细胞的重要功能之一，其检测已被广泛应用。此外，T 细胞的抗原特异性及非特异性免疫应答、T 细胞的杀伤活性的检测也是评价 T 细胞功能的重要方法。

一、T 淋巴细胞转化试验

【实验目的】

熟悉 T 淋巴细胞功能的淋巴细胞转化试验 MTT 法的原理及操作过程。

【实验原理】

T 细胞在体外经某些物质（如刀豆蛋白 A，ConA）刺激，细胞代谢和形态相继发生变化，在 24～48h 内细胞内由淋巴细胞转变为淋巴母细胞，表现为蛋白质和核酸的合成增加，产生一系列增殖的变化，如细胞变大、细胞质扩大、出现空泡、核仁明显、核染色质疏松等。这种淋巴细胞增殖又称为淋巴细胞转化，据此可判断出淋巴细胞对有关刺激的反应性与功能状态。

淋巴细胞转化除了可用显微镜观察外，还能用一定的方法进行定量检测。MTT 法是一种检测细胞存活和生长的方法，其检测原理为活细胞线粒体中的琥珀酸脱氢酶能使外源性 MTT 还原为水不溶性的蓝紫色结晶甲瓒（formazan）并沉积于细胞中，而死细胞无此功能。二甲亚砜（DMSO）能溶解细胞中的甲瓒，用酶标仪在 570 nm 波长处测定其光吸收值，细胞增殖越多越快，则吸光度越高；细胞毒性越大，则吸光度越低。

【实验材料】

（1）人外周血单个核细胞（PBMC）悬液制备方法参见第 2 篇第 6 章实验 6。

（2）PRIM-1640 培养液用前加入 10%小牛血清、1%青链霉素双抗、用 $NaHCO_3$ 调 pH 至 7.2～7.4。

（3）ConA：用 PRIM-1640 培养基分别配制成 1.25μg/ml、2.5μg/ml、5μg/ml、10μg/ml 工作浓度。

（4）5mg/ml MTT：MTT 0.5g，溶于 100ml 的磷酸缓冲液（PBS）或无酚红的培养基中，用 0.22μm 滤膜过滤以除去溶液里的细菌，置于 4℃避光保存。

（5）Hanks 液、DMSO、96 孔细胞培养板、试管、无菌操作台或生物安全柜、CO_2 培养箱、酶标仪等。

【实验方法】

（1）人外周血单个核细胞（PBMC）用含不同浓度 ConA 抗原的 PRIM-1640 培养基配成 2×10^6/ml 的细胞悬液，按每孔 200μl 加入 96 孔细胞培养板中，每个梯度设 3 个复孔，对照孔加入 200μl 基础 PRIM-1640 培养基。

二维码 9-1
实验流程

（2）混匀后置于 37℃ 5% CO_2 细胞培养箱中培养 68h。

（3）68h 后，每孔加预配的 5mg/ml MTT 溶液 20μl，继续培养 4h。

（4）用移液器吸取各孔细胞悬液至 1.5ml 离心管中，2000r/min 离心 3min，小心弃去上清液。

（5）在沉淀的细胞中加入 150μl 二甲亚砜，充分混匀使所有蓝紫色沉淀溶解，静置 10min。

（6）用酶标仪检测 OD570nm（630nm 校准）处吸光值。

【实验结果】

以刺激指数（SI）判断 T 淋巴细胞转化程度。

$$SI = (\text{实验组 } OD_{570} - OD_{630}) / (\text{对照组 } OD_{570} - OD_{630})$$

【注意事项】

（1）MTT 最好现用现配，配制后置于 4℃避光可保存约 2 周。

（2）二甲亚砜有一定致癌性，使用时应戴手套。

（3）细胞培养过程中注意无菌操作。

【思考题】

ConA 刺激 T 淋巴细胞增殖的机制是什么？

二、细胞毒性 T 细胞杀伤功能检测试验

【实验目的】

熟悉巨噬细胞吞噬作用检测的原理和方法。

【实验原理】

细胞毒性 T 细胞（CTL）具有抗原特异性的细胞毒活性，可杀伤带有特异性抗原的靶细胞，这种杀伤作用需要预先致敏，且靶-效细胞需共同孵育一定时间。杀伤过程在一定程度上可在通过染色-镜检做形态学检查，亦可通过一定方法做定量检测。常用的细胞毒性检测方法包括 ^{51}Cr 释放法、^{3}H-TdR 掺入法和 MTT 法，本实验以 MTT 法为例介绍细胞毒性检测试验。

【实验材料】

（1）动物：6～8 周龄 C57/BL6 磁性小鼠。

（2）靶细胞：P815 细胞系。

（3）PRIM-1640 培养液：用前加入 10%小牛血清、1%青链霉素双抗，用 $NaHCO_3$ 调 pH 至 7.2～7.4。

（4）5mg/ml MTT：MTT 0.5g，溶于 100ml 的磷酸缓冲液（PBS）或无酚红的培养基中，用 0.22μm 滤膜过滤以除去溶液里的细菌，置于 4℃避光保存。

（5）Hanks 液、二甲亚砜、锥虫蓝、剪刀、镊子、100 目钢网、96 孔细胞培养板、试管、无菌操作台或生物安全柜、CO_2 培养箱、酶标仪等。

【实验方法】

（1）实验前 7 天，于小鼠足垫注射 P815 细胞 5×10^6/足垫。

（2）实验当天，脱颈椎处死小鼠，常规消毒腹部皮肤。无菌操作取腹股沟淋巴结。100 目钢网研磨，锥虫蓝染色要求存活率大于 90%，用 PRIM-1640 培养液调整浓度为 10^7/ml（效应细胞）。

二维码 9-2
实验流程

（3）P815 细胞株连续传代培养，锥虫蓝染色要求存活率大于 90%，用 PRIM-1640 培养液调整浓度为 10^7/ml（靶细胞）。

（4）将上述标记的靶细胞加入 96 孔细胞培养板，每孔 100μl。

（5）将 100μl 上述效应细胞（亦可用磁珠或抗体分选的 $CD8^+$ T 细胞）按照不同效靶比（E：T= 1：1、2.5：1、5：1、10：1）加入靶细胞孔，阴性对照孔只加 100μl PRIM-1640 培养液。每个实验设置 3 个复孔。

（6）混匀后置于 37℃ 5% CO_2 细胞培养箱中培养 68h。

（7）68h 后，每孔加预配的 5mg/ml MTT 溶液 20μl，继续培养 4h。

（8）用移液器吸取各孔细胞悬液至 1.5ml 离心管中，2000r/min 离心 3min，小心弃去上清液。

（9）在沉淀的细胞中加入 150μl 二甲亚砜，充分混匀使所有蓝紫色沉淀溶解，静置 10min。

（10）用酶标仪检测 OD570nm（630nm 校准）处吸光值。

【实验结果】

以刺激指数（SI）判断 T 淋巴细胞转化程度。

$$SI =（实验组\ OD_{570} - OD_{630}）/（对照组\ OD_{570} - OD_{630}）$$

【注意事项】

（1）细胞培养过程需注意无菌操作。

（2）效-靶细胞状态要良好，使用前用锥虫蓝检测活细胞数量不少于 90%。

【思考题】

小鼠足垫预先注射 P815 细胞的目的是什么?

二维码 9-3
知识拓展

（姚韵靓）

实验 2　B 淋巴细胞免疫功能的检测

经典免疫反应中 B 淋巴细胞是参与机体细胞免疫反应，并在免疫应答中起重要调节作用的免疫细胞。非特异性刺激因素或特异性抗原的刺激会导致 B 细胞活化、增殖并最终转化为抗体生成 B 细胞（浆细胞）。溶血空斑试验（hemolytic plaque test）是基于抗原抗体反应可活化补体，溶解细胞的原理来检测抗体形成细胞的一种体外实验方法，是用于检查动物的抗体产生功能的经典实验。

【实验目的】

掌握溶血空斑试验检测原理及检测方法。

【实验原理】

用一定量的绵羊红细胞（SRBC）注射免疫小鼠，4 天后将小鼠杀死，取脾脏制成脾细胞悬液，内含抗体形成细胞 PFC（即浆细胞）。然后将脾细胞、SRBC 补体混合孵育。由于浆细胞所分泌的抗体和 SRBC 结合形成“抗原-抗体”免疫复合物，在补体作用下可使红细胞溶解，于特制的小室内形成肉眼可见的溶血空斑，一个空斑即代表一个抗体形成细胞，空斑的数量反映机体的体液免疫功能。

【实验材料】

1. **动物**　6～8 周龄昆明种或其他品系小鼠。
2. **SRBC 悬液**　5%和 15%两种浓度。
3. **补体**　新鲜豚鼠血清。
4. **其他**　平皿、琼脂糖、Hanks 液、剪刀、镊子、100 目钢网、注射器、水浴锅等。

【实验方法】

（1）每只小鼠腹腔注射 1ml 5% SRBC 悬液。

（2）免疫后第 4 天，脱颈椎处死小鼠，常规消毒腹部皮肤，取小鼠脾脏。放入 pH7.2 的 PBS 缓冲液中漂洗，去除结缔组织，100 目钢网研磨，调整浓度为 5×10^6/ml 的脾细胞悬液。

二维码 9-4 实验流程

（3）用 Hanks 液配制浓度为 1.4%的琼脂糖 5ml，加热融化后倾倒于平皿中，凝固后放置 37℃待用或 4℃保存。

（4）用 Hanks 液配制浓度为 0.7%的琼脂糖，加热融化后取 1ml 于一试管内，依次加入 15% SRBC 0.1ml、脾细胞悬液 0.1ml，迅速混匀后倾倒于上述琼脂糖平皿内，使之均匀铺平凝固，37℃孵育 2h。

（5）加入 1∶5 稀释的豚鼠血清 1ml，继续置于 37℃孵育 30min 或 4℃过夜。

（6）取出平皿肉眼观察或用菌落计数器计数平皿中的溶血空斑数。

【实验结果】

观察时，将平皿对着光亮处，用肉眼或放大镜观察每个溶血空斑的溶血状况，并记录整个平皿中的空斑数（图 9-1）。

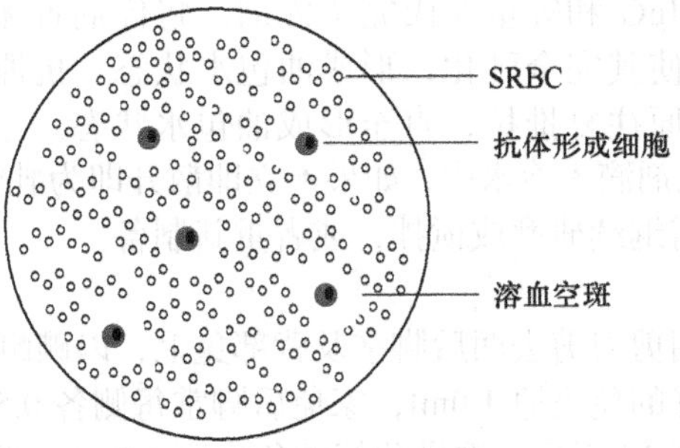

图 9-1 溶血空斑形成试验

【注意事项】

（1）SRBC 细胞及豚鼠血清应尽量新鲜。

（2）琼脂糖胶倾倒平皿时应避免气泡产生，以免与溶血空斑混淆。

【思考题】

溶血空斑实验的意义是什么？

二维码 9-5 知识拓展

（姚韵靓）

实验 3 多克隆抗体的制备与检测

【实验目的】

（1）掌握多克隆抗体制备的技术。

（2）熟悉制备多克隆抗体的意义和应用。

【实验原理】

用目的抗原制备特异性多克隆抗体是免疫学一项基本实验技术。抗原表面多个抗原表位能够刺激不同 B 细胞克隆产生相应抗体，称之为多克隆抗体（polyclonal antibody）。因抗体主要存在于血清中，通过免疫实验动物获得的血清也称为免疫血清。抗体可以用于免疫学诊断和治疗，因此需要高质量（效价高、特异性高）的免疫血清来保证免疫学实验的准确性、特异性和灵敏度。多克隆抗体制备过程中，需要考虑抗原理化性质，如分子质量大小、化学组成与结构、分子构象与易接近性和物理性状等；所接种实验动物方面的因素，如遗传背景、年龄、性别和健康状态等；抗原进入机体的方式，如抗原剂量、接种途径、免疫次数及免疫佐剂的使用等。将目的抗原选择合适的接种途径、按照合理程序免疫实验动物，刺激机体产生高质量特异性抗体，收集免疫动物的血液分离血清，获得多克隆抗体，然后通过免疫学实验测定制备所得的多克隆抗体的效价。本实验以纯化人 IgG 为免疫原，家兔为免疫动物，制备免抗人 IgG 免疫血清为例介绍多克隆抗体制备及鉴定的过程。

【实验器材】

1. **实验动物** 健康成年家兔（雄性，体重 2～3kg）。

2. **试剂** 纯化的人 IgG（10mg/ml）、弗氏不完全佐剂（羊毛脂+液状石蜡，比例为 1：1～1：4，高压灭菌后置冰箱保存备用）和弗氏完全佐剂（弗氏不完全佐剂加入卡介苗 2～20mg/ml，经研磨乳化后置于 4℃冰箱中储存备用）、生理盐水、PBS、碘酊、75%乙醇等。

3. **器材** 注射器、动物固定架、止血钳、手术剪、镊子、离心机、冰箱等。

二维码 9-6 实验流程

【实验方法】

1. **免疫原准备**

（1）取所需量纯化的人 IgG 和等量弗氏完全佐剂，将佐剂置无菌研钵内，逐滴加入稀释血清，边加边研磨使其完全乳化，形成油包水状态。抗原剂量小时可用两个注射器对接，将佐剂和抗原往复推拉，直至形成油包水状态。

（2）乳化鉴定：将 1 滴乳剂滴入冷水中，如果不立即散开即为乳化完全。如果很快分散成云雾状或小颗粒，则为不合格，需继续研磨或搅拌，或者重新制备。

2. **免疫动物**

（1）取健康雄性家兔，用剪刀剪去两后脚掌及背部兔毛，以碘酊和 75%乙醇消毒皮肤。

（2）初次免疫：取乳化好的免疫原 1.0ml，家兔后脚掌每侧各 0.5ml 多点注射。

（3）再次免疫：初次免疫 14 天后，取乳化好的免疫原 1.0ml，背部皮下多点注射。

（4）试血：再次免疫后 7 天，耳静脉采血，分离血清，测定免抗人 IgG 免疫血清抗体效价。琼脂双向扩散效价达到 1：16 即可放血收获免疫血清，否则继续用乳化好的免疫原进行加强免疫，加强免疫后 7 天继续测定抗体效价，若效价达到要求，立即进行心脏和颈动脉采血。

3. **免疫血清分离**

（1）家兔仰卧，四肢固定于动物固定架上，采用心脏采血或颈动脉放血（详见第 3 章动物实验技术），收集兔血放入无菌三角烧瓶内。

（2）将三角烧瓶先在 37℃温箱放置 1h，在 4℃冰箱中放置 4h。

（3）用吸管吸取血清，3000rpm，离心 15min，取上清，保存备用。

4. **免疫血清保存**

（1）冷冻干燥法：将免疫血清分装后，加入冻干保护剂，使用低温真空冷冻干燥器，制成冻干粉，4℃保存 2～3 年。

（2）低温保存：免疫血清分装后，放入−80℃冰箱中，可以保存 1～2 年，使用时按需要量取用，避免反复冻融，降低效价。

（3）添加防腐剂保存：常用防腐剂为 1%硫柳汞和 5%叠氮化钠，工作浓度分别为 0.01%或 0.05%，分装后置于−20℃保存 1～2 年；若制备的多克隆抗体要纯化后进行荧光标记，则避免使用能导致荧光淬灭的叠氮化钠。

5. **免疫血清鉴定** 免疫后的家兔进行试血和采血前，都要测定免疫血清中多克隆抗体的效价，来判断免疫效果。本实验中人纯化 IgG 为可溶性抗原，则采用双向免疫琼脂扩散实验进行效价的初步测定。中心孔加入 10μl 纯化人 IgG，待测免疫血清进行倍比稀释，从 1：2 稀释至 1：

64，加入周围孔内，每孔 10μl，湿盒内反应 24h 后观察沉淀线（具体方法详见第 2 篇第 6 章实验 2）。

【实验结果】

当兔抗人 IgG 的多克隆抗体效价达到 1∶16 时，表明抗原免疫成功，可采血并分离保存血清。

【注意事项】

（1）不同免疫原，所用免疫程序也不相同。如细菌、血细胞等颗粒性抗原免疫血清制备过程中，可以不用佐剂，直接注射免疫，免疫血清检测方法也有不同；纯化蛋白、血清等可溶性抗原则必须使用佐剂，否则不易诱导强烈的免疫应答。

（2）选择实验动物时，应选取青壮年的雄性健康动物；动物种系与抗原来源的差异越远越好；因有个体差异，同一种抗原最好免疫 2～3 只动物。

（3）因豚鼠和家兔可能会对卡介苗（BCG）过敏，导致免疫失败，可改用弗氏不完全佐剂。

（4）诱导机体产生免疫应答途径由强到弱，依次为皮内、皮下、肌肉、腹腔或静脉，因此免疫时采用皮内多点注射易诱导免疫应答，提高血清的抗体效价。

（5）半抗原（连接载体）的免疫间隔时间要求较长，达 30～50 天，免疫次数多为 5～8 次。多次注射后，仍无抗体产生，则应更换动物。

（6）抗原的剂量决定于抗原的种类。与免疫原性成反比，免疫原性强则用量少。抗原的用量一般以体重计算。在使用佐剂的情况下，一次注入的总剂量以 0.5～1.5mg/kg 为宜。如不加佐剂时剂量可加大 5～10 倍。

【思考题】

（1）影响抗原免疫原性的因素有哪些？

（2）根据物理性状，抗原可分为几种？各有什么特点？

（3）测定免疫血清效价的方法有哪些？不同方法的特点是什么？

二维码 9-7
知识拓展

（陈庆新）

实验 4　超敏反应检测技术

一、青霉素皮肤试验

【实验目的】

（1）掌握青霉素皮肤试验的原理和检测方法。

（2）熟悉青霉素皮肤试验的临床意义。

【实验原理】

青霉素皮肤试验（以下简称皮试）是使用青霉素前必须进行的检测技术，用于确定使用者对青霉素是否过敏，属于 I 型超敏反应。青霉素类过敏原注入已形成致敏状态患者皮肤后，与皮内肥大细胞表面的 IgE 发生特异性结合，引发肥大细胞脱颗粒释放生物活性介质，引发局部的生理功能紊乱，临床表现为皮肤出现红晕、水肿等现象，根据红肿大小判断出受试者对青霉素是否过敏。

【实验材料】

1. 试剂　青霉素皮试液（500U/ml）、碘酒、75%乙醇。

2. 器材　一次性无菌注射器（1ml，4.5 号针头）、测量刻度尺。

二维码 9-8
实验流程

【实验方法】

（1）用碘酒和酒精消毒受试者屈侧腕关节上方三横指处皮肤，年龄较小儿童可选择二横指处消毒。

（2）用注射器抽取青霉素皮试液，皮内注射 0.1ml（50U），呈豆状隆起，儿童剂量可减少至 0.03ml。

（3）注射后 20min，观察注射部位的皮肤反应。

【实验结果】

注射部位出现红晕、水肿直径超过 1.0cm 者判为阳性，或者豆状隆起直径增加 3mm 者判定为阳性。可疑阳性者用生理盐水在另一前臂做对照试验。

【注意事项】

（1）皮试过程中可能会出现过敏性休克等严重的过敏反应，皮试场所必须备有急救设备和药品，保证及时进行抢救治疗。

（2）皮试阴性表示发生青霉素过敏反应可能性较小，可接受青霉素类药物治疗，但发生青霉素过敏的风险仍然存在，尤其是首次使用过程中。

（3）对于过敏体质受试者，若出现严重局部反应时，应及时处置，避免全身反应出现。

（4）抗原配制不当（pH 过高或过低）、抗原变质或被细菌污染等情况易导致假阳性反应；抗原失效、儿童或老年免疫力低下、近期内使用抗组胺或激素类药物等情况易导致假阴性，应注意排除。

（5）有青霉素等 β-内酰胺类抗生素过敏史者禁止进行青霉素过敏试验。

【思考题】

（1）Ⅰ型超敏反应临床上常见的疾病有哪些？

（2）青霉素能引起哪些类型的超敏反应？

二维码 9-9
知识拓展

（陈庆新）

二、抗心肌抗体检测

【实验目的】

（1）掌握抗心肌抗体的检测方法。

（2）熟悉抗心肌抗体检测的原理和临床意义。

【实验原理】

抗心肌抗体由 Brokman 在 1937 年研究风湿热时首次发现，该抗体与多种疾病发生存在相关性，如心肌梗死、风湿热、风湿性心脏病、细菌性心内膜炎等。其致病机制为Ⅱ或Ⅲ型超敏反应。间接免疫荧光试验（详见第 2 篇第 3 章实验 4）是检测抗心肌抗体最经典的方法，利用了大鼠心肌抗原能够与患者血清中抗心肌抗体发生特异性结合的特点。

【实验材料】

1. 组织切片 大鼠心肌冰冻切片（也可以选用公司制作的商品化大鼠心肌或猴心肌生物薄片）。

2. 试剂 待检血清、阳性对照血清（抗横纹肌抗体阳性）、阴性对照血清（自身抗体阴性）、FITC 标记羊抗人 IgG 抗体、PBS、吐温 20、95%乙醇、4%多聚甲醛。

3. 器材 恒温箱、湿盒、荧光显微镜、水浴箱等。

【实验方法】

1. 大鼠心脏冰冻切片制备 先麻醉大鼠，取心脏后于冰冻切片机切片，切片后于 4%多聚甲醛固定 20min，PBS 摇床洗涤 15min，重复 3 次，用 5%山羊血清或 2%BSA 于 37℃恒温箱封闭 60min。

二维码 9-10
实验流程

2. **加样** 用 PBS 将血清标本 1∶100 稀释，然后加 25μl 至组织切片，放入湿盒内室温反应 30min。

3. **冲洗** 取出切片，先用 PBS-吐温 20 缓冲液冲洗，后浸入 PBS 烧杯中 5min，将切片取出，吸水纸吸干切片背面和边缘水分，注意不要碰切片反应区。

4. **染色** 加入 25μl FITC 标记羊抗人 IgG 抗体，室温湿盒内孵育 30min。

5. **冲洗** 同第 3 步过程。

6. **封片** 观察在染色片表面滴加甘油后，盖好盖玻片，于荧光显微镜下观察绿色荧光。

【实验结果】

（1）发现绿色荧光者判为抗心肌抗体阳性。

（2）确定荧光在心肌细胞的定位：常见有 3 种，心肌细胞膜及膜下、心肌细胞间和肌细胞质。

（3）心肌梗死患者最常见定位于心肌细胞膜及膜下，提示发病过程中抗心肌抗体可能通过Ⅱ型超敏反应进一步加重病情。

【注意事项】

（1）心肌切片制作过程中，多聚甲醛固定应充分，可先用多聚甲醛灌注后，再取材后继续固定，避免影响染色结果。

（2）心肌细胞抗原众多，因此进行抗心肌抗体检测的特异性不强，只能作为临床疾病辅助诊断。

二维码 9-11
知识拓展

【思考题】

（1）简述Ⅱ型超敏反应的发生机制及临床常见疾病？

（2）如何使心肌抗体检测具有较强特异性？

三、Arthus 反应

【实验目的】

（1）掌握 Arthus 反应的操作技术和原理。

（2）熟悉Ⅲ型超敏反应的临床常见疾病。

【实验原理】

1903 年，Arthus 在家兔皮下反复注射马血清时，发现注射部位出血、水肿和坏死等炎症反应，将该现象命名为 Arthus 反应。Arthus 反应属于Ⅲ型超敏反应，其发生机制为中等大小的可溶性免疫复合物沉积于毛细血管基底膜后，经激活补体，并在中性粒细胞、血小板和嗜碱性粒细胞的作用下，引起以局部水肿、出血和坏死、中性粒细胞浸润为主的炎症反应。

【实验材料】

1. **实验动物** 家兔。

2. **试剂** 马血清、碘酒、75%乙醇。

3. **器材** 无菌注射器及针头。

【实验方法】

剪除家兔注射部位皮毛，用碘酒和乙醇消毒后，皮下注射马血清 3～5ml，共 4～6 次，每次间隔 4～5 天。自第 4 次注射后，注意观察结果。

二维码 9-12
实验流程

【实验结果】

第 4 次注射后 1～2h，注射局部出现水肿、出血、坏死等炎症反应。

【注意事项】

（1）操作过程中应注意无菌操作，避免感染。

（2）应选择家兔组织疏松部位进行皮下注射。

（3）注射时应避免用力过猛刺穿皮肤。

（4）注射前不要对家兔形成过大刺激，注射要迅速。

【思考题】

（1）简述Ⅲ型超敏反应相关的临床疾病有哪些？

（2）试述补体激活的经典途径？

二维码 9-13
知识拓展

四、豚鼠结核菌素试验

【实验目的】

（1）掌握结核菌素试验的操作方法和原理。

（2）熟悉豚鼠结核菌素试验结果判定。

【实验原理】

豚鼠结核菌素试验属于Ⅳ型超敏反应，该型超敏反应与抗体及补体无关，是由效应T淋巴细胞介导的，免疫病理损伤特点为淋巴细胞、单核-巨噬细胞浸润和组织细胞损伤为特征的炎症反应。结核菌素是结核杆菌的菌体蛋白，可以激活人体和动物的Ⅳ型超敏反应，引起局部的坏死、液化及空洞形成。Koch 对结核杆菌致病性研究中采用豚鼠结核菌素实验，发现经过结核杆菌感染或免疫过的豚鼠，当接种结核菌素时，注射部位出现红肿、溃疡和坏死等现象，称之为 Koch 现象。

【实验材料】

1. **实验动物**　2～3 月龄豚鼠（体重 350～400g）。

2. **试剂**　PPD（50IU/ml）、卡介苗、碘酒、75%乙醇。

3. **器材**　无菌注射器及针头。

二维码 9-14
实验流程

【实验方法】

（1）将接种过卡介苗豚鼠背部毛剪除，用碘酒和乙醇消毒，并设立未免疫豚鼠对照。

（2）两只豚鼠背部皮内注射 PPD 各 0.1ml。

（3）注射后 24～48h，观察注射部位皮肤反应，并记录注射红肿硬结纵横直径。

【实验结果】

依据《中国药典》2010 年第三部，致敏豚鼠应用标准，PPD 试验阴性和阳性不同等级的判定标准如下。

（1）无反应或轻微红晕，硬结平均直径在 5mm 以下为阴性（–）。

（2）红肿硬结直径 5～9mm 为一般阳性（+）。

（3）红肿硬结直径 10～19mm 为中度阳性（++）。

（4）红肿硬结直径大于 20mm 为强阳性（+++）。

（5）红肿硬结直径 20mm 左右，有水疱、坏死、溃疡、淋巴管炎等任意一项为强阳性（++++）。

【注意事项】

（1）注意无菌操作，防止注射部位感染影响结果观察。

（2）注射时绷紧皮肤，针头平刺，注射要缓慢。

（3）注射结束后应旋转半周拔出针头，可避免注射液流出。

二维码 9-15
知识拓展

【思考题】

（1）简述Ⅳ型超敏反应相关的临床疾病有哪些？

（2）试述结核菌素试验的临床意义。

（陈庆新）

实验 5　细胞因子检测

细胞因子（cytokine，CK）是由活化的免疫细胞（如 T 淋巴细胞、B 淋巴细胞、巨噬细胞、NK 细胞）和非免疫细胞（如胸腺或骨髓的基质细胞、血管内皮细胞、成纤维细胞）合成和分泌到细胞外参与免疫调节、促进造血、介导炎症反应和促进组织修复等功能的可溶性小分子蛋白。按生物学作用来分，细胞因子包括白细胞介素（interleukin，IL）、干扰素（interferon，IFN）、肿瘤坏死因子（tumor necrosis factor，TNF）、集落刺激因子（colony stimulating factor，CSF）、生长因子（growth factor，GF）等。

细胞因子的异常性表达，可参与多种疾病（如炎症、自身免疫病、超敏反应、休克等）的发生和发展。脓毒血症、严重急性呼吸综合征（SARS）和流感发病过程中会出现高细胞因子血症（也称细胞因子风暴）；过量的 IL-1、TNF-α 和 IL-6 可以引起发热和炎症病理损伤；IL-4 可促进 IgE 合成，引起 I 型超敏反应。因此，在临床上，细胞因子的检测对于疾病的辅助诊断和治疗具有重要意义。下面介绍临床上常见的几种细胞因子检测方法。

一、IL-2 的测定

【实验目的】

（1）掌握 IL-2 生物学活性检测的方法。

（2）熟悉 IL-2 的测定原理及临床意义。

【实验原理】

IL-2 由活化的 T 淋巴细胞（Th1）和 NK 细胞产生，具有促进 T 细胞、B 细胞和 NK 细胞的分化增殖，增强 CTL 细胞、NK 细胞和巨噬细胞的杀伤活性等功能。IL-2 产生和异常表达与肿瘤、肝病、艾滋病、系统红斑狼疮、心血管病等临床疾病密切相关，可通过测定血液、尿液等标本中 IL-2 作为辅助诊断指标，反映出人体 Th1 细胞介导的细胞免疫功能，用于判断疾病的预后及使用药物的疗效。特定细胞株的增殖（如 CTLL-2、CT6、NKC3 等）与 IL-2 剂量呈正相关性，可作为 IL-2 生物学活性检测的依据。实验室内检测方法有 MTT 法和 3H-TdR 掺入法。MMT 法：细胞增殖活跃时线粒体中琥珀酸脱氢酶活性增加，该酶能使黄色的四唑盐（MTT）分解成蓝色结晶状颗粒，琥珀酸脱氢酶的活性（颗粒形成量）与 IL-2 的水平成正比。^{3}H-TdR 掺入法：DNA 合成量以 DNA 合成酶活性为指标，也可反映出 IL-2 的活性。

【实验材料】

1. 器材　超净工作台、酶标读数仪、显微镜 CX21、细胞培养瓶、干烤箱、高压蒸汽灭菌器、天平、96 孔圆底培养板、二氧化碳培养箱、β-液体闪烁仪、酶标仪、9999 型玻璃纤维滤纸、显微镜、多道细胞收集仪、真空泵、玻片、酒精灯、记号笔、无菌棉签、镊子等。

2. 细胞及细胞系　IL-2 依赖细胞株 CTLL-2 细胞、健康人外周血。

3. 细胞培养液　RPMI 1640（含小牛血清 10%、L-谷氨酰胺 20mg/ml、青霉素 100U/ml、链霉素 100μg/ml 等）。

4. 试剂　IL-2 标准品、^{3}H-TdR、MTT、Ficoll 分离液、肝素、植物血凝素（PHA）、酸化异丙醇、二甲亚砜（DMSO）、二甲苯等。

【实验方法】

1. CTLL-2 细胞准备　CTLL-2（小鼠 T 细胞株）用含 10U/ml IL-2 的细胞培养液于 37℃含 5%CO_2 的孵箱中培养，每隔 2～3 天换一次液，并将细胞悬液调至 5×10^5 个/ ml。试验前将 CTLL 用不含 IL-2 的 RPMI 1640 培养液洗 3 遍，每次 1000rpm，离

二维码 9-16
实验流程

心 5min，弃去上清，除去残留的 IL-2，然后配成 1×10^5 个/ ml 细胞悬液备用。

2. 人外周血单核细胞分离及 IL-2 诱生 无菌采取健康人静脉血，肝素抗凝，用 Ficoll 淋巴细胞分离液分离淋巴细胞，用细胞培养液洗涤两遍，用含有 PHA（100μg/ml）的培养液配成浓度为 1×10^6 个/ ml 的细胞悬液 2.0ml，放入无菌培养瓶中，于 37℃含 5%CO_2 培养箱中培养 48h，将细胞悬液 1000rpm 离心 10min，吸取上清液，通过除菌滤器，将该 IL-2 待检样品置于−70℃保存备用。

3. IL-2 细胞增殖实验 用 96 孔细胞培养板，每孔加入 CTLL-2 细胞 100μl，将 IL-2 待测品、IL-2 标准品，用细胞培养液进行 2 倍比稀释，并稀释 9 个稀释度，每孔加入 100μl，每个稀释度设立 3 个复孔，并设立空白对照。将细胞培养板置于 37℃含 5%CO_2 的孵箱中培养 18～24h。

4. IL-2 生物学活性测定方法 可根据实验室条件，选择 ^{3}H-TdR 掺入法或 MTT 法进行检测。

（1）^{3}H-TdR 掺入法：培养结束后，每孔均加入 0.5μCi/50μl（1.85×10^4Bq）^{3}H-TdR 继续培养 12～16h。用多道细胞收集仪收集细胞于 9999 型玻璃纤维滤纸上，干燥后将载有细胞的玻璃纤维滤纸置于闪烁瓶中，加入 3ml 闪烁液，测量细胞内的脉冲数（cpm）。

（2）MTT 测定：培养结束后，每孔加入 10μl MTT 溶液（5mg/ml 溶于 PBS），继续培养 4～6h，轻轻吸取上清弃去，每孔加入 DMSO 或酸化异丙醇 100μl 充分混匀，静置 10min 将细胞代谢 MTT 形成的颗粒充分溶解，在酶标读数仪上于 570nm 波长处测出吸光度值。

【实验结果】

以 IL-2 标准品以 IL-2 稀释度 log2 为横坐标（x 轴），cpm 或 OD 值为纵坐标（y 轴），计算出两者的直线回归方程（$y=A+Bx$，y 为 cpm 或 OD 值，A 为 cpm 或 OD 在 y 轴截距，B 为回归系数，x 为稀释倍数的对数值），根据该方程计算出标准品和待检样品最大 cpm 或 OD 值 50%时 IL-2 稀释度，待检样品 IL-2 的活性单位可由下式计算：

IL-2 待测品活性=待测品最大 cpm 或 OD 值 50% 时稀释度标准品最大 cpm 或 OD 值 50%时稀释度×IL-2 标准品活性（U/ml）

【注意事项】

（1）CTLL-2 细胞要充分洗涤，因原生长培养液中含有 IL-2。

（2）CTLL-2 细胞对鼠 IL-4 亦有增殖反应，鼠来源样品检测时可用抗鼠 IL-4 McAb 处理待测样品后再进行检测。

（3）^{3}H-TdR 掺入法操作时避免放射性同位素污染。

【思考题】

（1）IL-2 在人体内发挥的生物学功能有哪些？

（2）IL-2 检测有什么临床意义？

二维码 9-17
知识拓展

二、干扰素抗病毒活性测定

【实验目的】

（1）掌握干扰素活性的检测方法。

（2）熟悉干扰素的生物学作用及抗病毒的机制。

【实验原理】

干扰素（interferon，IFN）是主要由白细胞、成纤维细胞和淋巴细胞产生的一类具有抗病毒、抗肿瘤和免疫调节作用的一类小分子糖蛋白。根据蛋白结构和生物学功能，可分为 α、β、γ 3 种类型，IFN 具有种属特异性，目前 IFN 临床应用主要在抗病毒和抗肿瘤方面，特别是抗病毒治疗。IFN 生物学活性检测常采用细胞病变抑制法（cytopathic effect inhibition test，CPEI），利用干扰素能刺激指示细胞（常用的有人羊膜上皮细胞 WISH 株、人喉癌细胞 Hep-2 株及人胚肌皮或肺单层细胞）

产生抗病毒蛋白，从而使细胞免受水疱型口炎病毒（vesicular stomatitis virus，VSV）的攻击，以能抑制 50%细胞病变（$CPEI_{50}$）的干扰素最高稀释度作为 1 个单位。根据待测样品和标准品不同稀释度的保护能力，计算出干扰素生物学活性单位。

【实验材料】

1. **器材**　微量移液器、超净工作台、酶标仪、二氧化碳（CO_2）培养箱、倒置显微镜、96 孔平底微量细胞培养板、显微镜 CX21、干烤箱、高压蒸汽灭菌器、天平、酒精灯、记号笔、火柴等。

2. **病毒及细胞株**　WISH 细胞、水疱型口炎病毒（VSV）。

3. **试剂**　EDTA、胰酶、$NaHCO_3$、灭活胎牛血清（FCS）、L-谷氨酰胺、青霉素、链霉素、IFN 待测样品、结晶紫、无水乙醇、乙酸、双蒸水、干扰素待检样品和标准品（−70℃）、PBS 缓冲液。

4. **细胞培养基**　含 10%FCS 的 RPMI1640。

【实验方法】

1. **细胞消化液等配制**　细胞消化液：以 RPMI1640 配制终浓度为 0.02%EDTA，0.25%胰酶，用 $NaHCO_3$ 调节 pH7.2～7.4，过滤除菌。结晶紫染液：50mg 结晶紫加入 20ml 乙醇溶解，双蒸水加至 100ml。脱色液：50ml 乙醇，50ml 双蒸水，0.1ml 乙酸。

二维码 9-18
实验流程

2. **WISH 细胞准备**　弃去 WISH 细胞培养瓶中培养液，用 PBS 洗 2 次后消化收集细胞，1000 rpm 离心 5min，以 10%FCS 的 RPMI1640 培养液调节细胞密度为 2×10^5 个／ml，接种于 96 孔细胞培养板中，每孔 100μl，37℃、5% CO_2 条件下培养过夜，使细胞贴壁为单层。

3. **干扰素处理后上样**　将干扰素标准品和待检样品进行 2 倍比稀释，加入预铺好 WISH 细胞培养板，每孔 100μl。每个浓度应做 3 个复孔，并设置不加干扰素的细胞对照和病毒对照，37℃、5% CO_2 条件下培养过夜。

4. **攻毒**　取保存的 VSV 用 10%FCS 的 RPMI1640 培养液稀释至工作浓度，病毒毒力为 100 $TCID_{50}$（半数组织培养感染量，median tissue culture infective dose），弃去 WISH 细胞培养板培养液，加入配制好的病毒液，每孔 100μl。细胞对照孔不加病毒液，加入 10%FCS 的 RPMI1640 培养液，每孔 100μl。37℃、5% CO_2 条件下培养 24h。

5. **结果测定**　培养结束后弃去上清，每孔加入 50μl 结晶紫染色液，室温放置 30min，流水冲去染色液后，倒置显微镜下观察并记录结果；或者也可以在冲去染色液后，每孔加入 100μl 脱色液，室温放置 5min，用酶标读数仪测定每孔 570nm 处 OD 值，记录结果。

【实验结果】

根据所得数据利用统计软件或直线回归法处理数据。计算出干扰素样品和干扰素标准品能保护 50%细胞免受病毒攻击损害的最高稀释度，结合干扰素标准品的相应结果，按下式计算干扰素样品的结果（IU）：

IFN 待测品活性=待测品 50% 细胞保护的最高稀释度标准品 50% 细胞保护的最高稀释度×IFN 标准品活性（IU）

【注意事项】

（1）无菌操作，注意实验室安全。

（2）染色方法也可采用其他活细胞染色法，如 MTT 染色法。

（3）铺 WISH 细胞时密度不宜太高，否则细胞数量过多，其生长状态受影响，且不易观察。

【思考题】

（1）干扰素的生物学功能有哪些?

（2）检测动物的 IFN 时，能否用 WISH 细胞进行，为什么?

二维码 9-19
知识拓展

三、淋巴细胞内细胞因子流式细胞检测

【实验目的】

（1）掌握淋巴细胞内细胞因子流式细胞检测的方法。

（2）熟悉淋巴细胞内细胞因子检测的原理和意义。

【实验原理】

在单细胞水平研究细胞因子的表达能力，对研究细胞因子在疾病中的作用越来越重要。流式细胞免疫荧光技术较其他单细胞检测技术（如 ELISA-POT、原位杂交、单细胞 PCR 等）具有简便、快捷、灵敏、高效和安全等巨大优势，用荧光素标记的特异性抗细胞因子单克隆抗体，从单细胞水平检测不同细胞内的细胞因子，结合细胞表面亚群标志，可检测单个细胞内多个细胞因子，并可区分表达特定细胞因子的细胞亚群，进而用于疾病的诊断和治疗过程中。本实验对小鼠脾细胞内细胞因子的检测流程进行介绍。

【实验材料】

1. **器材** 超净工作台、流式细胞仪、显微镜 CX21、细胞培养瓶、高压蒸汽灭菌器、低温高速离心机、96 孔圆底培养板、二氧化碳（CO_2）培养箱、振荡器、酶标仪、细胞计数器、血细胞计数板、200 目尼龙网、流式上样管等。

2. **实验动物** C57BL/6 小鼠。

3. **试剂** Tris-NH_4Cl、破膜剂、PE-IL4、FITC-IFNγ、PBS、含 10%FCS RPMI 1640 细胞培养液等。

【实验方法】

1. **鼠脾内淋巴细胞悬液制备** 无菌摘取的小鼠脾脏置于 10%FCS-RPMI 1640 培养液中，在 200 目尼龙网上碾磨分散脾细胞，1000rpm 离心 10min，用 pH7.2 的 Tris-NH_4Cl 溶液溶解红细胞，再用 RPMI 1640 培养液洗涤 2 次后重悬细胞于 10%FCS-RPMI 1640 培养液，血细胞计数板计数后调整细胞浓度为 1×10^7 个/ml。

二维码 9-20 实验流程

2. **鼠脾细胞激活** 取上述脾细胞悬液 2ml，1500rpm 离心 5min，弃上清，用含有 20ng/ml PMA（佛波酯）、500μg/ml Ionomycin（离子霉素）和 10μmol/L Monensin（莫能霉素）的 10%FCS-RPMI 1640 调整细胞密度为 1×10^6 个/ml，取 2ml 加入 24 孔细胞培养板中，于 37℃ 5% CO_2 孵箱培养 4h。

3. **鼠脾细胞表面 Fc 受体阻断** 用于消除非特异性的结合染色，收获激活后的细胞，使用纯化的 FcⅡ/Ⅲ受体的抗体（CD16/32），按照 1μg/10^6 个细胞的用量，置于染色缓冲液中，4℃孵育 15min，PBS 清洗后，进行下一步染色。

4. **细胞表面染色** 按照实验要求，选择合适的细胞表面标志进行染色，如可选择 CD4 或 CD8 荧光标记抗体，按照说明书进行染色。

5. **固定和破膜** 染色后的细胞用洗液洗 1 遍，重悬于含 10%胎牛血清的洗液中，调整细胞浓度为 1×10^6 个/ml，置于 4℃作用 15min，加入 37℃预热固定液，室温避光孵育 5min，1000rpm 离心 5min，弃上清；加破膜剂温避光孵育 10min（参照说明书进行）；加 3ml PBS 洗液，1000rpm 离心 5min，弃上清。

6. **细胞内染色** 在相应的管中加入胞内细胞因子 PE 标记 IL-4 及 FITC 标记 IFN-γ 抗体（试剂用量参见抗体说明书），4℃避光作用 30min，洗液洗 3 遍。细胞重悬于 200μl DPBS 或 1% PFA 中，应用流式细胞仪检测。

【实验结果】

根据流式细胞仪所得数据，分析得出所检测的细胞亚群比例及功能是否正常。

【注意事项】

（1）检测不同的细胞因子，选择不同的刺激剂组合和刺激时间，以保证最佳的检测效果。

（2）为保证结合的真实和可靠性，必须设置好对照，如激活对照、未刺激对照、同型对照。

（3）固定时需要震荡多次，防止细胞成团影响后续实验。

（4）进行血液标本检测时，处理过程中不能使用络合钙的抗凝剂，如EDTA，以避免限制钙依赖性激活过程，可用肝素抗凝。另外需要防止细胞标本被常见的LPS污染，影响试验结果。

二维码 9-21
知识拓展

【思考题】

（1）本实验中检测了哪些淋巴细胞亚群？它们在免疫应答中分别起什么作用？

（2）淋巴细胞内细胞因子检测有什么临床意义？

（陈庆新）

实验6　流式细胞测定术

【实验目的】

（1）掌握流式细胞仪的工作原理。

（2）熟悉流式细胞仪的操作过程。

（3）了解流式细胞仪检测人淋巴细胞或外周血白细胞CD4、CD8的结果表达。

【实验原理】

流式细胞仪的工作原理主要是使悬浮在液体中分散的经荧光标记的细胞或微粒逐个通过样品池，同时由荧光探测器捕获荧光信号并转换成分别代表前向散射角、侧向散射角和不同荧光强度的电脉冲信号，经计算机处理形成相应的点图、直方图和加三维结构图像进行分析。

【实验材料】

1. 细胞样品　人来源淋巴细胞或人外周血的白细胞。

2. 荧光标记单克隆抗体　常用的有FITC（fluorescein -isothiocyanate）和PE（phycoerythrin）标记的抗人CD4、CD8单克隆抗体。

3. 封闭抗体　抗Fc受体抗体。

4. FACS缓冲液　1×PBS 950ml，FCS 40ml，10%叠氮化钠溶液10ml。

5. 仪器缓冲液（FACS-flow）　仪器厂家提供。

6. ACS清洁液（FACS clean）**和FACS洗净液**（FACS rinse）　仪器厂家提供。

【实验方法】

1. 准备工作

（1）人单细胞悬液的制备：将1×10^5～1×10^7的细胞放入1.5ml离心管中3000 r/min 离心5min，弃上清；加入FACS缓冲液100μl 悬浮细胞。

（2）封闭细胞表面Fc受体：在步骤（1）中加入Fc受体抗体0.5μl（0.5mg/ml），水浴3min。

（3）细胞与荧光抗体结合：在步骤（2）中加入荧光抗体1μl（0.5mg/ml），水浴30min。

（4）洗细胞去除游离的荧光抗体：在步骤（3）中加入FACS缓冲液350μl，轻轻混匀，3000 r/min，离心5min，弃上清，重复步骤（4）2次。

（5）上样前处理：取100μl 仪器缓冲液加入步骤（4）获得的细胞沉淀中，轻轻混匀悬浮细胞，将细胞悬液移入FACS专用管中，准备进行仪器检测和分析。

2. 仪器的操作　采用FACS Calibur TM（BD Biosciences）仪器。仪器主要分为主机部分（包括激光激活源，射流，射线探测器）和计算机部分（CELL Quest softwere）。仪器的操作分为使用前的准备、使用中的操作和使用后的清洗。

（1）使用前的准备

1）打开电源：包括系统电源和主机部分电源。

2）检查供液槽和废液槽：供液槽应含足够的仪器缓冲液，废液槽应在上次使用后清洗干净。

3）使机器处于负亚状态，才能使细胞悬液被吸入至机器的吸管口。

4）机器处于可应用状态时，指示灯会变成绿色。

（2）使用中的操作

1）计算机部分——使用 CELL Quest 程序系统软件：①设定所要检测细胞的数量，一般设10 000～20 000 个细胞。②命名本次实验，一般含使用者的姓名和实验日期。③打开记数部分，显示进入的细胞数及检测一定量的细胞所需要的时间。④将微机与主机连接，控制检测时的预检测和实际检测。⑤主机设定，一般是已设定好的适合测定淋巴细胞的条件，包括探测器的电压。探测器的电压是调空光电倍增管所能检测荧光密度的范围。⑥选择检测的波长和表达方式（plot），如果用一种荧光抗体，一般选直方图（histogram）；如果用两种荧光抗体，常选点状二维图（dot plot）或轮廓线图（contour plot），不同的荧光物要求选择不同的激发波长，参见表 9-1。

表 9-1　不同的荧光物要求选择不同的激发波长

荧光物	激发波长（nm）
FITC	525（green）
PE	575（orabge-red）
RED613	610（red）
PI	620（red）
PerCP	650（red）
TRI-COLOR	650（red）
CyChrome	670（red）

2）细胞的吸入：将装有细胞的 FACS 测定管放置于机器吸管孔处。先预检测样品，然后进行实际检测。可根据细胞的浓度选择测定的速度（低、中或高）。所有的数据将自动存入电脑。

（3）使用后的清洗：所有样品测定完后，要进行仪器的清洗。

1）将装有 FACS 清洁液的 FACS 管放置于机器吸管孔，高速吸入 1min。

2）将装有 FACS 洗净液的 FACS 管放置于机器吸管孔，高速吸入 1min。

3）再将装有 FACS 清洁液的 FACS 管放置于机器吸管孔，高速吸入 5min。

4）同样再将装有 FACS 洗净液的 FACS 管放置于机器吸管孔，高速吸入 5min。

5）最后将一装有双蒸水的 FACS 管放置于机器吸管孔后，关闭机器。

6）将废液槽中的废液倒掉，并清洗干净废液槽。

【实验结果】

（1）实验时应及时、准确地记录实验结果。

（2）由计算机软件直接出结果，并以单参数直方图打印出实验结果粘贴至实验报告。其中 CD4、CD8 阳性细胞以百分率表示。

二维码 9-22
知识拓展

【思考题】

（1）流式细胞测定术检测原理是什么？

（2）流式细胞测定术有哪些临床应用价值？

（3）流式细胞仪分析中常见的荧光素有哪些？

（徐水凌）

第4篇 创新性实验

第10章 创新性实验基本知识

创新性实验是在完成基础性实验和综合性实验的基础上，由学生自主选题实施的实验。此类实验最大的特点是由学生自己提出科学设想，自己设计、安排和完成实验。其目的是培养学生主动探究科学问题、设计实验方案和完成实验步骤并通过实验数据合理解释科学问题和提出创新性见解的能力。有利于最大限度地拓展学生的专业视野，激发学生的探索与创新能力；培养实事求是的科学态度，严谨的工作作风和团队精神，在学生个性发展和综合素质的提高上起到重要的作用。

第1节 创新性实验的选题

选题是科学研究中关键性和战略性的步骤，充分体现科研工作者的科学素养和学术水平，很大程度上决定了科研的成败与成果大小，也决定了争取科研立项及项目资助的可能性，因此选题十分重要。

一、选题的原则

1. 目的性 要求在已有研究资料的基础上提炼科学问题，选题的目的性强，研究目标明确。要明确该课题研究能解决的核心问题，是否具有理论意义和使用价值，是否能够产生一定的经济效益和社会效益。避免毫无意义和价值的选题而浪费人力和物力。

2. 科学性 选题的科学性就是指选题的依据与研究的方案是科学的。课题的立论依据是建立在前人的科学理论和研究基础之上的，符合客观规律，而不是毫无根据的凭空想象。

3. 创新性 创新是科研的灵魂，是科学发展的动力。创新指学术思想的创新，包括原始创新和消化吸收再创新。原始创新活动主要集中在基础科学和前沿技术领域，是为未来发展奠定坚实基础的创新，其本质属性是原创性和第一性。消化吸收再创新主要是在前人研究的基础上有进一步的发现和发明如发现新规律、新技术等。创新有不同层次的要求，作为在校学生，我们应该选择符合其自身发展和实际素质的创新层次，针对一些重大科学理论和亟待解决的实际问题选题，或是对传统的实验方法和内容进行改进及完善，也是很好的创新。

4. 可行性 指具备实施和完成课题的各种条件。需要根据课题实施的实际情况，综合考虑课题组人员的学术水平和技术水平、课题依赖的团队和科研平台及研究经费。

二、选题的基本程序

1. 立意 指根据自己掌握的知识和经验提出初步的研究设想。立意的产生和水平取决于研究者的学术水平和科研能力。在校学生尽管知识结构和科研能力非常有限，仍然需要勇于提出自己的设想。

2. 文献调研 通过中外文期刊、书籍，检索工具或互联网获取大量有关信息和课题研究的相关资料，进一步完善初步的立意设想。

3. 确定选题 梳理通过文献检索获取的大量资料，构思研究思路，确定课题名称。通过以上程序，基本形成选题。

第2节 创新性实验完成的基本步骤

一、实验设计

实验设计是对选题制定具体的实验计划和方案，形成文字材料。作为研究课题去申请课题经费的，则是课题申请书。其内容包括以下方面。

1. 题目 又叫课题名称，即对选题做一个明确的命名。题目应反应研究的目标、内容和特点，做到准确涵盖，既引人注目，又一目了然。

2. 研究背景和立项依据 简单介绍与选题有关的国内外研究现状和存在的问题。提出自己的研究拟解决的问题，并明确为什么要做该研究，有何意义，即课题的重要性和必要性。

3. 研究目标和研究内容 研究目标即具体要解决什么科学问题，解决该科学问题需要完成哪些具体的科学研究任务。

4. 研究方案和技术路线 制定具体的实验方案，包括实验对象（人、动物或培养的细胞）、重要的研究环节和主要的观察指标、实验分组情况及统计学处理的方法。技术路线指为执行研究方案所采取的研究方法和手段。应详述具体的方法和实验操作步骤，包括重要的试剂和重要仪器。应注意检查方法的重复性和可靠性，对关键技术要强加说明，分析关键技术可能出现的问题和解决方法。

5. 可行性 分析阐述实验方案和技术手段是否可行，应结合课题组成员的研究经历，技术水平和各种实验手段的成熟度等进行说明。详述与研究相关的各种实验设备、实验器材、实验动物或标本来源是否有保障，实验室依赖的科研平台是否能给研究提供可靠的保障等。

6. 进度安排与预期结果 制定出研究进度计划，标明每个阶段可能出现的实验结果和结论。做到心中有数。

7. 经费预算 对研究所需的测试、能源动力、设备、试剂、动物、器材等做出经费预算，以备审批。

8. 项目小组成员与分工 列出研究小组的成员名单和项目中承担的科研任务。

二、实验的组织实施

1. 实验的讲解与安排 创新性实验应在教师的精心指导下完成。首先教师通过相关的研究领域做出参考性的选题提示，并指导学生如何选题，如何设计实验，怎样做好开题报告。最后布置好学生的实验分组和时间安排。

2. 开题报告 在各实验组完成实验方案设计的基础上，由学生撰写开题报告。开题报告应紧紧围绕选题依据、研究目标、研究内容与方法、可能取得的预期结果及意义等进行阐述。完成开题报告后提交给教师修改。定稿后，如有必要可做成幻灯片，由会议的形式向与会人员汇报，认真听取提出的意见和建议。

3. 提交正式的实验方案 开题报告后根据听取的意见和建议，和指导老师一道再次对实验方案做出必要的修改和完善，以书面报告的形式提交到实验中心。

4. 实验的实施 实验的实施必须在教师的指导下完，须做好以下工作。第一，周全的实验计划与安排，列出实验进度的时间表，做到合理安排实验程序，提高工作效率。第二，充分的实验准备，实验组成员分工明确，注意工作上的独立性和衔接性，准备好与实验相关的研究对象、药品试剂、仪器设备和器材等。第三，完整的操作规程，根据文献报道和实验室积累的成熟实验方案编写与本研究相关的各种实验方法的详细实验步骤，并根据实验步骤严格操作每个实验，提高实验的成功率。第四，详细的实验记录，对每一次的实验结果做详细记录，包括技术条件与参数，各种数据，数据必须是原始的，不得任意涂改，对图像和照片应保存完好，实验记录应有指导教师的签名。

三、实验结果的总结

实验完成后应对实验结果做全面的总结，形成书面报告。报告的形式可参考科研论文的撰写格式，主要有以下几个方面。

1. **题目** 对论文内容的高度概括。要求准确具体，简明扼要，字数不要太多，一般不超过 25 字。

2. **署名** 包括作者单位（学院、班级）和作者姓名，按贡献大小排名。

3. **摘要** 对论文内容做简单的介绍，一般在 250～300 字，一般包括本研究的目的、方法、结果和结论四部分。

4. **引言** 简要介绍与本研究相关领域的研究概况、理论依据、研究思路、研究目的与取得的结果及其意义。

5. **材料与方法** 包括实验器材、试剂、重要设备、实验对象、实验分组、实验方法及其操作步骤、数据处理方法等。该部分需要尽量详细、能让别人重复你的实验并能获得相同的实验结果。

6. **结果** 是论文的核心部分，提供所采用的相关方法获得的结果。结果可用文字描述，或同图表方式提供数据，或提供照片。结果必须是清晰、客观的。一定要以实事求是的科学态度反映研究结果。

7. **讨论** 是把实验结果进行总结并上升到理论高度，做出科学解释和合理的评价。在提出论文的特色与创新的同时，客观分析存在的问题和不足，提出有待解决的问题和进一步研究的方向。

8. **参考文献** 列出论文设计实施与总结过程中所参考的主要文献和书籍。这些参考文献可有力地证明作者的研究设计有科学依据，实验方法和手段有来源出处，科学解释和评价有佐证。还可以为读者提供文献信息来源，便于读者进一步查阅相关文献。参考文献的序号按正文引用的顺序排列，并编号。一般的书写格式如下：

期刊：作者（列出前 3 名后加等字）. 文章题目. 刊物名称. 年份; 卷（期）: 起始页码

书籍：作者. 书名. 版别. 出版地：出版社名. 年份

例如：

1.胡雪平，谢冕，刘梦元，等. 抗 TNF-α/抗 ED-B 双特异抗体在酵母中的分泌表达与活性分析[J].生物工程学报，2015，31（5）：722-733.

2. Liu MY，Xie M，Liu DX，et al. A novel bispecific antibody targeting tumor necrosis factor α and ED-B fibronectin effectively inhibits the progression of established collagen-induce arthritis[J]. J Biotechnol，2014，Sep 30，186（5）：1-12.

3. 沈关心. 微生物与免疫学. 5 版. 北京：人民卫生出版社，2007.

四、课题申请书范例

为了更好地理解上述实验设计中的各个环节，特举一例课题申请书示范（表 10-1）。

表 10-1 课题申请书示范

项目名称	靶向炎症组织的抗 TNF-α 工程抗体的构建及其生物学特性研究
申报单位	生命科学学院药学系
申请人	刘刚
起止时间	2016 年 2 月至 2016 年 8 月
申请资助	10 000 元
主要研究内容	TNF-α 的单克隆抗体是治疗多种自身免疫性炎症疾病最为有效的生物制剂，但其组织特异性差，过于暴露于正常组织，不良反应较大。本研究利用重组 DNA 技术构建一种抗 TNF-α/抗 B-FN 的基因工程双特异抗体，目的是利用炎症组织特异性表达的 B-FN 抗原将双特异抗体靶向导入炎症组织，发挥抗炎作用，提高 TNF-α 抗体的组织特异性。并在 RA 实验动物模型上对该抗体的体内生物学分布或药物动力学进行研究。为新型抗 TNF-α 抗体工程药物的研制提供理论和实验依据
项目组成员	
姓名	分工
刘刚	项目负责人，负责项目实施、协调

续表

韩金平	基因克隆、载体构建
王建国	抗体生物学活性测定
刘红斌	动物模型建立
张年亿	抗体在动物模型体内的分布测定
指导教师签名	

附：申请书正文

一、研究背景与立项依据

目前，有4个TNF-α的单克隆抗体批准上市用于类风湿关节炎（rheumatoid arthritis，RA）和其他自身免疫性疾病的治疗。这些单抗缺乏针对炎症组织的特异性，系统给药只有极少部分被炎症组织摄取，而且较长的血浆半衰期使其过于暴露于正常组织，带来较大的不良反应。因此，研究组织特异性强，提高抗TNF-α生物制剂的安全性，对RA及其他自身免疫性疾病的治疗显得尤为重要。组织特异性的药物运载体系是解决这个问题的理想途径，因为它可以使药物选择性地积累于靶组织，降低药物在正常组织中的暴露。小分子的抗体片段保留了完整抗体结合抗原的特异性，同时具备半衰期短，组织穿透力强，对正常组织毒性作用小等特点，是构建组织特异性药物运载体系的良好工具。

纤维连接蛋白（fibronectin，FN）是胞外基质的重要组成成分，FN前体mRNA的选择性拼接，可产生不同类型的FN。保留额外域B（extra domain B，ED-B）的FN（B-FN）在正常成人组织中不表达，但在胎组织和肿瘤组织中丰富表达。B-FN作为血管生成的标志物，其单抗BC1和scFv L19已广泛地用于抗恶性肿瘤血管生成的靶向治疗。研究表明，B-FN同样特异性高表达于RA的炎症滑膜和部分其他自身免疫性疾病的炎症组织中。L19融合的IL-10和TNFRII能选择性地积累于小鼠的炎症关节，对小鼠关节炎的疗效显著高于单独的IL-10或TNFRII。L19在临床上还用于RA的影像学诊断。这些资料表明，B-FN是靶向治疗RA和其他自身免疫性疾病的优良抗原。

我们构建了抗TNF-α的单链抗体L1及其多价抗体，证实了L1及其多价抗体对小鼠关节炎模型具有显著的治疗作用。本研究我们将用一段来自人清蛋白（HSA）的连接肽连接抗TNF-α的单链抗体L1和抗ED-B的单链抗体L2，利用DNA重组技术构建抗TNF-α/抗ED-B的基因工程双特异抗体BsAb。其目的是利用L2特异性结合B-FN的作用将L1靶向导入RA或其他自身免疫性疾病的炎症组织中，构建一种高效低毒的新型生物治疗剂。并对BsAb与抗原相互作用的生物学特性及BsAb在关节炎模型小鼠中的组织分布特征进行研究，探讨这种新型治疗模式的可行性，为寻求良好的RA及其他自身免疫性疾病的生物治疗剂提供理论和实践依据。

二、研究目标与研究内容

1. 研究目标 观察构建的双特异抗体是否保留了两种单链抗体与其各自抗原相互作用的特性；观察在小鼠关节炎模型中双特异抗体是否能够靶向积累于小鼠的炎症关节并在其他组织中快速清除。

2. 研究内容

（1）构建双特异抗体BsAb的表达质粒。

（2）双特异抗体的生物学活性对抗原TNF-α和B-FN的免疫反应性及对TNF-α的中和能力。

（3）观察双特异抗体在关节炎模型小鼠各组织（心、肝、脾、肺、肾、正常关节及炎症关节）随时间的动态分布特征，评价其是否具有炎症关节高摄取，其他组织低分布的特性。

三、研究方案和技术路线

1. 实验材料 质粒载体pMD-18T/TNF-scFv及质粒载体pMD-18T/L19（EMBL accession no. AJ006113）由本实验构建并保存。大肠埃希菌Top10由本实验室保存，用于分子克隆和质粒的保存；毕赤酵母宿主细胞*Pichia pastoris* GS115（HIS4）和整合型的酵母表达载体pHBM905B由本实验室保存。

2. 实验方法

（1）双特异抗体（BsAb）表达载体的构建及转化：以质粒 pMD-18T/TNF-scFv 及质粒 pMD-18T/L19 为模板，根据上述两单链抗体基因及 HSA 连接肽编码基因，设计引物 P1、P2、P3、P4。P1、P2 扩增抗 TNF-α scFv L1 编码基因，P3、P4 用于扩增 HSA 连接肽和抗 ED-B scFv L2 的融合基因，其中 P2 和 P3 有一段 18bp 重叠序列，通过重叠 PCR 将两个基因片段拼接成为完整的双特异抗体编码基因。构建的流程如图 10-1 所示。融合蛋白的表达载体 pHBM905B/BsAb，转化大肠埃希菌 Top10，进行质粒的扩增，提取质粒进行序列测定，确保片段的正确连接和序列正确。重组质粒 pHBM905B/BsDb 用 Sal I 酶切线性化，电转化酵母细胞 *P. pastoris* GS115（HIS4），转化子首先在不含组氨酸的培养基上进行筛选，阳性克隆进一步提取细胞基因组 DNA，并经 PCR 进行鉴定（引物 P1 和 P4）。上述各个基因片段的扩增条件为：95℃预变性 5min，95℃变性 1min，55℃退火 1min，72℃延伸 1min，循环 30 次，72℃延伸 5min（图 10-1）。

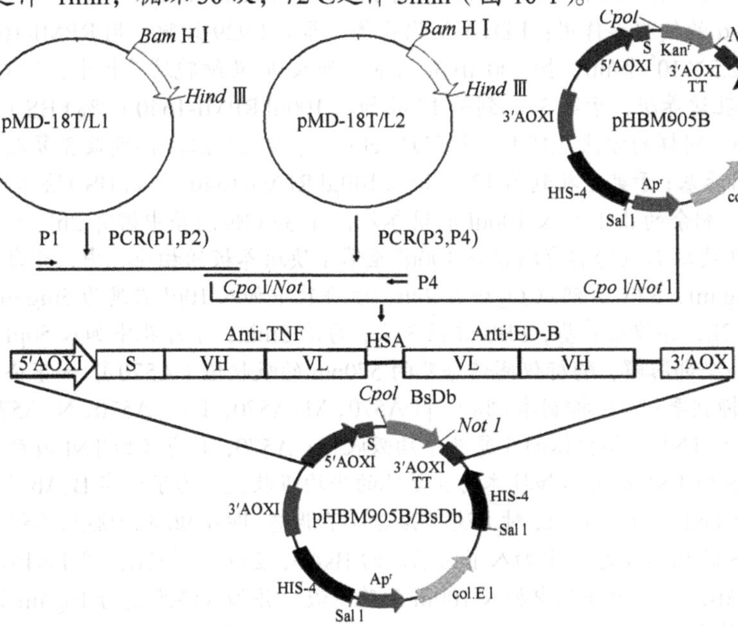

图 10-1 双特异抗体 BsAb 表达载体的构建程序

（2）BsAb 的表达与鉴定：挑选鉴定的阳性重组子，接种 25ml BMGY 培养基（100mmol/L 磷酸二氢钾，pH6.0，1% 酵母提取物，2% 蛋白胨，4×10^{-5}%V/V 生物素，1%V/V 甘油），30℃摇动培养至 A600 为 6～8，3000×g 离心 10min 收集细胞，重悬于 250ml BMMY 培养基（BMGY 培养基中用 0.5%甲醇替代甘油），继续培养 120h，每隔 12h 加入终浓度为 0.5%甲醇以保持连续的诱导表达，5 000×g 离心，收集细胞培养上清，SDS/PAGE（12%）检测表达情况。将蛋白凝胶上的蛋白条带电转至 0.45μm 硝酸纤维膜（美国 Pall Gelman），取出膜，于含 5%的脱脂牛奶的 1×PBS（pH7.4）缓冲液中 4℃封闭过夜，1×PBS 洗膜 3 次，每次 3min；将膜浸泡于含 HRP 标记抗组氨酸标签的单抗（1∶1000 稀释）的 1×PBS（pH7.4）缓冲液中，37℃孵育 2h，1×PBS 洗膜 3 次，每次 3min；加入 DAB 显色剂，待显色到理想的程度，自来水冲洗，终止反应。

（3）BsAb 纯化制备：向 250ml 上述表达上清中缓慢加入等体积的 100%饱和硫酸铵（pH7.0），置于 4℃过夜，缓慢摇动，以确保蛋白充分的沉淀，于 4℃ 10 000×g 离心 30min 收集沉淀蛋白质并重悬于 20ml 1×PBS 中，装入透析袋，置于 1000ml 缓冲液[20mmol/L Tris-HCl（pH8.0），150mmol/L NaCl]中，4℃搅拌透析 24h，每隔 6h 更换一次透析缓冲液，充分去除蛋白中的硫酸铵和其他杂质。随后，蛋白质通过固定化的 Ni^{2+}亲和层析纯化（IMAC）。上述透析后的蛋白溶液上样于经过 10 倍柱体积的透析缓冲液平衡的 Ni^{2+}亲和层析柱，流速 0.5ml/min；上样后，用缓冲液[20mmol/L Tris-HCl（pH8.0），500mmol/L NaCl，20mmol/L imidazole]洗涤至基线，流速为 1ml/min，充分去除非结合的蛋白质；最后用缓冲液[20mmol/L Tris-HCl（pH8.0），150mmol/L NaCl，500mmol/L imidazole]进行洗脱，流速为 1ml/min，收集蛋白质峰，进行 SDS/PAGE 检测并于 100 倍体积的 1×PBS（pH7.4）缓冲液进行透析 12h，每 4h 更换一次缓冲液，充分去除蛋白中的咪唑及其他无机离子。透析后的蛋白质 14 000×g 离心 20min，0.22μm 滤膜过滤，以去除少量的蛋白沉淀物和潜在的微生物，Bradford 定量，冷冻干燥备用。

（4）抗原结合 ELISA：100 ng/孔 TNF-α 及 100 ng/孔 B-FN 分别包被于 96 孔 ELISA 板，每孔于 100μl 0.1mol/L 的碳酸盐缓冲液（pH 9.6）中，4℃过夜。PBST 洗板 2 次，用 100μl 含 5%（W/V）的脱脂牛奶的 1×PBS（pH7.4）缓冲液 37℃封闭 2h。PBST 洗板 3 次，于每孔中加入 100μl 不同浓度的 BsAb 或对照抗体（L1、L2 及 CD3-scFv），每个抗体浓度做 5 复孔，置 ELISA 板于 37℃恒温箱中孵育 1.5h。PBST 洗板 3 次，于每孔中加入 100μl HRP 标记的抗 His tag 单抗（1：1000 稀释），置 ELISA 板于 37℃温箱中孵育 1h。PBST 洗板 3 次，于每孔中加入 100μl 显色液（1mM OPD，0.016% V/V H_2O_2），37℃避光孵育 10min，酶标仪读取每孔 490 nm 处的吸收值。

（5）抑制 TNF-α 的细胞毒作用：EDTA 消化收集培养的 L929 细胞，用 RPMI-1640（10% FBS）培养基调整浓度为 2.5×10^5 个/ml，按 100 μl/孔的量，加入 96 孔细胞培养板中，37℃、5% CO_2 培养过夜。另取一块 96 孔培养板，于第 3 孔到第 12 孔加入 100μl RPMI-1640（2% FBS）培养基倍比稀释的双特异抗体 BsDb。同样的方法处理 L1 及 CD3-scFv，每种抗体浓度梯度做 3 复孔，剩余的孔 1 和孔 2 加入 100μl 的培养基；于第 2 孔到第 12 孔加入 100μl RPMI-1640（2% FBS）培养基稀释的 TNF-α，至终浓度为 1ng/ml，剩余的孔 1 加入 100μl 的培养基，置 37℃恒温箱中孵育 2h。弃掉第 1 块培养板中的培养液，将第 2 块培养板的孵育物转移 100μl 至第 1 块培养板的相应孔中，于每孔中补加放线菌素 D 至终浓度为 1μg/ml，37℃、5% CO_2 培养 24h。于每孔中加入 10μl 浓度为 5mg/ml 的 MTT 溶液，37℃、5% CO_2 培养 3h，弃掉培养基，PBS 洗板 3 次，每次 2min，于每孔中加入 50μl DMSO，摇动培养板，使细胞内结晶全部溶解，酶标仪阅读每孔的 570nm 的吸收值（A570），如下公式计算每种抗体对 TNF-α 细胞毒的抑制率（%）：抑制率（%）=[（A570，M−A570，T）/（A570，N−A570，T）]×100%，其中 A570，M 为加入 TNF-α 和抗体的 3 复孔平均吸收值；A570，T 为只加 TNF-α 的 3 复孔平均吸收值；A570，N 为既不加 TNF-α 又不加抗体的 3 复孔的平均吸收值。为了证实 BsAb 在结合 B-FN 的情况下，仍然能够中和 TNF-α 生理效应，对上述实验进行了调整。即在 96 孔细胞培养板中首先包被 1μg/孔的 B-FN，1×PBS 洗板后于每孔中加入不同浓度的 BsAb，25℃孵育 2h，用 1×PBS 洗板 3 次，充分去除未结合的 BsAb，然后于每孔中加入 100μl 细胞悬液，并加入终浓度为 1ng/ml 的 TNF-α 和终浓度为 1μg/ml 的放线菌素 D，37℃、5% CO_2 培养 24h。后续抑制作用的分析与上述一致。

（6）小鼠佐剂型关节炎（AIA）的建立：于昆明小鼠尾部皮下注射 0.1ml 的弗氏完全佐剂（结核杆菌浓度为 5mg/ml），再于小鼠两后足趾皮下各注射 0.1ml 弗氏完全佐剂。AIA 的发生一般出现在注射后 4 天，发病初期主要出现指关节的红肿，从一个关节累及到多个关节，进一步发展到踝关节的肿胀和变形。小鼠关节炎的严重程度通过对每只小鼠的后爪评分的方式进行记录，打分标准为：0＝ 正常；1＝ 红；2＝ 红+轻微的肿胀；3＝ 明显的肿胀；4＝ 关节发生僵直和变性。每只小鼠给出的最高分为 8 分。

（7）双特异抗体 BsDb 的生物学分布：40 只 AIA 小鼠随机分成 8 个实验组。于每只小鼠尾静脉注射 100μg FITC 标记的 BsAb（溶于 50μl 1×PBS），分别于时间点 10min、30min、1h、4h、8h、12h、24h、48h 对 5 只 AIA 小鼠进行眼眶采血并处死小鼠。取每只小鼠的炎症爪子和正常爪子，称重，快速放入液氮中，研磨成颗粒或碎片，将组织转入 15ml 的试管，放置与冰上，按 1ml 1×PBS/200mg 组织的比例重悬组织，充分混匀，用 Biospec Tissue-Tearor（Biospec Inc，USA）进行匀浆，于 4℃ 1000×g 离心 15min，收集上清，将上清转入 1.5ml 的 Eppendorf 管，15 000×g 离心 15min，荧光分光光度计（岛津 RF-5301PC）测定各管的荧光值，并对照预先做好的标准曲线计算各管的 BsAb 浓度，进一步计算每克组织中的百分注射剂量（% ID/g）。

3. 统计学分析 分组数据采用 mean ± SEM 表示，并通过 t-test 分析组间差异性，以 $P<0.05$ 表示具有差异性。

4. 关键技术与解决方案

（1）双特异抗体 BsAb 的构建及表达：双特异抗体的成功制备直接关系到本研究的成败。基因工程抗体表达较为成熟的宿主细胞是大肠埃希菌，但在大肠埃希菌中容易形成没有活性的包涵体，需要变性和复性才能得到活性蛋白，且活性回收率低。本研究我们利用酵母作为宿主细胞合成双特异抗体，充分利用酵母细胞较强的翻译后加工和分泌功能使合成的双特异抗体正确折叠成为活性蛋白并分泌到细胞外。大大简化了双特异抗体的制备程序，是技术上的一个较大革新。

（2）双特异抗体体内分布的研究：抗体的药动学和分布最传统采用同位素标记，注射动物并分析各组织的放射剂量。这需要专门的同位素实验室，对实验室要求较高。本研究我们利用荧光标记抗体分子，注射动物后对组织进行匀浆，提取组织中的荧光抗体，利用荧光光度计检测各组织中的荧光强度，并计算各组织的百分注射计量来确定各组织中抗体的分布情况。大大降低了本研究对实验条件和设备的要求。

四、可行性分析

（1）抗 TNF-α 单链抗体 L1 和抗 B-FN 的单链抗体 L2 表达载体本实验室以构建，两种抗体蛋白本实验室已制备，并且在以前的研究中已证实两种抗体能特异性结合各自的抗原且单链抗体 L1 对小鼠的关节炎模型具备治疗作用，为本研究提供了立项依据。

（2）已有文献报道，抗 B-FN 的单克隆抗体能够靶向积累于 RA 患者和实验动物的炎症关节，因而利用抗 B-FN 的单链抗体 L2 作为靶向抗体进行治疗是可行的。

（3）实验分组中设置了适当的阳性对照和阴性对照，可保证实验结果的可靠性。

（4）实验室为本研究提供了研究所需的所有仪器设备，实验动物中心提供了合格的实验动物，为本研究的顺利进行提供了可靠的保障。

（5）实验小组各成员分工合理，并有指导教师参与具体工作，时间安排合理，保障实验的顺利进行。

五、进度安排与预期结果

2016 年 2 月完成研究的准备工作，包括试剂、器材和动物等。

2016 年 3～4 月完成双特异抗体的构建和制备。

2016 年 5～6 月完成双特异抗体的生物学活性检测。

2016 年 7～8 月完成双特异抗体的生物学分布研究。总结实验结果，撰写实验报告。

预计双特异抗体能够靶向积累于关节炎小鼠模型的炎症关节，在其他正常组织中快速清除，具备较好的组织特异性，数据总结后，可撰写成科研报告或发表科研论文。

六、经费预算

实验动物	1000 元
试剂（重组人 TNF-α、B-FN、FITC、酶标二抗等）	8000 元
耗材	1000 元
合计	10000 元

七、参考文献

Kriegsmann J，Berndt A，Hansen T，et al. 2004. Expression of fibronectin splice variants and oncofetal glycosylated fibronectin in the synovial membranes of patients with rheumatoid arthritis and osteoarthritis[J]. Rheumatol Int，24（1）：25-33.

Liu M，Wang X，Yin C，et al. 2006. One-step on-column purification and refolding of a single-chain variable fragment（scFv）antibody against tumour necrosis factor alpha[J]. Biotechnol Appl Biochem，43（Pt 3）：137-145.

Liu M，Wang X，Yin C，et al. 2007. Targeting TNF-alpha with a tetravalent mini-antibody TNF-TeAb[J]. Biochem J，406（2）：237-246.

Trachsel E，Bootz F，Silacci M，et al. 2007. Antibody-mediated delivery of IL-10 inhibits the progression of established collagen-induced arthritis[J]. Arthritis Res Ther，9（1）：R9.

Ventura E，Balza E，Borsi L，et al. 2011. Selective targeted delivery of the TNF-alpha receptor p75 and uteroglobin to the vasculature of

inflamed tissues：a preliminary report[J]. BMC Biotechnol，11：104.
Vollmer S, Vater A, Licha K, et al. 2009. Extra domain B fibronectin as a target for near-infrared fluorescence imaging of rheumatoid arthritis affected joints *in vivo*[J]. Mol Imaging，8（6）：330-340.

第 3 节　创新性实验注意事项

大学生创新性实验计划的实施包括项目的选题、设计、实施和总结几个阶段，其实施原则是兴趣驱动、自主试验、重在过程。核心是注重创新性实验的实施过程，强调项目实施过程中学生在创新思维和创新实践方面的收获。因此，对创新性实验实施过程中各个环节的科学管理是创新性实验实施成败的关键，其管理模式应该是严格而又不失灵活性，在实施过程中应注意以下事项。

一、项目筛选严格把关，启迪学生创新意识

参与项目的学生一定要对科学研究和创造发明具有浓厚的兴趣，知识结构应达到本专业的基本要求，有能力进行创新性实验研究。参与项目的学生选题要适合，可自己或在教师的指导下选题。选题要求思路清晰、目标明确，具有创新性和探索性。要对研究方案和技术路线进行可行性论证，并在实施过程中不断地完善。同时选题应经过学校或院系的专家组的严格把关和评审，评审通过后给予理想资助。在项目的实施过程中，鼓励和指导学生通过互联网或学术期刊查阅与研究相关的科研论文，或通过搭建学术讲座和学术沙龙等，营造浓厚的学术氛围，激发学生对科研创新的兴趣。

二、定期报告项目进展，保障项目研究质量

为确保项目的研究质量和进度，项目小组需定期向指导教师或专家组回报项目进展情况，成员分工和经费使用情况，并对下一阶段的工作做出规划。参与项目小组的学生必须做好每次实验记录，发现实验中存在的问题，并及时向指导老师汇报。指导老师需要对项目进展过程中出现的问题给予指导性意见，对项目经费的使用给予监督，对下一步工作的开展给予合理化建议从而确保项目能够高质量地完成。

三、谨慎处理项目变更，根据实际情况做相应调整

在项目实施过程中，可能出现一些客观因素影响项目的实际进展，如指导教师的变更、项目组成员变更、项目期限变更等。对待这些问题需要谨慎，既不允许经常性的变动，又不能不顾客观现实一概否定。项目的所有变更都必须提出申请，说明原因，经学院管理部门批准后，提交学校创新性实验专项工作组审定，方可变更。在项目变更的过程中，教师需要监督、指导，在变更申请上需要指导教师的签字。

四、理性看待项目结题，重在梳理总结

在按照预定方案进行的创新性实验结束后，一些项目能够顺利地实现研究目标，获得预期的成果或结果，也有一些项目经过辛苦的工作只能达到部分研究目的甚至是完全没有得到任何实验结果，但无论是哪一种结果都不要影响我们对实验结果的分析和判定。对于未能达到预期目标的研究项目，我们要理性看待，科学研究本身就具有创新性和探索性，因而具备一定的不可预知性。重要的是，让学生亲身体会到科学研究的全过程，从中历练了他们的科学思维和创造能力，让学生体会到团队合作的重要性，无论结果如何，只要付出努力，都是对创新性实验的肯定与支持。项目结束后的总结交流也是必不可少的。参与项目组的学生和指导教师需要对项目进展的过程进行梳理和总结。通过项目交流的形式把自己的收获和经验传授给他人，不断地扩大大学生创新性实验计划在学生中的影响力。

五、严格规定项目经费使用，确保科学合理

经费管理要科学合理，从经费的下拨、使用到报销都要进行严格的管理，保证经费得到合理的

使用。经费的下拨分两次或三次进行，一般情况下项目通过评审立项后首次下拨 50%经费，通过中期考核后再下拨 50%，或中期考核合格下拨 30%，验收合格后 20%。如果项目在中期考核不合格，则不再下拨经费。对经费的使用要有严格的规定，必须按照项目申请书中经费预算中规定费用进行使用，否则不予报销。报销使用的发票必须有经办人、项目负责人、指导教师等的签字。在项目实施完后，利用项目经费购买的书籍、试剂和耗材等都必须归学院管理，从而方便更多的学生使用和学习。

六、制定目标奖惩制度，调动师生积极性

建立一套激励机制，调动参与学生和指导教师的工作积极性，这样有利于发挥大学生在创新性实验中资助学习、自主管理、自主实验的作用，也有利于教师发挥他们的指导作用。对组织得力，实施效果显著的优秀项目、优秀指导教师，进行表彰和鼓励。对参与项目的学生在选课、学分、考试和推荐面试研究生和毕业论文等方面给予政策倾斜；对发表文章被 SCI 或 SSCI 收录者要给予资金奖励；对于进展突出的项目，追加经费投入等。

上述各个管理环节应依赖现代的信息技术、网络技术，加强参与管理的各个部门之间的沟通、协调，共同提高管理的质量和效率。对大学生创新性实验的启动、进展和成果，学校要精心、及时、有力地宣传，在教师和大学生群中产生影响，以吸引更多的学生投身于科技创新的活动中。

第 4 节　创新性实验参考选题

以下列举了一个创新性实验的参考选题，是一个较为局限的研究方向，可以形成小课题，需要注意的是，该选题没有固定的模式。需要根据研究背景和设计提示，结合自己查阅的文献提出自己的设计思路，达到同样的研究目的。

骨髓间充质干细胞对系统性红斑狼疮的免疫调节作用

【研究背景】

系统性红斑狼疮是一种自身免疫性疾病，病情前迁延反复、累积多种器官和系统，临床表现复杂，其病因与发病机制尚未完全清楚。目前普遍认为其病因与免疫功能紊乱有关，患者的免疫功能失调，出现 T 淋巴细胞功能调节的紊乱和 B 淋巴细胞的功能亢进，自身免疫性的 T 细胞的出现及大量自身抗体的生成是其两个显著的特征。骨髓间充质干细胞具有高度自我更新能力和多向分化潜能，具有抗炎、调节 T 细胞和 B 细胞免疫紊乱，修复免疫炎症血栓的作用，在系统性红斑狼疮的治疗上具有较好的应用前景。

【设计提示】

（1）研究对象选择什么？如果是临床病例，应注意哪些问题？如果是动物模型应注意哪些问题？如何设立对照组？

（2）选择哪些主要的指标来说明免疫调节作用？

（3）各种免疫指标的检测方法和技术路线如何？

（4）在获得初步实验结果的基础上可否制定一个可行的治疗方案？

【目的要求】

（1）通过文献调研，写出详细的计划任务书。

（2）通过实验解决以下问题：间充质干细胞对 T 细胞和 B 细胞增殖及其产生的细胞因子与免疫球蛋白影响如何？对调节性 T 细胞的影响如何？对凝血-抗凝系统的影响如何？

（3）根据实验结果总结出研究工作报告和科研论文。

（刘梦元　刘东旭）

第11章

医学微生物学实验

虚拟仿真实验——细菌的接种

【实验目的】

（1）掌握通过虚拟仿真实验平台——模拟进行平板分离划线接种法、斜面接种法、液体接种法、半固体穿刺接种法的操作。

（2）熟悉通过虚拟仿真实验平台——平板分离划线接种法、斜面接种法、液体接种法、半固体穿刺接种法的结果判断。

（3）了解平板分离划线接种法、斜面接种法、液体接种法、半固体穿刺接种法在医学临床实际中的应用。

【实验方法】

学生先行登录医学虚拟仿真实验平台（http：//mvlab.zjxu.edu.cn）。按要求进行平板分离划线接种法、斜面接种法、液体接种法、半固体穿刺接种法虚拟实验训练（图 11-1）。

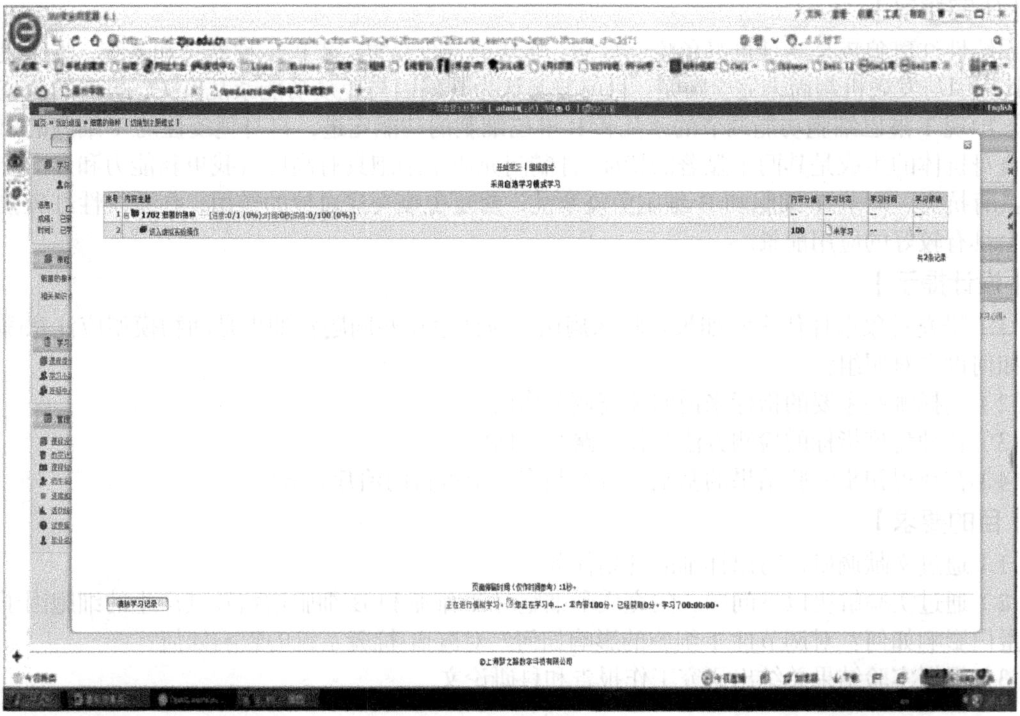

图 11-1　实验训练平台

1. 平板分离划线接种法　划线方法很多，最后均使混杂的细菌在琼脂平板表面分散，使单个细菌固定在一点上生长繁殖，形成单个菌落而得到纯种细菌（图 11-2～图 11-7）。

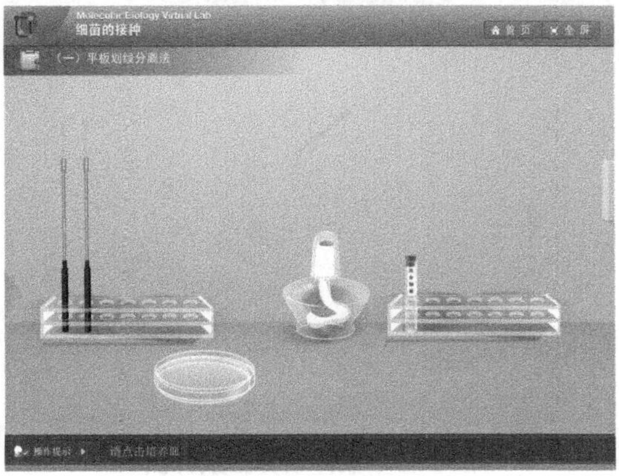

图 11-2　平板分离划线接种法

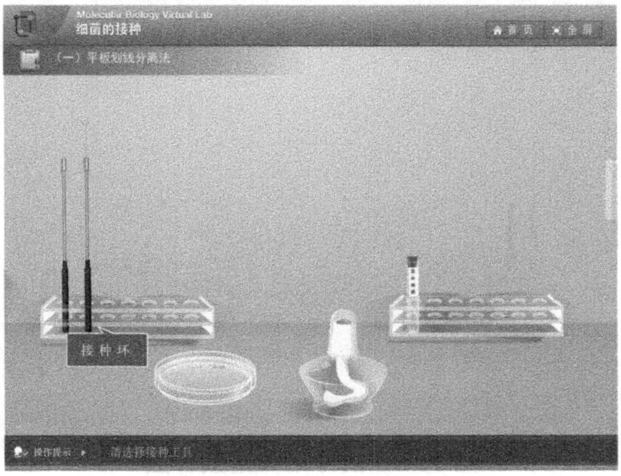

图 11-3　平板分离划线接种法

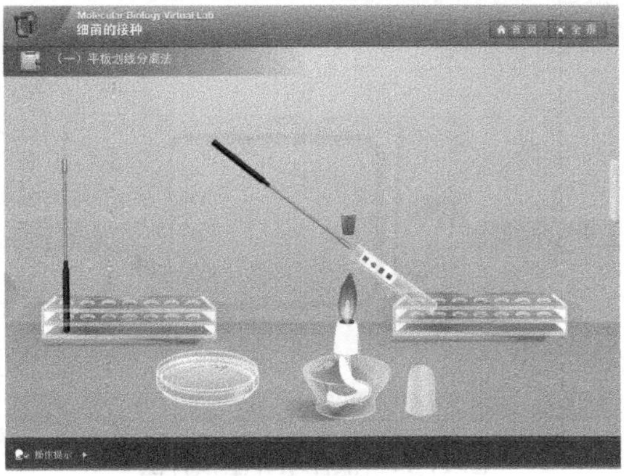

图 11-4　平板分离划线接种法

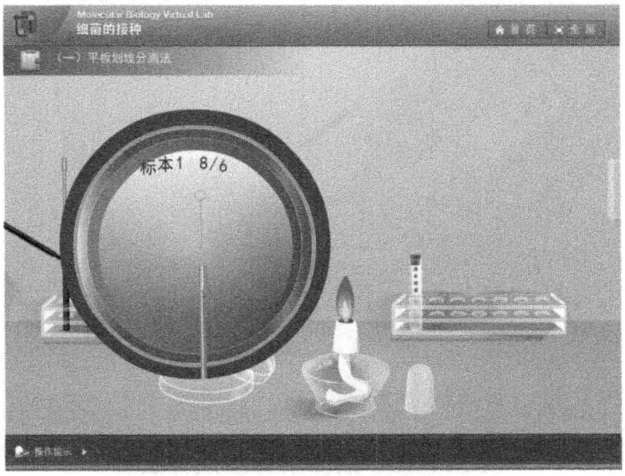

图 11-5　平板分离划线接种法

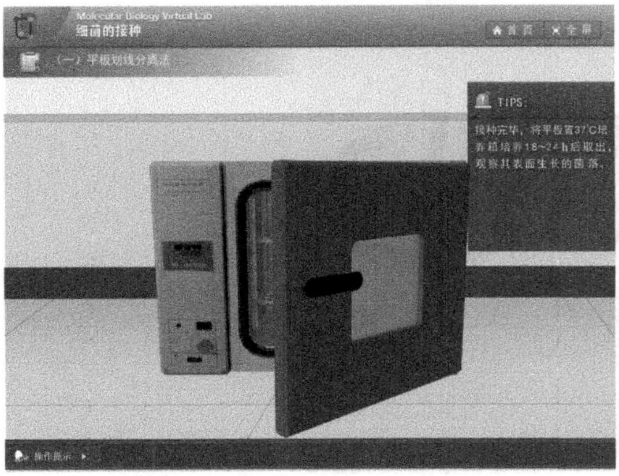

图 11-6　平板分离划线接种法

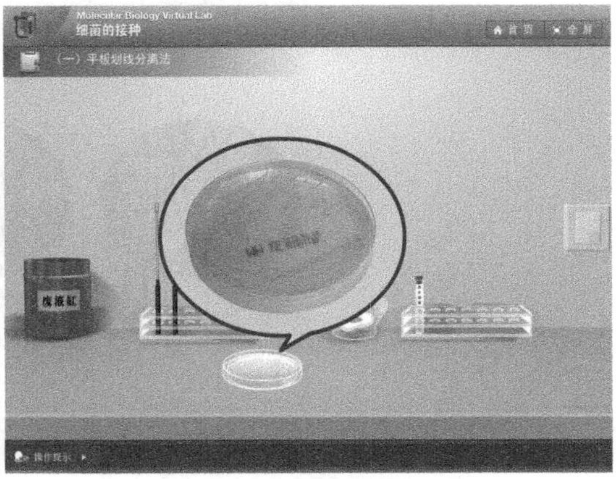

图 11-7　平板分离划线接种法

2. 液体培养基接种法　见图 11-8～图 11-12。

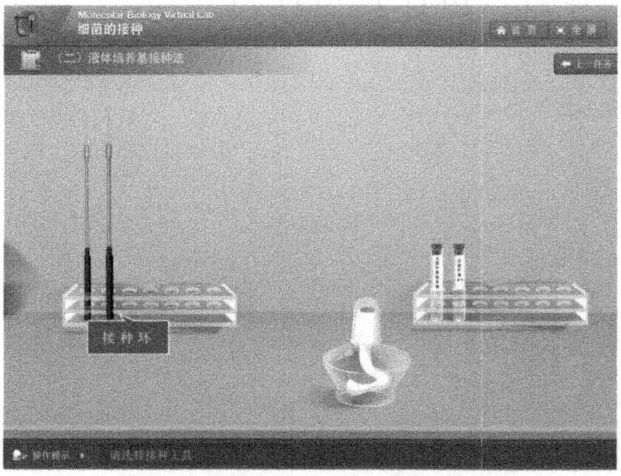

图 11-8　液体培养基接种法

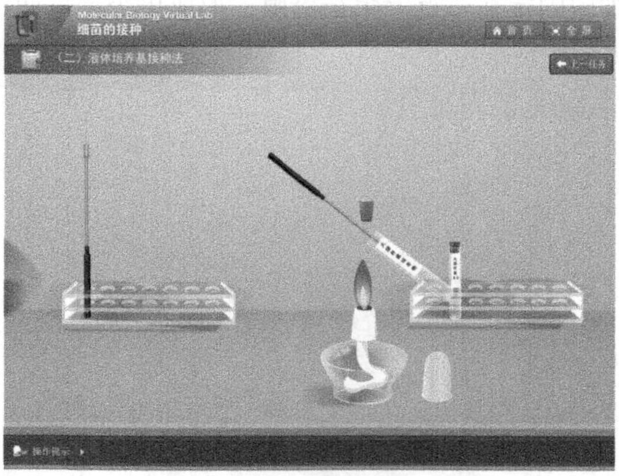

图 11-9　液体培养基接种法

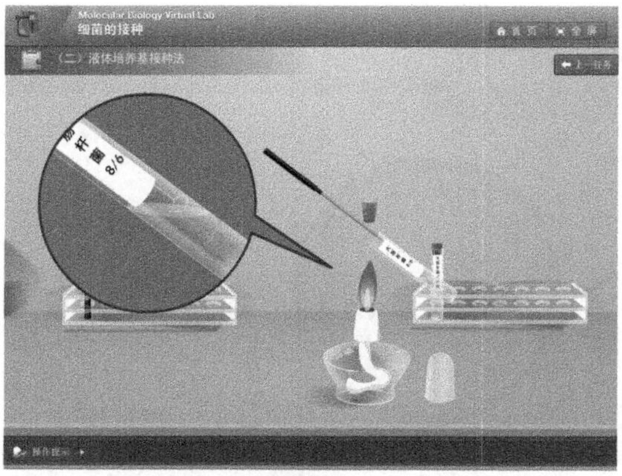

图 11-10　液体培养基接种法

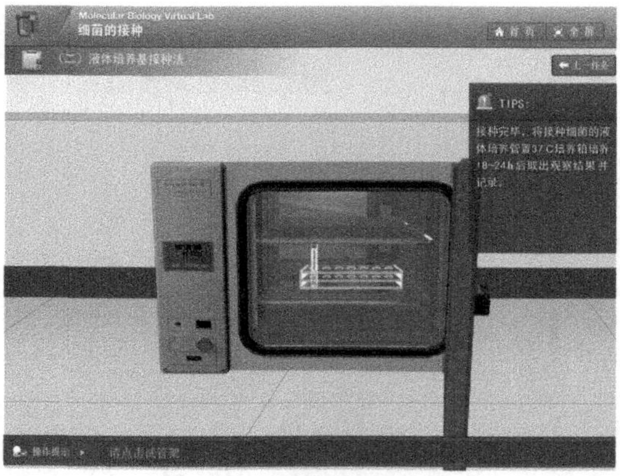

图 11-11　液体培养基接种法

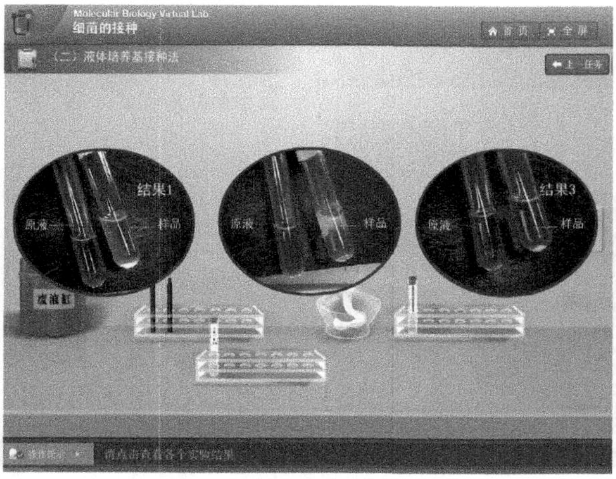

图 11-12　液体培养基接种法

3. 半固体培养基接种法（穿刺接种法）　见图 11-13～图 11-17。

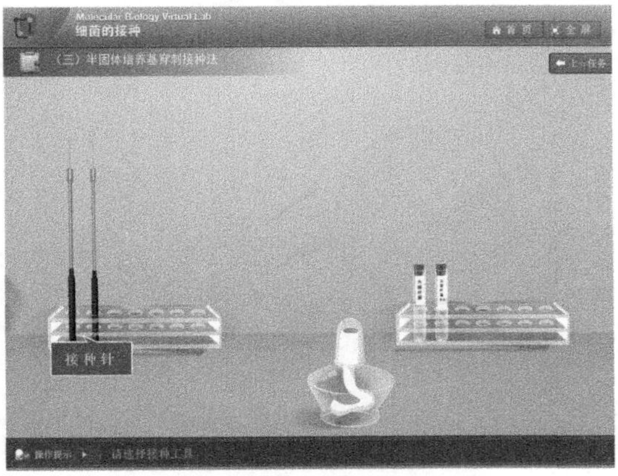

图 11-13 半固体培养基接种法

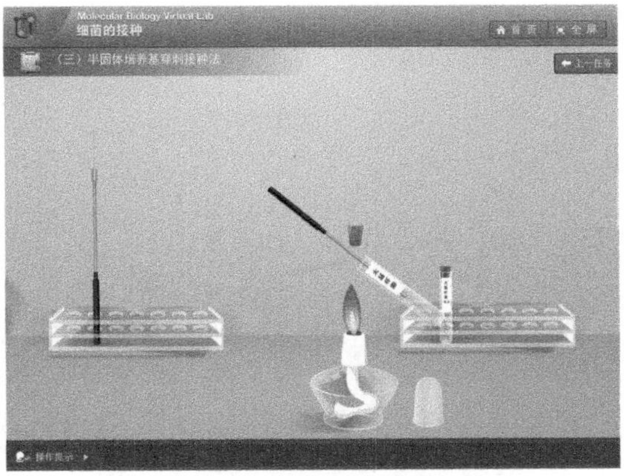

图 11-14 半固体培养基接种法

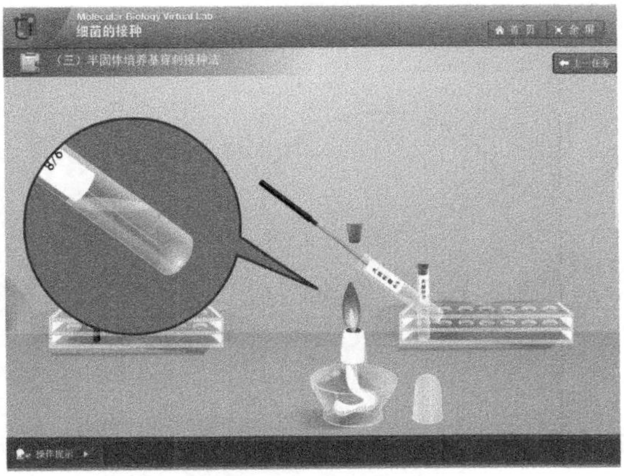

图 11-15 半固体培养基接种法

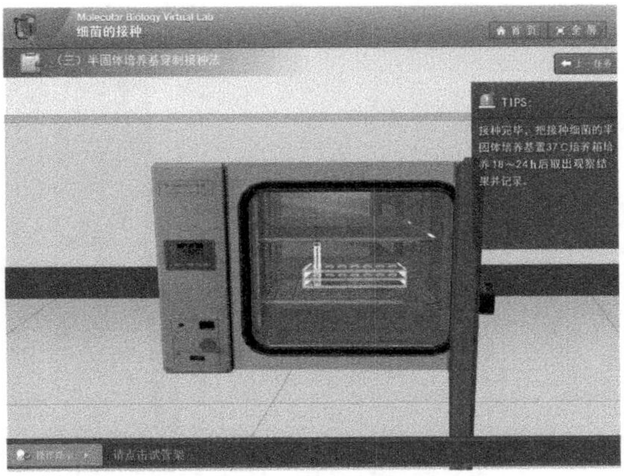

图 11-16 半固体培养基接种法

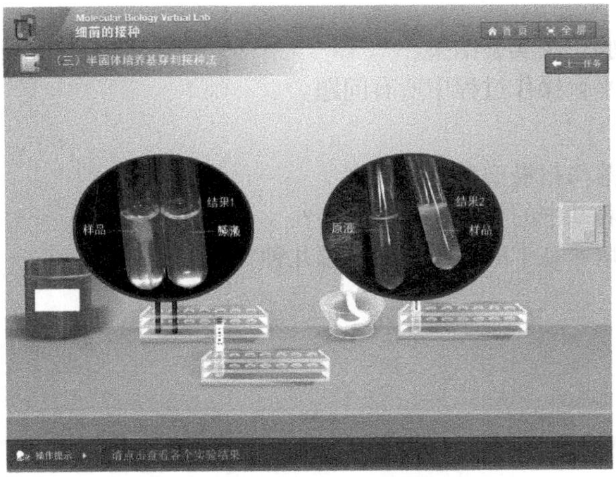

图 11-17 半固体培养基接种法

4. 斜面培养基接种法 见图 11-18～图 11-21。

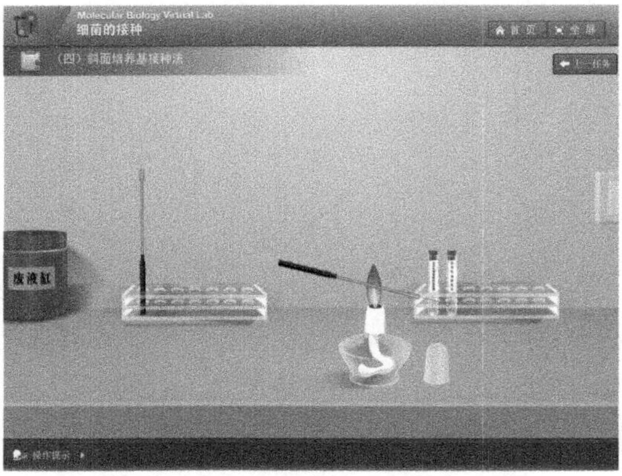

图 11-18　斜面培养基接种法

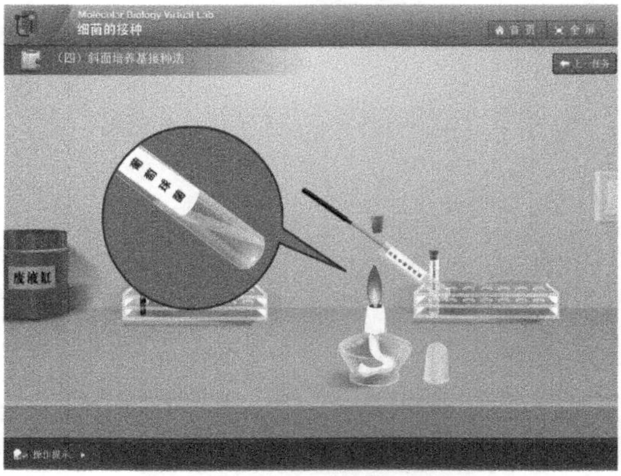

图 11-19　斜面培养基接种法

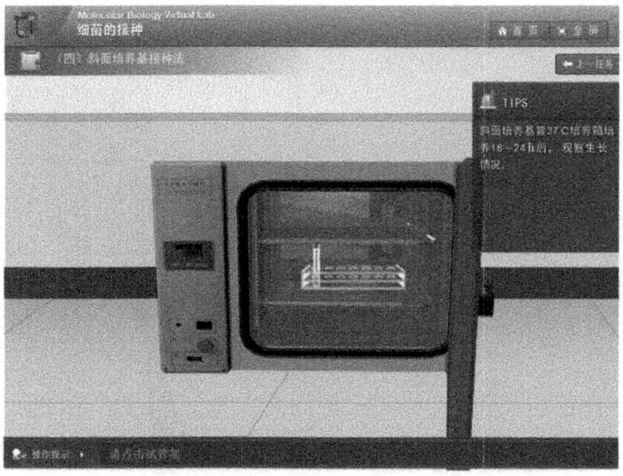

图 11-20　斜面培养基接种法

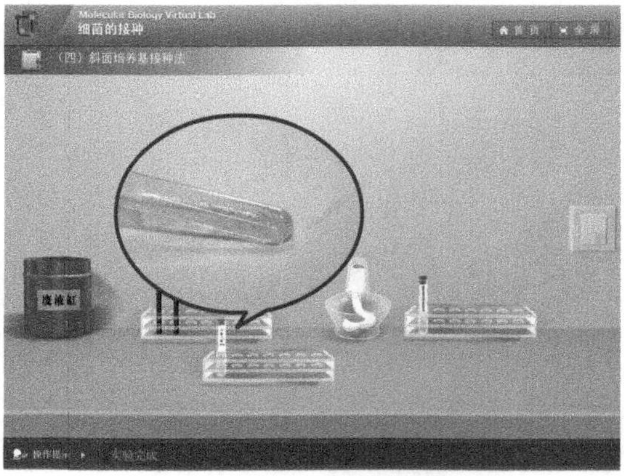

图 11-21　斜面培养基接种法

【实验结果】

（1）学生按虚拟实验记录实验结果。

（2）回答虚拟实验平台操作过程中所有问题。

【思考题】

（1）细菌光滑型菌落与粗糙型菌落的区别。

（2）细菌在液体培养基中的生长现象有哪些？

（3）细菌在半固体培养基中的生长现象有哪几种？

（徐水凌）

第12章

人体寄生虫学实验

市售蔬菜寄生虫卵污染情况调查

土源性蠕虫卵在外界适宜条件下，可以直接发育为感染阶段，经过一定的感染方式，感染人体。在城市中，食用蔬菜是重要的感染途径。

二维码 12-1
实验视频

【实验目的】

（1）掌握常见寄生虫虫卵的检查方法。

（2）了解市场销售蔬菜的寄生虫卵污染状况。

【实验原理】

土壤中可能存在某些寄生虫虫卵，在适宜温度、湿度、氧气充足等条件下可直接发育至感染期，经口或皮肤感染人体。食入被感染期虫卵或幼虫污染的蔬菜是感染的重要途径。虫卵附着于蔬菜表面，可通过水洗沉淀集卵法检测。常见的土源性蠕虫有似蚓蛔线虫、毛首鞭形线虫、十二指肠钩口线虫、美洲板口线虫及粪类圆线虫等。

【实验器材】

（1）不同种类时令蔬菜若干。

（2）离心机、显微镜。

（3）烧杯、离心管、载玻片、盖玻片、吸管、滴管。

二维码 12-2
实验流程

【实验方法】

（1）用 500ml 自来水清洗样品，分别收集洗菜水，做好标记。

（2）分别取 10ml 洗菜水，置于 15ml 离心管，2000rpm 离心 5min。

（3）弃去上清液。

（4）用滴管吸取底部少许沉渣，置于载玻片上，加盖玻片镜检。

【结果报告】

（1）若玻片上检查到寄生虫虫卵，根据其形态判定虫卵的种类。

（2）各种蔬菜分别按样本份数、各种阳性份数、阳性率、感染度（虫卵数/100g）进行统计。分析本市蔬菜被虫卵污染情况。

（3）按要求书写实验报告。

二维码 12-3
文献阅读

【思考题】

如何防止土源性寄生虫污染蔬菜？

（周洪昌）

第13章

医学免疫学实验

以下每个实验都明确了一个研究方向，可形成小课题。学生可以根据研究背景和设计提示，结合自己查阅的相关文献提出设计思路，在指导教师的帮助下完成课题的申请和实施，并根据研究结果总结出研究工作报告，还可进一步撰写科研论文，以供发表。

实验1 类风湿关节炎患者免疫功能的检测

【研究背景】

类风湿关节炎（rheumatoid arthritis，RA）是以关节滑膜慢性炎症为特征的自身免疫性疾病。临床表现为对称性的多周围关节的疼痛、肿胀、畸形和功能障碍。疼痛程度不定，与天气变化和活动有关系。其发病机制目前并不清楚，一般认为是自身抗原经抗原提呈激活免疫细胞，形成自身免疫应答。激活的免疫细胞分泌自身抗体和与炎症相关的细胞因子（TNF-α、IL-17、IL-1β 及 IL-6 等）、趋化因子（IL-8）、黏附分子（ICAM、VCAM）及组织降解性的酶类（胶原酶和 MMP）等形成的慢性炎症微环境，触发关节骨及软骨的免疫病理损伤。研究表明，多数的自身免疫性疾病以 $CD4^+$ T 细胞的免疫应答作为炎症反应的中心，而且存在多种免疫功能的改变即免疫偏倚。以 RA 为例，$CD4^+$T 细胞受自身抗原的激活发生增殖，分化成两个主要的 $CD4^+$T 细胞亚群 Th1 和 Th17 细胞，这两种细胞通过其分泌的细胞因子如 IFN-γ、IL-12、IL-17 或通过细胞间的相互作用进一步激活关节滑膜巨噬细胞分泌 TNF-α、IL-1β、IL-6、IL-17 等，这些免疫细胞及炎症细胞因子形成的微环境进一步激活滑膜成纤维细胞 FLS，FLS 形成肿瘤样的恶性生长并分泌组织降解相关的酶类，进而破坏骨和软骨组织。在 RA 中有 4 个重要的免疫功能的改变（免疫偏倚）。①$CD4^+T/CD8^+T$ 细胞免疫反应的偏倚，RA 患者外周血和关节滑膜中 $CD4^+T/CD8^+T$ 的比例相对于正常人明显增大，这说明 $CD8^+$T 细胞在 RA 中低度激活或功能低下。目前对 $CD8^+$T 在 RA 病理中的作用知道并不多，以前的观点都认为 $CD8^+$T 在 RA 的发病和维持中发挥正向作用，但近几年的研究不得不让我们重新审视 $CD8^+$T 在 RA 病理中的作用。一项研究表明，B10.Q 小鼠敲除 CD4 基因后对胶原诱导的关节炎（CIA）不敏感，这与 $CD4^+$T 是 RA 的反应中心的观点一致，但 CD8 敲除的小鼠却对 CIA 易感性没有任何影响，说明 $CD8^+$T 并没有参与 CIA 的病理过程。而另一项研究则是将 RA 的易感基因 HLA-DQ8 分别转入 CD4 敲除的小鼠和 CD8 敲除的小鼠，CD4 敲除的小鼠对 CIA 具有较好的抵抗力，而 CD8 敲除的小鼠不但对 CIA 易感，而且病理损伤更加严重，这说明 $CD8^+$T 细胞不但不参与 RA 的病理过程，而且对 RA 病理损伤具有保护或调节作用。因而 $CD8^+$T 细胞在 RA 中到底发挥正向作用还是反向作用目前还未定论。②Th1/Th2 偏倚，细胞因子呈现 Th1（IFN-γ）型，而不是 Th2（IL-4）型，即促炎细胞因子与抗炎细胞因子的分泌偏倚。③调节性 T 细胞 Treg/Th17 的偏倚，天然发生的 $CD4^+CD25^+$调节性 T 细胞能有效抑制效应 $CD4^+$T 细胞活化，抑制 IFN-γ 的分泌，但不能抑制 Th17 分泌 IL-17，IL-17 是 FLS 的较强激活因子，RA 中 $CD4^+CD25^+$调节性 T 细胞功能低下，

不能有效抑制效应 $CD4^+T$ 细胞的自身免疫反应。但目前的研究发现 $CD8^+T$ 细胞一个亚群 $CD8^+CD25^+$调节性 T 细胞（Treg）能够有效地抑制$CD4^+$ T 细胞 IFN-γ 的分泌和其亚群 Th17 的增殖和 IL-17 的分泌，但不影响$CD8^+T$（CTL）的增殖和细胞因子的分泌，从而有效地纠正上述的 3 个免疫偏倚，使机体免疫达到平衡。④体液免疫的偏倚，RA 患者血清中多种免疫球蛋白（IgG、IgA、IgM）都高于正常人水平，还可检测到自身抗体类风湿因子（RF）。

【设计提示】

（1）实验对象选择什么？如果是临床病例，应注意哪些问题？

（2）选择哪些主要指标检测免疫功能的改变？主要指标的检测有哪些方法？

（3）实验数据如何处理？

（4）可否通过实验数据并结合免疫学专业知识解释 RA 病例机制（1～2 条）？

【目的要求】

（1）通过文献调研，写出详细的计划任务书。

（2）通过实验解决以下问题：RA 是否存在免疫性的异常改变？这些改变对免疫干预治疗有什么意义？

（3）根据实验结果总结出研究工作报告或科研论文。

实验 2 支气管哮喘外周血中 Micro RNA 的表达及其临床意义

【研究背景】

支气管哮喘是由多种细胞特别是肥大细胞、嗜酸粒细胞和 T 淋巴细胞参与的慢性气道炎症。研究表明，T 细胞在哮喘气道炎中发挥着重要作用，变应原通过黏膜被抗原提呈细胞识别、捕获，发生的免疫应答偏向于 Th2 免疫应答，而 Th1 细胞亚群减少，活性降低，Th1/Th2 失衡。Th 细胞分化异常是如何调控的目前尚不清楚。成熟 Micro RNA 是由较长的初级转录物经过一系列核酸酶的剪切加工而产生的，Micro RNA 以互补的形式与 mRNA 结合，导致 mRNA 沉默、降解或转录抑制。单个 Micro RNA 能和数百种靶向基因结合，形成复杂的转录后调控网络，对机体生长、发育及疾病发生过程进行精细调控。有研究报道，某些 Micro RNA 如 Micro RNA-126、Micro RNA-1、Micro RNA-155 等通过对 Th 细胞分化调控参与支气管哮喘气管炎症的发生与发展。

【设计提示】

（1）实验对象采用临床病例还是动物模型？如果采用临床病例，应注意哪些问题？采用动物模型，应注意哪些问题？如何设立对照组？

（2）选择哪些 Micro RNA 为代表进行研究？

（3）选择哪些免疫学指标探讨 Micro RNA 表达水平与 Th1/Th2 失衡的相关性？

（4）在获得初步实验结果的基础上，可否考虑一定的干预措施？

【目的要求】

（1）通过文献调研，写出详细的计划任务书。

（2）通过实验解决以下问题：支气管哮喘是否存在 Micro RNA 表达失衡？它们对 Th1/Th2 失衡是正调控还是负调控?干预 Micro RNA 的表达对支气管哮喘是否具有治疗作用。

（3）根据实验结果总结出研究工作报告或科研论文。

实验 3 Toll 样受体 7（TLR-7）在结核分枝杆菌感染中的作用

【研究背景】

结核分枝杆菌是胞内感染菌，宿主巨噬细胞在防御方面起着重要作用，是结核分枝杆菌入侵宿主后侵入的主要细胞。巨噬细胞表达 TLR 识别和吞噬病原体，并通过诱导自噬等机制清除胞内病原体。研究表明，卡介苗（BCG）感染巨噬细胞后，激活的 TLR-7 能够增强巨噬细胞吞噬 BCG，并进一步增强巨噬细胞的自噬功能，清除胞内感染的 BCG。ssRNA 作为 TLR-7 的配体，可有效激活 TLR-7，刺激免疫细胞表达 TLR-7 以增强细胞免疫应答。这些资料提示 TLR-7 在机体抗结核分枝杆菌感染免疫中发挥着重要作用。

【设计提示】

（1）对象选择体外培养细胞还是活体动物？用什么细胞可作为本研究的代表性细胞？

（2）如何激活对象细胞以高效表达 TLR-7？

（3）如何设计实验观察 TLR-7 在结核分枝杆菌感染免疫中的作用？采用哪些指标？

（4）在得到初步实验结果的基础上，能否提出有关结核分枝杆菌感染的治疗措施？

【目的要求】

（1）通过文献调研，写出详细的计划任务书。

（2）通过实验解决以下问题：你的实验中对象细胞 TLR-7 的激活对其抗结核分枝杆菌感染行为有何影响？这些影响说明了什么问题？

（3）根据实验结果总结出研究工作报告或科研论文。

实验 4　PD-1/PD-L1 信号通路在 CTL 抗肿瘤中的作用

【研究背景】

程序性死亡受体-1（PD-1）是 T 细胞上的一种抑制性受体，可与其配体 PD-L1 或 PD-L2 相互作用，抑制 T 细胞的增殖、活化和细胞因子的分泌，因此是调节 T 细胞反应重要的免疫分子。PD-1/PD-L1 信号通路在肿瘤免疫中发挥着重要的作用。研究表明，肿瘤细胞 PD-L1 和 PD-L2 表达上调，与 T 细胞表面 PD-1 受体相互作用，抑制 T 细胞的活化、增殖，从而能发生肿瘤的免疫逃逸。PD-1/PD-L1 信号通路的抑制剂能够阻断该信号通路，恢复 T 细胞功能，在临床上对多种肿瘤具有较好的疗效，且毒性较低，在恶性肿瘤的治疗上具有较好的应用前景。

【设计提示】

（1）根据题目的要求选择合适的 PD-1/PD-L1 信号途径抑制剂。

（2）选择一种或多种代表性肿瘤细胞作为研究对象，通过文献查阅，弄清制备针对这些肿瘤细胞特异性 CTL 的方法。

（3）如何证明 PD-1/PD-L1 信号阻断可增加 CTL 抗肿瘤的功能？选用哪些免疫学指标？

【目的要求】

（1）通过查阅文献，设计研究方案、拟定研究措施，书写详细的研究计划和实施方案。

（2）通过实验研究确定阻断 PD-1/PD-L1 信号通路是否可以增加 CTL 抗肿瘤的功能。

（3）根据实验结果总结出研究工作报告或科研论文。

实验 5　IL-17 在痛风性关节炎病理中的作用

【研究背景】

痛风性关节炎是一种由于人体内尿酸含量异常升高，尿酸盐在关节等部位析出而引发的炎症反应。在整个炎症反应过程中 IL-1β、TNF-α、IL-6、TGF-β、中性粒细胞趋化因子（CXCL1）等多种炎症因子都参与到其中。IL-17 是 1993 年发现的一个新型细胞因子，2005 年证实 $CD4^{+}$T 细胞的另一个亚群 Th17 细胞的存在，并发现 Th17 细胞能够分泌 IL-17。目前基于类风湿关节炎的相关研究已证实 IL-17 在导致关节炎症和骨与软骨的破坏中发挥着重要作用。IL-17 可以与 TNF-α 产生协同作用，上调炎症因子的表达；IL-17 通过促进巨噬细胞分泌软骨破坏相关降解酶 MMP 和胶原酶等，直接降解软骨胶原蛋白，导致软骨破坏。IL-17 还能够诱导 RANKL 表达，RANKL 在调节破骨细胞生成中，促进带有 RANK 的细胞分化为破骨细胞，促进骨组织的侵蚀。但 IL-17 是否在痛风性关节炎中发挥相似的作用，值得探讨。

【设计提示】

（1）研究对象选择什么？如果是临床标本，需要注意什么？如果是动物模型，需要注意哪些问题？如何设立对照？

（2）如何证实 IL-17 是否参与到痛风性关节炎的病理过程中？如何证实 IL-17 是否上调关节炎症反应、参与骨与软骨的破坏？

（3）基于初步实验结果，可否提出一个治疗痛风性关节炎的有效措施？

【目的要求】

（1）通过文献调研，设计研究方案和技术路线，写出详细的任务计划书。

（2）通过实验解决以下问题：IL-17 是否与痛风性关节炎的病理相关？IL-17 在痛风性关节炎发挥怎样的病理作用？IL-17 能否成为治疗痛风性关节炎的靶标？

（3）根据实验结果总结出研究工作报告或科研论文。

（刘梦元 刘东旭）

参 考 文 献

曹雪涛. 2013. 医学免疫学. 6 版. 北京：人民卫生出版社.
曹雪涛，何维. 2015. 医学免疫学. 3 版. 北京：人民卫生出版社.
程训佳. 2015. 人体寄生虫学. 上海：复旦大学出版社.
訾自强，杨秀珍. 2009. 病原生物学实验教程. 北京：人民卫生出版社.
郭晓奎. 2014. 病原生物学（上册）. 2 版. 北京：科学出版社.
黄敏，张佩. 2016. 医学微生物学（案例版）. 2 版. 北京：科学出版社.
贾文祥. 2009. 医学微生物学（八年制用）. 2 版. 北京：人民卫生出版社.
李凡，徐志凯. 2013. 医学微生物学. 8 版. 北京：人民卫生出版社.
刘世国，刘伯阳，包丽丽. 2015. 病原生物与免疫学实验. 北京：高等教育出版社.
卢芳国，范虹，汤冬生，等. 2013. 免疫学基础与病原生物学实验教程. 北京：科学出版社.
卢思奇. 2009. 医学寄生虫学. 2 版. 北京：北京大学医学出版社.
潘卫庆. 2012. 病原生物学（下册）. 2 版. 北京：科学出版社.
沈继龙，张进顺. 2012. 4 版. 临床寄生虫学检验. 北京：人民卫生出版社.
司传平. 2005. 医学免疫学实验. 北京：人民卫生出版社.
王琦，张艳丽. 2015. 医学微生物学实验指导. 北京：科学出版社.
邬国军，戴橄，谭宇蓉. 2006. 实验医学微生物学. 长沙：中南大学出版社.
吴端生，张健. 2007. 现代实验动物学技术. 北京：化学工业出版社.
吴长有. 2014. 医学免疫学. 北京：高等教育出版社.
伍杨，熊茂来. 2008. 医学免疫学实验教程. 武汉：华中师范大学出版社.
熊平源，王强.2011. 医学免疫学实验教程. 武汉：武汉大学出版社.
徐顺清，刘衡川.2015. 免疫学检验. 2 版. 北京：人民卫生出版社.
徐志凯. 2016. 医学微生物学实验指导. 北京：人民卫生出版社.
徐志凯，郭晓奎. 2014. 医学微生物学. 2 版. 北京：人民卫生出版社.
徐志毅，熊立凡. 2009. 医学检验实训. 北京：人民卫生出版社.
严杰. 2016. 医学微生物学. 3 版. 北京：高等教育出版社.
杨致邦，叶彬. 2008. 病原生物学实验. 北京：科学出版社.
杨宗琪. 2009. 病原生物与免疫实验学. 2 版. 北京：科学出版社.
于爱莲. 2013. 医学微生物学实验指导. 2 版. 北京：人民卫生出版社.
周本江，郑葵阳. 2013. 医学寄生虫学（案例版）. 北京：科学出版社.
周小鸥，余辉，李曼君. 2012. 病原生物学与免疫学实验教程. 北京：科学出版社.
朱道银，吴玉章. 2010. 免疫学实验. 北京：人民卫生出版社.
诸欣平，苏川. 2013. 人体寄生虫学. 8 版. 北京：人民卫生出版社.

附　　录

附录1　菌种保藏

（一）菌种保藏方法

低温、干燥、真空是用于菌种保藏的重要手段。好的菌种保存方法，首先应能长期保持菌种原有的特性不变，主要是指保存菌种活性、避免污染，同时没有基因型和表性特征的改变，并考虑到方法本身的简便，便于推广使用。菌种保藏的方法很多，不同的微生物选用的保藏方法不同，应按微生物的种类特点选择保藏方法。

菌种保藏按照保藏时间长短可分为短期保藏和长期保藏。短期保藏方法包括直接传代保藏、油浸法、–20℃保藏、干燥和蒸馏水保藏法。长期保藏法包括超低温保藏法和冻干保藏法，详见表 1 及表 2。

表 1　几种常用菌种保藏方法比较

方法	主要原理	适用微生物	保藏时间	特点
琼脂斜面低温保藏法	低温（4℃）	广泛	1～6 个月	简便
液状石蜡保藏法	低温、缺氧	广泛	1 年以上	简便
干燥（沙土）保藏法	干燥、无营养	产孢微生物	1～10 年	简便有效
冷冻真空干燥法	干燥、缺氧、低温	广泛	5～10 年以上	复杂但有效
液氮超保藏法	超低温	广泛	数十年	复杂但有效

表 2　直接传代各类微生物保藏条件与时限

菌种	培养基	保存温度	传种时间
细菌	一般多用营养琼脂或根据菌种规定选用培养基	4～6℃	芽胞杆菌 3～6 个月，其他细菌每个月或稍长时间
放线菌	一般用高氏合成 I 号培养基，PDA 琼脂或根据需要选用培养基	4～6℃	每 3 个月移植一次
酵母菌	一般用麦芽汁琼脂或麦芽汁酵母膏琼脂	4～6℃	一般 4～6 个月，某些菌种芽裂酵母、阿氏假丝酵母、棉病囊霉等
丝状真菌	一般用 PDA 琼脂、察氏琼脂或麦芽汁琼脂	4～6℃（20℃）	每 4 个月（2 个月）移植一次
担子菌	一般用 PDA 琼脂或综合马铃薯培养基	4～6℃（20℃）	每 3 个月（2 个月）移植一次

（二）菌种保藏机构

我国菌种保藏机构中国微生物菌种保藏管理委员会下设 7 个全国性菌种保藏管理中心：①普通微生物菌种保藏管理中心（CCGMC）；②农业微生物菌种保藏管理中心（ACCC）；③工业微生物菌种保藏管理中心（CICC）；④医学微生物菌种保藏管理中心（CMCC）；⑤抗生素菌种保藏

管理中心（CACC）；⑥兽医微生物菌种保藏管理中心（CVCC）；⑦林业微生物菌种保藏管理中心（CFCC）；⑧专利微生物菌种保藏管理中心。

（三）菌种保藏注意事项

（1）挑选特征典型的纯菌落。
（2）确定保藏合适菌体形态，如孢子、芽胞等。
（3）选择最适宜的保藏方法。
（4）定期对保藏菌种检查、移种。
（5）不能用含可发酵糖的培养基保存菌种。
（6）不可使用选择性培养基，不能从药敏试验平板上直接留取菌株。
（7）不可使培养基干枯，保存容器密闭、安全。
（8）对温度变化敏感的菌株，如淋病奈瑟球菌，不可连同培养基直接储存冰箱，应使用快速冷冻法保存。

（蒋锦琴）

附录2　常用培养基

1. 牛肉膏蛋白胨培养基（培养细菌用）

牛肉膏	3g	琼脂	15～20g
蛋白胨	5g	pH	7.0～7.2
氯化钠	10g	水	1000ml

121℃灭菌20min。

2. 沙保琼脂培养基（培养真菌用）

蛋白胨	10g	琼脂	20g
葡萄糖（或麦芽糖）	40g	蒸馏水	1000ml

115℃灭菌20min。

3. 淀粉琼脂培养基（培养放线菌用）

可溶性淀粉	20g	硫酸亚铁	0.01g
硝酸钾	1g	琼脂	20g
氯化钠	0.5g	水	1000ml
磷酸氢二钾	0.5g	pH	7.4
硫酸镁	0.5g		

配制时，先用少量冷水将淀粉调成糊状，倒入煮沸的水中，在火上加热，边搅拌边加入其他成分，熔化后，补足水分至1000ml。121℃灭菌20min。

4. 查氏（Czapek）培养基（培养霉菌用）

硝酸钠	2g	蔗糖	30g
磷酸氢二钾	1g	琼脂	15～20g
氯化钾	0.5g	水	1000ml
硫酸镁	0.5g	pH	自然
硫酸亚铁	0.01g		

121℃灭菌20min。

5. Mueller Hinton（M-H）肉汤培养基（用于药敏试验连续稀释法）

肉浸液（或牛肉浸粉6g）　1000ml

可溶性淀粉	1.5g
蛋白胨	17.5g

将上述各成分加入肉浸液内，摇匀，调 pH 为（7.3±0.1），115℃高压蒸汽灭菌 30min。

6. **Mueller-Hinton 琼脂（MHA）培养基**（用于药敏试验琼脂扩散法）

M-H 肉汤培养基	1000ml
琼脂	17g

将琼脂加入 M-H 肉汤培养基，加热溶解，分装，115℃高压蒸汽灭菌 30min。

7. **马丁氏（Martin）琼脂培养基**（分离真菌用）

葡萄糖	10g	1/3000 孟加拉红（玫瑰红水溶液）	100ml
蛋白胨	5g	琼脂	15～20g
磷酸二氢钾	1g	pH	自然
七水硫酸镁	0.5g	蒸馏水	800ml

112℃灭菌 30min，临用前加入 0.03%链霉素稀释液 100ml，使每毫升培养基中含链霉素 30μg。

8. **蛋白胨水培养基**（靛基质试验用）

蛋白胨	10g	蒸馏水	1000ml
氯化钠	5g	pH	7.6

121℃高压蒸汽灭菌 20min。

9. **克氏双糖铁琼脂**（KIA 肠杆菌科初步鉴定用）

蛋白胨	20g	硫代硫酸钠	0.5g
牛肉膏	3g	氯化钠	5g
酵母膏	3g	酚红	0.025g
乳糖	10g	琼脂	12～14g
葡萄糖	1g	蒸馏水	1000ml
柠檬酸铁铵	0.5g	pH	7.4

除酚红、糖类、琼脂外，将其余成分加入水中溶解，加入琼脂，加热溶解，滤过，再加入其他成分，调节 pH 使灭菌后为 7.4，分装，每支 4～5ml，灭菌，趁热制成斜面高层，冰箱保存备用。

10. **柠檬酸盐培养基**

柠檬酸钠	2g	磷酸二氢铵	1g
氯化钠	5g	0.5%溴麝香草酚蓝液	20ml
硫酸镁	0.2g	琼脂	15～20g
磷酸氢二钾	0.8g	蒸馏水	1000ml

除溴麝香草酚蓝和琼脂外，将上述成分溶解于蒸馏水中，调节 pH 至 6. 8，加入琼脂和指示剂，混匀，分装于小试管中，121℃高压蒸汽灭菌 15min 后置成斜面。

11. **玫瑰红钠琼脂培养基**

蛋白胨	5g	磷酸二氢钾	1g
硫酸镁	0. 5g	0.133%玫瑰红钠溶液	10ml
葡萄糖	10g	蒸馏水	1000ml
琼脂	15～20g		

将蛋白胨、磷酸二氢钾、硫酸镁、琼脂混合加入蒸馏水，加热使琼脂溶化后加入葡萄糖溶解，过滤后加入玫瑰红钠水溶液，分装，115℃高压蒸汽灭菌 30min。

12. **胆盐乳糖培养基**（B.L）

蛋白胨	20g	牛胆盐（或去氧胆酸钠 0. 25g）	1.3g
氯化钠	5g	乳糖	5g
磷酸氢二钾	4g	蒸馏水	1000ml
磷酸二氢钾	1.3g		

除乳糖、牛胆盐外，将上述其他成分混合后微热溶解，调节 pH 至 7.2～7.4，煮沸过滤，加乳糖、牛胆盐溶解后摇匀、分装，115℃高压蒸汽灭菌 30min。

13. 麦康凯琼脂培养基（MacC）

蛋白胨	20g	琼脂	15～20g
乳糖	10g	1%中性红溶液	2.5ml
氯化钠	5g	蒸馏水	1000ml
牛胆盐	5g		

除乳糖、中性红及牛胆盐外，加热溶解上述成分，调节 pH 至 7.0～7.2，煮沸过滤，加入乳糖、中性红、牛胆盐，摇匀，分装，115℃高压蒸汽灭菌 30min。

14. 伊红亚甲蓝琼脂培养基（EMB）

蛋白胨	10g	蒸馏水	1000ml
乳糖	10g	2%伊红水溶液	2ml
磷酸氢二钾	2g	0.5%亚甲蓝水溶液	1.3～1.6ml
琼脂	15g		

将蛋白胨、磷酸盐和琼脂溶解于蒸馏水中，校正 pH 至 7.2～7.4，分装于烧瓶内，121℃高压灭菌 15min 备用。临用时加入乳糖并加热熔化琼脂，冷至 50～55℃，加入伊红和亚甲蓝溶液，摇匀，倾注平板。

15. 糖发酵培养基

蛋白胨水培养基	1000ml	pH	7.6
1.6%溴钾酚紫乙醇溶液	1～2ml	20%糖溶液（葡萄糖、乳糖、蔗糖等）各 10ml。	

a. 将上述含指示剂的蛋白胨水培养基（pH7.6）分装于试管中，在每管内放一倒置的德汉小管（Durham tube），使之充满培养液。b. 将已分装好的蛋白胨水和 20%的各种糖溶液分别灭菌，蛋白胨水 121℃灭菌 20min；糖溶液 112℃灭菌 30min。c. 灭菌后，每管以无菌操作分别加入 20%无菌糖溶液 0.5ml（按每 10ml 培养基中加入 20%的糖液 0.5ml，则成 1%的浓度）。配制用的试管必须洗干净，避免结果混乱。

（范兴丽）

附录 3 实验报告的书写

一、病原生物学与免疫学实验报告书写的基本要求

（一）实验目的

简要说明为什么要进行该项实验，拟解决什么问题，具有什么意义等。

（二）实验原理

用精练的语言归纳出完整的内容，不能简单地照抄教材，注意使用科学术语。

（三）实验方法与步骤

简要概述实验操作流程及操作注意事项。

（四）实验结果

实验结果的书写主要包括文字描述、绘图及制表等形式。

1. 文字描述 要求使用科学而精练的语言对实验现象及观察结果进行描述。

2. 显微镜下形态简单描绘　绘图作业可以帮助同学们加强记忆提高感性认识，也是基本技能之一，必须在认真观察的基础上，对标本大小、形态、染色性、排列等有一定的概念后，再行绘画。

（1）在规定区域作图代表镜下视野所见，须清楚、明了、整齐有序，每图的位置大小均须适当。在图下横线上标明标本的名称与放大的倍数。在图的右侧注明该标本的相关内容如：大小、形态、染色性、排列、有无特殊结构等镜下所见。字须横列，楷书。

（2）作图必须根据实物，据镜下所见依比例作图，力求精确。

（3）绘图用红蓝铅笔和硬铅笔（H），以红色绘制革兰阴性标本图、蓝色绘制革兰阳性标本图、铅笔画其他标本。

3. 实验数据较多时，可用表格的形式给出处理结果。

如果实验出现非预期的结果，应该分析其可能原因，绝不能舍弃或随意修改。

（五）结果分析和结论

讨论不是用现成的理论对实验结果做一般性解释，而是在分析实验结果的基础上推导出恰如其分的结论。结论应与实验目的相呼应，对实验结果分析后，归纳出本次实验所能验证的理论。

二、实验报告范文

鞭 毛 染 色

（一）实验目的

掌握细菌的鞭毛染色法。

（二）实验原理

细菌鞭毛非常细，直径在10～20 nm，光学显微镜不可见。然而，采用特殊的染色方法在普通光学显微镜下可以看见。鞭毛染色的基本原理大同小异，即在染色前先用媒染剂处理，使得鞭毛的直径变粗，然后再进行染色。常用媒染剂可由丹宁酸和氯化高铁等配制而成。

（三）实验方法与步骤

1. 菌种　培养12～16h的鞭毛阳性菌种（如大肠埃希菌、铜绿假单胞菌等）。

2. 染色剂和试剂　硝酸银染色液、香柏油和二甲苯等。

3. 器材　载玻片、擦镜纸、吸水纸、记号笔、镊子、接种环、显微镜。

4. 染色方法（镀银染色法）

（1）清洗玻片：选择新的光滑无裂痕的玻片。将玻片置于洗衣粉过滤液中（洗衣粉煮沸后用滤纸过滤，以除去粗颗粒），煮沸20min。取出稍冷后用自来水冲洗、晾干，再放入浓酸液中浸泡5～6天，使用前取出玻片，用自来水冲去残酸，再用蒸馏水洗。将水沥干后，放入95%乙醇中脱水。

（2）菌液制备及制片：染色前应将待染细菌在新配制的牛肉膏蛋白胨培养基斜面上连续移接3～5代。最后一代菌种放入恒温箱中培养12～16h。然后，用接种环挑取斜面与冷凝水交接处的菌液数环，移至盛有1～2ml无菌水的试管中，使菌液呈轻度混浊。将该试管放在37℃恒温箱中静置10min，让幼龄菌的鞭毛松展开。然后，吸取少量菌液滴在洁净玻片的一端，立即将玻片倾斜，使菌液缓慢地流向另一端，用吸水纸吸去多余的菌液。涂片放于空气中自然干燥。

（3）染色

1）滴加A液（鞣酸染色液）[鞣酸溶液（A1）50ml；15%鞣酸稀释液（A2）50ml]，染4～6min。

2）用蒸馏水充分洗净A液。

3）用B液（氨银染色液：5%硝酸银溶液和浓氨水混合直至出现轻微且稳定的薄雾状溶液为止）冲去残水，再加B液于玻片上，在酒精灯火焰上加热至冒气，维持0.5～1min（加热时应随时补充蒸发掉的染料，不可使玻片出现干涸区）。

4）用蒸馏水洗涤，自然干燥。

（4）镜检：先低倍镜检查，再高倍镜检查，最后用油镜检查。

（5）注意事项：细菌培养物不能陈旧，玻片必须清洗干净，硝酸银溶液需要新鲜配制。

（四）实验结果

鞭毛染色的结果观察及记录：绘图并描述。

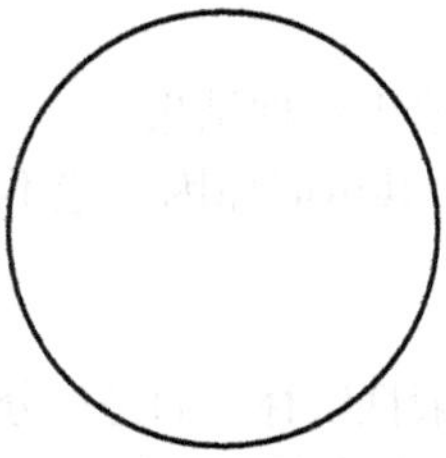

鞭毛形状：

菌体颜色：

鞭毛颜色：

（放大倍数；菌种）

（五）实验结果分析与讨论

实验结果与预期是否相符，若不相符请分析原因？

（王家学　潘丽红）

中英文名词对照索引